U0036899

破繭論

黃裕舜 著

目錄

序言

第 3 章　香港迷路

第 4 章　破繭而出

第 5 章　共商國是

第6章　謀劃未來

序言

✳ ✳ ✳ ✳ ✳

記得在香港政改討論熱潮期間（2014-2015年）便認識了當時只有17歲的Brian，我們很快成為忘年之交。他中英雙語的文采、雄辯滔滔和思想的深度，在香港青少年中可說是十分罕有。特別難得的是，從政改到今天的六、七年間，香港政治對立日益尖銳，社會媒體更淪為謾罵的鬥獸場，Brian卻始終能夠秉持理性、良知、對人文情懷的執着、對國家民族的關心和對我城的熱愛而不斷發聲。Brian的中文名字是「裕舜」，相信知道傳說中舜帝對大禹的囑咐：「人心惟危，道心惟微，惟精惟一，允執厥中」。Brian 如今才23歲，前面的路還很漫長，謹以此遠古的十六字心法，祝願他能夠在民粹主義橫掃全球、意識形態尖銳對立的時代，堅持「惟精惟一，允執厥中」。

宋恩榮（中文大學經濟學榮休教授）

宋陳寶蓮（香港理工大學榮休副教授）

✳ ✳ ✳ ✳ ✳

Brian Wong's book is a masterpiece of concrete analysis: it moves from the universal (Sino-American relations) through the particular (Hong Kong – China relations) to the as a rule neglected singularity of tensions and inequalities within Hong Kong society itself, demonstrating how these three levels resonate in each other. It is a plea for moderation, making it clear that to achieve moderation in the area of Hong Kong which condenses so many historical antagonisms, a radical change is needed.

Slavoj Zizek（齊澤克）

Philosopher

* * * * *

一個組織、一個社會、一個城市，以至一個國家的命運與興衰，與人才的聚散有着極其重要的因果關係。香港在過去兩年雖然經歷了很多，但是我還是抱有希望，最主要的原因是我們有像黃裕舜這樣優秀而有承擔的青年人。我認識的裕舜不但學養、品德俱佳，而且對香港的前途有着很深刻而獨到的思考及見解。認識裕舜是我的幸運。像他一樣的年輕人是我們香港的希望。閱讀裕舜的文章，你不會相信這些作品原來是一位二十多歲的香港青年所寫；裕舜的文章，條理清晰，內容充實，有見地，有建設性，處處流露對改革香港，令香港更好的急切之心；閱讀裕舜的文章，本就是一種享受，我也相信你會從裕舜的文章中看到香港的希望與曙光。

王鳴峰（資深大律師，德輔律師行）

✳ ✳ ✳ ✳ ✳

正如作者所說，經過2019年的風暴，香港政治形勢出現前所未見的洗牌及地震。有評論更指出，中央政府已經豁了出去，要將香港置諸死地而後生，因此採取強硬政策打擊民主派政黨和政界人士、公民社會、學者、新聞界、工會和專業人士組織，而這些手段陸續有來。

很多市民對當權派和中央政府的信任皆跌至史無前例的冰點，而北京對香港政府和建制派亦失去信心。北京的嚴厲手段，也被一些政商界人士私下批評為過分和沒有需要。

我同意作者說香港人有必要充分了解國情，了解中央在國家安全、經濟發展、國際地位及對外關係等核心利益，從而找出香港對比內地最大的比較優勢及長處。但正如作者所說，香港人向來受軟不受硬，中央和特區政府的強硬手段是會嚇怕很多人，會令他們自我審查或離開，但卻不能以理服人。須知很多香港人不是要搞顏色革命、不是要爭取獨立、更不是要用暴力推翻政府。他們是希望中央政府能恪守《中英聯合聲明》和《基本法》的承諾，按照「一國兩制」，讓香港人享有自由、安全和法治，發展民主。現時很多香港人覺得這城市已變得面目全非，並感到陌生和恐懼，但亦有人願意繼續以和平、理性、非暴力的方法，爭取民主自由。

劉慧卿（民主黨前主席）

✳ ✳ ✳ ✳ ✳

在2019年初，當我到英國牛津大學演講時認識了黃裕舜（Brian），在一群學生之中，他是最願意表達意見的一個。予我感覺他真的很想了解像我這樣一個建制派議員的真實想法。這種同年輕人理智平和的交流，對減少社會矛盾很有幫助，可惜機會太少。

不久，2019年的反修例引發了大型騷亂，不同政治立場的人很快演變成敵我矛盾，香港社會陷入前所未有的撕裂之中。

回港後，才知道Brian筆耕勤快，對時局看法獨到，別具一格，可算是政論界的一股清流。裕舜很有個人風格，他的觀點能讓我們多一些了解年輕一代對社會事態的想法，甚有參考價值。他的意見雖然我不一定都同意，但他在個別議題的分析卓越，非常理性，能看出年紀輕輕的他的確盡全力去破局，就如他的書名《破繭論》一樣。

Brian是九七回歸後出生的一代，有高度的國際視野及分析能力，關心世情國情，我衷心祝願更多人能有機會看看年輕人的想法，無論有多少不同意見都不吝賜教，以增加不同年代的人彼此認識，從而為社會找出更多共同點，增進了解、減少分歧，為香港重見朝氣陽光而努力！

梁美芬（立法會議員）

✳ ✳ ✳ ✳ ✳

跟23歲的Brian怎爭辯？

才23歲，可否不那麼老成？英文他比我好，政經哲學書他讀的比我多，中文他流暢也寫得長篇，流行歌詞更滾瓜爛熟。他的香港情倒一點不稚嫩，想是政治公共行政的思路與腔調所然。

「香港是我的家，中國是我的國，香港也是我的根，更是我的中心……我捨不得走，我不走。」這支點，我們一樣。「建制派要破繭，泛民主派要破繭；熱愛本土文化的港人也要破繭——在國家大局中，香港也是時候要破繭。」Brian志氣不小，也正氣。

他憑藉牛津博士生這名牌，結識了許多國際知名學者，但他沒有無謂的炫耀，而是踏實的分析做學問。他沒有虛妄的只求搶眼球「呃」like做速成KOL，而是敢講一些他同輩會嫌枯燥或不夠激的心事。他坦誠戇直不市儈不投機不貪，或者因爲他年輕，有赤子之心，初生之犢不畏挫敗，沒有冤苦與糾纏，只有朝氣與傻氣。

與Brian同為《信報》寫專欄，但他愈發令我覺得後浪可畏。我的文字疲累了，不及他的衝勁新銳。嫉妒之餘，我倒是歡喜的感到香港的希望。香港的年輕人真不賴，都可以創奇蹟。我有沒有跟Brian爭辯？有，但實在太疼這位年輕朋友了，狠不起來。

徐詠璇（香港大學協理副校長）

✳ ✳ ✳ ✳ ✳

黃裕舜是一位出類拔萃的年輕學人，擁有嚴格的學術訓練，出色的辯才，和廣闊的國際視野。從他日夜不懈的文字耕作和熱心的公共事務參與，你可以感受到他對香港和世界的承擔。無論你持守什麼政治或學術立場，此書會開拓你的視野和眼界。你未必完全認同他的觀點，但此書必定會挑戰你的想法，啟發你的思考。

陳祖為（香港大學政治及公共行政學系教授）

* * * * *

我與黃裕舜的因緣

大約六七年前，我在臉書上留意到有位常常發表評論的年輕人，他的文章有深度，推理細緻，邏輯井然，而且沒有被年輕人圈子中流行的惡俗不懂禮的語言所污染。這位年輕人叫Brian Wong。因為臉書有自動篩選功能，多看了他的評論後，他的文章便不斷出現在我眼前。我十分好奇，此人的文風不似是香港教育的產品，他究竟是何方神聖？

愈讀他的文章，我便愈疑惑，他所寫的內容，很像文科或社會科學研究生的傑作，但他又常提到辯論比賽，似乎他是一名代表香港出賽的中學生辯論員。我只能下一個初步判斷，此子乃天才少年也！

天才少年通常在數學、音樂、藝術等領域中出現，但他討論的，往往是政治或哲學等問題。此等領域需要大量的人生閱歷作支撐才可有見地，為何一位中學生可以有此能耐？我十分奇怪。

在2015年的春天，不知如何，我們終於聯絡上。他自我介紹一番，我才知道他是英基國際學校的高材生，並且已獲牛津大學取錄，秋天便要赴英就讀那著名的哲學、政治與經濟PPE課程，後來我也得悉他的中文名字叫黃裕舜。

裕舜在牛津的成績顯然是優秀的，他重操故業，很快便成為牛津辯論協會(Oxford Union)的台柱，轉戰全球。我曾在Oxford Union古色古香的辯論大廳參加過論壇，很喜歡那裏的氛圍，裕舜在該領域應是如魚得水，思想快速進步。他回港時，間有跑到我的辦公室討論世事，我也可第一手的觀察到他的進步。

2018年我告訴他，光是把意見在臉書上發表太浪費了，勸他開個專欄，他對此也十分雀躍。我於是寫了封信給《信報》的老總郭艷明，向她推薦裕舜。《信報》是香港有地位的報刊，專欄作者中不乏名家，裕舜當時才21歲剛進研究院吧，還未成為學界中人人欽羨的「羅德學人」，我估計《信報》會相當謹慎。不過，我相信評論界應有來自年輕人的理性聲音，過去我向《信報》推薦的年輕作者也表現不錯，自信不會看走眼，所以推薦時毋須有保留。我還記得信中有句總結：「幾年內，此子必會成為香港的知名人物！」郭大姐知道我不會亂說，欣然答應給裕舜開專欄。我近日打聽了一下，果然香港不少名人都是裕舜的讀者，艷明得此猛將，想來她夢中也會微笑。

裕舜開了專欄後筆耕更勤，《破繭論》是他近年文章的結集。此書題材廣闊，涉及不少熱門話題，有他的世界觀、中美博弈、香港的種種風波及對未來的展望等。我們不用同意每一篇文章的觀點，但總可在他的論證中看到一顆熱愛真理熱愛香港的心。在是非顛倒，義理不彰，年輕人普遍迷失方向的年代，本書有如沙漠中的清泉，可為我們帶來希望。

記着黃裕舜這個名字，看着他如何努力為港「破繭」，是使人愉快的事！

雷鼎鳴（香港科技大學經濟學系前系主任及榮休教授）

*　*　*　*　*

當今世界社交媒體中意見紛紜，聊天群往往成為同溫層，令人不自覺地掉進固化的思想框框。立場先於理性、政治蓋過專業的社會風氣，更扼殺思考和對話空間。

《破繭論》就社會熱點提供不同的觀點和學說，鼓勵讀者從不同角度思考問題，跳出個人主觀的束縛。無論你是否同意作者的觀點，《破繭論》反映一位博覽群書、溫和理性、愛國愛港的年輕學者，以及他身邊青年朋友的想法。中港官員、從政者和廣大青年都值得一讀。

羅范椒芬GBM, GBS, JP

* * * * *

This book by Brian Wong is timely, especially for Hong Kong readers. Wong tackles two big subjects – US-China relations, and Hong Kong affairs; and he shows how the two are related.

The author has an urge to understand politics and political power from a broad perspective. Wong is especially interested in the politics of the "big powers" – US and China – because this is the defining geopolitical relationship of our time. Wong helps readers to go down a scholarly, yet easy to grasp, journey to understand the politics of this important relationship.

It affects the relations between and among other lesser powers. US-China relations will dominate world affairs in the next few decades, and hence it is vital that people have an understanding of how it may affect them directly and indirectly. Indeed, there is no escape from being caught between them and the more people understand the dynamics of that relationship, the better they will manage the risks and opportunities they will face in politics, business and even in their personal lives.

Wong writes extensively about Hong Kong – his city – the place he loves. Wong is young and talented. He can choose anywhere to showcase his talents but he wants Hong Kong to do well. He plants his stake right here in the HKSAR. He analyses Hong Kong affairs both dispassionately and passionately at the same time. He has facts, and he has insights about why Hong Kong is "stuck" in its development. He addresses Hong Kong as a part of China in a pragmatic way, so necessary at a time when it seems there are people in Hong Kong willing to drag the city and its people through the mud in order to hurt the mainland. Wong is unafraid to call out this idiocy.

Wong packs a lot in his essays. What comes forth from reading Wong is that a young mind like his does not excuse anything that is wrong or isn't working but what is special about him is that he takes a humanist approach, which favours moderation. He is interested in people as individuals and as collectives. He is kind and generous about human nature and its faults. While others may call for drastic, indeed violent, approaches, Wong wants dialogue in the belief that solutions derived from a deep understanding will be effective and sustainable.

As Wong says in his preface: "The essence of politics is power". He helps us to understand politics as an ideal in organising human affairs and as an exercise to get things done. He asks all who has power or who wants to get power to work hard and to behave well. Bravo!

Christine Loh（陸恭蕙）

黃裕舜先生這本《破繭論》，不只是他過去發表的文章的結集，更包括一些切題的訪談，可讀性高。像他這樣一位土生土長的年輕人，看香港未來，能結合對歷史的解讀和對當今世界的想像，下筆條理分明、含豐富論述力的，並不多見。

香港過去幾年政治動盪，不少年輕新世代挑戰體制和歷史局限，就似一場反叛運動，對他們本身及香港的往後命運，影響深遠。中央政府怕亂怕失控，不能容忍顛覆國家政權的行為，遂全面調整對港政策、重塑特區政治秩序，以求「撥亂反正」，可惜至今仍拿不出能感召廣大年輕人的論述。另邊廂，反對派和「攬炒派」則悲情泛濫、有勇乏謀，置希望於浮沙，把香港帶往死胡同。

當下香港，急需破繭，在種種障礙和制約下，尋找可行出路，否則「一國兩制」只會舉步維艱、自設藩籬，容易令人失落喪志。裕舜的思考和分析，雖屬一家之言，但在在反映部分關心香港和國家的年輕人、追求破繭的努力。

近期我接觸一些不同背景的新生代，有土生土長的、有內地出生移居香港的、有仍在求學研究或從事專業的，他們儘管成長經驗不同、意識形態有異，但共通之處，乃皆視香港為家，欲肩負責任，做好香港，堅守核心價值，頂住放棄的情緒，不願讓這座曾經光輝的城市沉淪。

羅馬不是一天建成，香港這個現代性和多元性的標記，乃多代人的努力和歷史上天時地利下的成果。如何走下去，如何革新，將考驗新生代的時代勇氣、其思考深度與視野，及能否有為敢為、不盲從不虛妄、看得遠但不離地。

閱讀裕舜及一些其同代人的文字、與他們交談，可充分感覺世代之間生命力的延續。我懇切期望，夕陽過後朝陽再升，一切可破繭而出。

張炳良教授（香港教育大學前校長、運輸及房屋局前局長）

* * * * *

黃裕舜的《破繭論》從香港的「小家」談到中國的「大家」，再談到受中美關係影響極大的「世界之家」，各個「家」裏的掌門人和他們的智囊團因囿於民粹和國粹，只掃自己門前雪，不管他人瓦上霜，造成了「小家」的動亂，「大家」的傲慢，「世界之家」的分化、隔離和對全球挑戰的無能為力。「小家」再還原為世人嚮往的自由港要破繭、「大家」要言行一致為民謀幸福和為世界謀和平也要破繭，「世界之家」要更加平等和和諧需要所有這個家的組成分子都破繭。

劉亞偉教授（美國卡特中心中國項目主任）

✶ ✶ ✶ ✶ ✶

In "Metamorphosis", Brian Wong advances an agenda of optimism and hope, both in short supply in contemporary Hong Kong. The book focuses on transforming the seemingly impossible into the possible and the actionable. Outlining his political theory world view, Wong advises China's leaders on the kind of elites we need to govern Hong Kong, in particular those who seek to maximize the well-being and interests of the people.

Highlighting moderate voices in Sino-US relations, Wong urges China's leaders to work to the country's primarily economic strengths, tailor their messages to win friends and allies, and continue to innovate while incorporating dissident voices to consolidate regime legitimacy. To move forward on such wicked problems as climate change, China's leaders should be ready to make concessions to other states, Wong counsels, to achieve the sort of sustainable development the world needs.

Reflecting on Hong Kong in crisis (2019-20) Wong prescribes a moderate, pragmatic course of action that focuses on social justice and good governance to achieve a more open and accountable democracy here. Metamorphosis is a glimpse into a more hopeful future for Hong Kong, after years of tone-deaf governance, political upheaval, and pandemic. Hope is what Hong Kong craves now, and Brian Wong's new book provides it.

John P. Burns（卜約翰）

Emeritus Professor
Honorary Professor, Dept. of Politics and Public Administration
The University of Hong Kong

✳ ✳ ✳ ✳ ✳

I first knew Brian when he was a budding debater in his high school years. He has since gone on to achieve many great things, for someone of his age. I have followed his academic path keenly, and read many of his articles. I do not necessarily agree with everything he had written, but that is not the point. What matters is that his writings are the result of coherent reasoning and rigorous analysis (uitably backed up by academic references). They represent the genuine views and feelings of a talented young person from Hong Kong, as well as his perception of his contemporaries.

In the past couple of years I have been exposed to a good deal of critical comments concerning young people in Hong Kong, such as ...

- "I do not understand what young people nowadays are thinking, and what their grievances are."
- "It is all about money and numbers - just make sure they have a flat to live in, give them bread and circuses ('panem et circenses'), and all will be fine."
- "When we were their age, we never complained."

- "We want to harvest our rewards in life (享受我們的收成期) and have a good time. We are not interested in what young people think as long as they don't bother us."
- "Wait till they grow up and see the cruel real world. I have seen it all (我食鹽多過你食米). It is just as bad everywhere in the world (天下烏鴉一樣黑) ... whatabout-this-country-and-that-country (外國也有臭蟲) ..."
- "If they don't like it here they should leave and give us some peace and quiet."
- (at the same time) "Those who leave will regret and all come back."

Such views are not uncommon among people who can be regarded as "the elites" in society – successful leaders in businesses, the professions, and politics. Many of them are decent people, and are experts in whatever field they are in, but they have difficulties engaging with the younger generation. Some acknowledge that it is a problem and want to address it; some think it is a problem but it is not their problem; a minority of them just do not care.

I recommend Brian's book to everyone who care about Hong Kong and her young people, and in particular to the elites who had expressed or shared the views above. Hopefully Brian's writings will change their views about young people in Hong Kong, and they would realize that not every young person who speak out and hold critical views about our society are rioters, secessionists or frustrated young losers (廢青). Brian is not alone in holding the views that he has expressed, though he may be one of a handful who can articulate them in a civilized, coherent and persuasive way. Even though the readers may not agree with all that Brian says, I hope they will at least agree that there is hope in Hong Kong.

Paul Shieh（石永泰）

SC, Temple Chambers

* * * * *

Brian Wong was born in 1997. He is figuratively and literally, a son of the Hong Kong Special Administrative Region.

It bodes well for the future of the SAR that in the zeitgeist wilderness of polarisation, decoupling, mutual loathing and riotous political colours, here is a youthful yet wise clarion call for the Aristotelian Golden Mean, or the Confucian Zhong Yong Zhi Dao (中庸之道).

By cogently and emphatically affirming this essential universal value, and exercising the basic modern right to objective critical inquiry, Brian shines a light on the way out of the morass of the clear and present danger of a new Cold War and generational despondency in Hub Hong Kong.

Raymond Ch'ien（錢果豐）

行會前成員，港鐵前主席

* * * * *

"I first met Brian when I awarded him the ESF Chairman's Award for Excellence in 2015 - he graduated with a 45 out of 45 in the International Baccalaureate. I already knew then that he would one day make a name for himself in Hong Kong - whether it be in politics, or in business, or civil society.

Brian embodies the best of not just ESF, but Hong Kong, a city where talents flourish, ideas are challenged and debated, and dreams are dreamt of and achieved through hard work, grit, and perseverance. I've been in politics for decades now - and I've seen it all. I'm proud of Brian.

Check out Brian's book, if you're looking for a breath of fresh air amidst the turmoil and mess into which our city has been dragged. You may find yourself pleasantly surprised."

Abraham Shek（石禮謙）
Chairman, English Schools Foundation
Former Chief Executive, Land Development Corporation

* * * * *

他，選了一條不容易的道路，但值得大家給他更多的空間。

離開香港十多年、在戰區進行人道工作的我，決定於2019年4月回來，卻發現香港變得很陌生。

從2012年開始，香港政制與公民社會之間發生了很多場「爭吵」。不論對錯，持續性、高強度的政治爭論，再加上日益惡化的貧富懸殊，把大部分香港人拉進了一個分裂的時代。每項事情的對立面被強化，「黃」與「藍」，甚至良知，都被放到這個對立面的最前端。事情愈爭愈窄，愈爭愈尖銳，彷彿不讓每個個體有一點喘息的空間。

也許跟從前在戰區做中立人道斡旋的工作有關，我在重新認識這個紛亂時代的同時，亦開始思考：到底香港還有沒有人願意抽離一點，從大局以至不同層面去分析問題呢？到底還有沒有人不急於爭論，而在不同持份者之間促進共識呢？

我在認識黃裕舜(Brian)前，已在不同的圈子聽過他的名字。總體而言，就是說他年輕、學術根柢扎實、思想敏銳。敏感一點的描述也包括說：「不知道他是『人』還是『鬼』，是『黃』還是『藍』？」然而，認識和理解不同的層面和想法時，是否就能這樣簡單地從二元對立出發呢？

不管如何，最終也和Brian遇上。第一次的交流就確認了坊間對他的傳言，他在學術上的成就及語言能力讓他有足夠的「本錢」貫穿中西，暢談時政。長期的專業辯論訓練，使他邏輯思維非一般的細密。故此，大家不難在學術期刊和國際學術論壇看到Brian的身影。

認識Brian更多之後，我開始明白為何坊間會對他有「是『人』還是『鬼』？是『黃』還是『藍』？」等疑問。從一開始認識Brian，他就跟我討論中間派在香港的生存空間，以及中性聲音的存在意義。但可惜的是，2019年的社會氣氛和從前香港中間派人士的不堪，都讓這位年輕有志之士失去不靠邊的選擇。其後，從我們的討論和Brian發表的文章中，我看見他開始為香港思索「改革」的出路，也許就是認為沒有意思再跟大家搏鬥如何定義中間派或中性派別吧。Brian論述所涉獵的範疇有很多，當中包括：管治、政治、經濟結構，甚至青年發展等。除此之外，在當前大家認為政治討論空間特別狹窄的時刻，我反而見到Brian私下特別活躍，特別為了香港的將來操心。他不時組織一些沒什麼特別背景的30歲以下青年討論時政，他們經常討論及探索如何在逆境中，為他們這一代，甚至下一代的年輕人爭取更大的社會參與空間。

以Brian的年紀，在紛亂的氛圍中，能大膽發出具有建設性，也帶着些辛辣的中性聲音確實難能可貴。在這個歸邊至上的時代，很多帶着包袱的成年人也不敢公開發表相對理性的論調。因此，這位年輕人和他身邊的年輕友人確實是很難得，正是這個時代的香港所需要的。

在我而言，現時香港確實在一個困局之中，要走出這個困局，確實需要變。但這個「變」，不單是硬件制度政策性的變，這個「變」也應該包括每一個人上上下下左左右右思維的轉變。不管你曾經是什麼陣營，不管你曾經喜好什麼顏色，我們都開始要問：「再這樣爭，再這樣管治，對大家都好嗎？」

在2019年的社運高峰期，我曾經在一家中環的律師行分享戰區的經歷。一群參加「和你lunch」後，身心俱疲的年輕專業人員問我：「這幾個月，我們很累，到底阿富汗人在戰爭中那麼多年，是怎樣熬過的？」我輕輕回應：「當經歷了60年戰亂的阿富汗人還懂得笑，香港人一定要記得怎樣笑！當戰鬥剛起時，阿富汗人和香港人也一樣，大家爭論立場到筋疲力盡，甚至你死我活。但當大家都一無所有時，頓時可能發現，如果由從政者到市民都能把自己和別人看作成一個『人』，很多事情或者說話都不會做得太盡，也會有多些同理心。這是放過自己，放過別人的最好方法吧！」

Brian——這個香港紛亂時代的年輕人，有着待「人」為「人」的態度去看時事，反璞歸真地和大家疏理香港社會，甚至國際社會的種種事情。他年紀輕輕便在多份報章和雜誌有「地盤」，反映他的文筆和見解受到本地以至海外報界和讀者的關注和喜愛，有助世界各地人士了解香港的最新情況。以他的背景和資歷，無論身處任何地方都能發揮所長，但他選擇留港，繼續擔當不同界別的溝通橋樑，顯示他愛香港，希望為這城市出力的決心。至於Brian這一派年輕人在當前的香港能否成功？就要看看大家是否還願意給予空間，讓這種理性的聲音生存了。

葉維昌 MH（MWYO青年辦公室CEO，2018十大傑出青年）

＊　＊　＊　＊　＊

我跟黃裕舜 Brian 認識始於2015年，當時我們一夥青年人，滿懷理想、熱衷國際關係並對世界充滿想像和好奇心，積極探索香港青年到東南亞參與民間建設工作的可能性。那時初出茅廬的我，與快將高中畢業的他，已深知彼此皆有志於服務社會和參與公共事務。

轉輾間6年過去，社情政情出現巨變，國際形勢複雜嚴峻。局勢紛亂下，不少人選擇離開、放棄、移民，只見裕舜兄熱誠不減，仍繼續願為香港「做番啲嘢」，積極為社會把脈和提出建言。

《破繭論》結集作者近兩年的政評文章，探討新形勢下香港、香港人如何自處是好。裕舜兄在書中詳細分析了近年中美關係、陸港關係出現之變化，亦分享其自身所見所聞。作為越洋留學多年的「海歸」，裕舜兄和我一樣，經常盼望能擔當中西文化間之橋樑，在逆境中亦同樣面對過所謂「兩面不是人」。書中探討有關愛國、身份認同的內容，道出了作者的親身看法和感受，作為過來人的我也曾有過切身體會，感覺非常真實。

本書的一大賣點是作者作為政治哲學專家，在評論當下時局時援引了大量政哲理論，古今中外皆有，並透過深入淺出的方式加以說明。就算讀者不認同其論點，相信亦會對其學識之淵博服得五體投地。

而本書另一吸引之處，則為裕舜兄的一系列名家訪談。受訪人物當中無論背景、政見，甚至年齡皆包羅萬有。除資深政治家、社會科學泰斗，亦不乏新晉年輕參政人士，部分人的見解甚至與作者觀點迥異。但本書旨在集思廣益，作者讓受訪者闡述個人理念、發光發亮，完全沒有排他忌才之考慮，在險惡零和的政局裏實屬可貴難得。

《破繭論》值得每一位有志為香港謀出路的人關注。我與作者在撰寫過程一直有定期交流意見。每次談到此書，裕舜兄均一再強調其目的不在於提供全盤答案，更重要是透過拋磚引玉能喚起社會討論。難得有青年學者在亂世中仍積極作為，我鼓勵各位對香港仍有想像、仍有盼望的人參讀。

謹在此衷心祝賀裕舜兄首部著作順利面世。

麥曉暉（奧巴馬學人及公共行政專才）

*　　*　　*　　*　　*

引言

政治的本質，乃是權力。權力的基本，則為人。無論是循規蹈矩的人、自立門戶的人，或是大鳴大放的異見者，或是權傾朝野的管治者，最終權力的支配者及受支配者，皆是人。人，本質上不求錯，只求「對」。當然諷刺地，這並不意味着，他們追求的乃是真正的真相或公義，而是純粹能夠滿足自身要求及自我定價的「真相」及「公義」。「對」的，是對得起自己既有執念。「錯」的，永遠都是別人，而不是自己。

在這個社交及網絡媒體日漸繁衍的時代中，我們都活在自身的「繭」裏，圍繞着自身的故事及經歷取暖，以自身作為主角、以自我相信的作為所謂的金科定律。凡是大相徑庭者，在這立場行先的時代裏，必誅。凡有批評或異見的，則被扣上各式各樣的帽子，或是被人格謀殺，或是被徹底否定。如何破除這種迷信、如何跳出這種框架性思維、超越個人自我主義的迷思及蒙蔽，此乃是任何人皆要面對的根本問題。

中美博弈下，兩國關係一觸即發。隨着媒體及政客的渲染、民粹及國粹主義的崛起，以及意識形態先於事實，情緒大於理智等現象的浮現，兩邊人民互不信任的情況日漸加深。常聽到所謂的評論家及學者表示，中美「脫鈎」，有什麼所謂 ？但脫鈎、脫軌以後的慘痛代價，又會是由何人來承擔、何人來負責？中美之間毋須一戰，更無需勢成水火。中國的崛起，作為國家一部分，我們不應讓其成為世界的假想敵，而是應讓其在國際社會中擔當相當的角色，與國際社會共建，而不是共戰。但同時，中國國民及掌權者對外國的定價及判斷，也不應「作繭自困」，受歷史文化交織而成既定形象操演其對外的思維及觀感，從而阻礙其真正的和平發展及崛起。

另一邊廂，誠然，香港今時今日走到這一地步，相信並非任何人樂見。香港長年累月，種種管治缺陷及施政失誤，令社會遲遲未能化解盤根錯節的利益關係及結構問題，更枉論讓香港進步。財富不均、輿論受政見分歧壟斷、管治不善及與民脫節、青年向上流動艱難、港人對內地與香港融合所帶來的文化和政治衝擊普遍忐忑不安，再加上過去兩年的社會事件及大規模政治動盪及改變，港人應當何去何從？政府能否重新贏回並安撫民心，為絕大多數香港人，而不單純是政治意識形態狹義正確之人服務？建制能否提升自身質素，以能幹，實事求是的態度，對香港管治，對中央做出貢獻？泛民能否走出自身心結與心魔，在這個非西方民主制度的新香港中自處，有效地推動對管治的監察及進諫？中央與港人之間，又如何能從過去兩年多的低谷中走出陰霾，在消極破壞主義及表態之上主義之間，走出一條新路來？

建制派要破繭——破除封建、山頭主義、陽奉陰違、反精英思潮的繭蛹，讓管治能夠回歸以民情、民利、民意等三大基礎為根基的正道，讓建制派能夠參與建設香港未來管治藍圖及願景。

泛民主派要破繭——破除理想政治的約束、破除對觀感及民眾壓力的心結、破除危機及地雷重重的政治僵局，尋覓新的空間，讓民主路得以延伸，也讓泛民重新成為制度中理性而具建設性的制衡者。

熱愛本土文化的港人也要破繭——嘗試找尋將本土利益及文化與國家大局觀融合的方法，讓香港能在一國之下，和其他國內頂尖城市一樣，維持我們這座城市自身的文化、價值觀、及歷史。本土文化不是原罪，而是我們的價值觀和特色之一。

在國家大局中，香港也是時候要破繭，尋覓讓我們重新發光發熱的空間，在山窮水盡，凶險非常的國際形勢下，踏出未來的一步步。香港，是我們的家。「家」不能只是一個代號或口號、一個名詞或名稱，而必須是一種行動、一種態度、一套價值觀、一個夢想、一個終點、一個開始。且讓我們一同破繭！

黃裕舜

第1章

我思我在

1.1

論改革主義(一)

改革，是一個常常在日常政治論述中提到的概念，也是一門藝術，卻也是一個最為難以精準地形容或定義的概念。從國內八十年代提倡的「改革開放」到古代的「商鞅變法」，從明治時期日本的「維新」到西方古典史的「文藝復興」，改革這二字可以涵蓋的範圍很多，但本質卻是難以寥寥數句囊括。

謹先在此給改革下個定義：改革且可視之為任何對現有結構及定律的調整，但調整幅度或模式卻又不至於以一個顛覆或破滅結構的形式存在。改革必然就着現況帶來一定的改變，但本質上的「革」也意味着其對現有利益分配及結構的一種衝擊。

一、改革與制度的關係

有一說法指，改革必然是與現有當權者存有着對立或類對立的關係。若我們將改革針對的對象設定為體制以及體制內現有的權力擁有者，那改革的根本邏輯似乎必然要求我們對這些體制結構做出大幅度的衝擊，將現有的既得利益者踢走，以鋪墊或建構出一個新的利益分配及運作模式。從此一說法推演出來的，則是兩種不同執行改革的模式。第一種，乃是為了維護整體制度(但換走有權有勢者)

而進行的改變。第二種，則是為了推翻制度（以根除有權有勢者）而進行的變革。

前者強調將現有制度小修小補，以求讓制度能夠延長其壽命，甚至將反對批評聲音徹底扼殺及統合。後者則要求將制度顛覆，讓新的制度（或所謂的架構真空 structural vacuum）取以其位。前者例子，包括在馬克思主義中的資本主義重整。馬克思判斷這些所謂的改革為欺騙無產階級的鴉片，極其量只能支撐資本結構的垂死掙扎，或是刻意的矇騙；又或是百日維新下，慈禧太后最當初對推動改革的「一錘定音」（慈禧及後改變主意，認為改革只不過是一種奪權的行動，故將改革扼殺，間接觸發辛亥革命）。後者例子，則包括推翻奴隸制度最當初的「廢奴主義」，試圖透過法律及經濟上對奴隸制度的循序漸進改革，最終達至廢奴的結果。

主流分析框架認定，這兩種改革雖然有一定的相疊或相輔相成，卻也具備根本上的存異。哲學家弗雷澤（Nancy Fraser）在《從分配到認知：在後社會主義社會中的正義兩難》（*From Redistribution to Recognition? Dilemmas of Justice in a "Postsocialist" Age*）中曾經提出，在應對不公義時，我們可將回應策略分成兩大類：第一類，乃是肯定性措施（affirmative remedies），集中於利用現存的結構達至合理而理想的結果；第二類，則是轉型性措施（transformative remedies），強調將結構轉化、塑造成新的框架。兩種措施皆致力將不公義消除，但前者乃是利用（並鞏固）既有框架去爭取公義；後者，則要求將不公不義的結構拆除，才能促進真正的公義實踐。

舉一個例子來說，美國眾議院議員科爾特斯（Alexandra Ocasio-Cortez）曾多次要求將捲入對難民移民嚴苛迫害對待的美國移民及海關執法局（U.S. Immigration and Customs Enforcement Department）廢除及關閉，因為她認定此結構本質上便是帶着壓根兒的種族歧視。反之，其較為溫和的民主黨政治家及黨友，則認定此政府部門只能循序漸進地慢慢改革，或是進行較為深層次的結構性調整。但絕不應貿然關閉，因為這樣只會帶來不堪而難以設想的結果。兩者沒有誰比誰更高尚，當然，較為積極而激進的改革者，會認為循序改革者過於守舊。反之，較為保守者，則認為倡議根本性的改革者，根本不切實際。

二、非改革性改革之可能性

法國作家高茲（André Gorz）曾嘗試跳出這兩分法的二元對立，並就此提出非改革性改革（non-reformist reform）一說。非改革性改革倡議及促進讓反結構性的勢力進入結構內部，長遠而言對結構進行不穩定化（destabilisation），最終達至一個較深層次，以至是全面的結構顛覆。在這論述裏，我們先按部就班地小修小改，「拆牆鬆綁」，將權力架構內在的瘀血清除，最終達到翻天覆地，創造新的結構。也有不少人將此理論套用在資本主義身上，指出工人必須先進入資本架構中，爭取及贏取資本家的資源及所提供的經濟資本，才能在將來獲得真正的權利及自由，去推動無產階級革命。在高茲眼中，謹小慎微的改革，與大刀闊斧的改革，並無直接牴觸或衝突。

筆者雖然對此說法有一定程度的認同，但也想就着以上的說法作出五點簡單回應。

第一，須知道路徑依賴（path dependency）乃是一個政治學的恒久定律。所謂「一子錯，滿盤皆落索」。我們大可以認為參與在結構其中，改變結構，最終達至理想的新結構，這個套路乃是可行可走的。但須知道，進入結構的同時，結構也會改變你。如何避免被結構影響、收編、同化，此乃是任何走結構內路徑的人必須思考的問題。退一步來說，結構固然能賦予你權利及空間，但權力亦能讓人腐敗，讓人被埋沒在茫茫歷史洪流之中，成為隨波逐流的一部分。有時候為了進入結構、迎合權貴的口味，最終只會讓人成為體制的一部分，失去了改革最基本的動力。

第二，以上種種分析似乎皆是將民眾或(實質值得爭取)的利益，與權力架構的利益，設定為必然對立而不一。其假設基本上是社會大眾與當權者或結構必然是敵對，因而才有所謂的「推翻制度奪權」，或是「制度內推動放權」這兩者的所謂「選擇」。但改革以來不一定是針對或削弱當權者的權力；二來，也可能只不過是兩個或更多的當權派系之間的鬥爭；而三來，也不一定是為所謂的「無權者」服務。改革本質上乃是一個中性的工具，能讓權貴用之為排斥或控制民眾權利，並沒有所謂的民眾趨向(public predisposition)，更不等於民眾對政治架構的一種架空。精英階層也可以是改革的得益者，甚至是其主力推動者。

第三，有不少聲音皆指出，非改革性改革某程度上乃是一種結果行先的對賭，假設了結果能與程序作出區隔區分。參與及改動結構，帶來最終破除結構，此乃是非改革性改革的終極目標。但此一說似乎忽略了過程公正性的重要性。若為了達至結果而不擇手段、僭越我們道德或規範上可以接受的底線，這又是否恰當、是否正當呢？比方說，若為了防止一個國家陷入守舊而腐敗的權貴手中，我們選擇在選舉中舞弊，這到底又是否一個公義公正的行徑呢？非改革性改革也必須給予以下批判持有者一種說法，解釋其存在的必要性。

尼采(Friedrich Nietzsche)曾說過，「在跟怪獸搏鬥時，請記住不要成為他們的一部分」(“Beware that, when fighting monsters, you yourself do not become a monster.”)雖然尼采當初說此句的原意，

及後衍生的所謂道德教訓其實沒太大關聯，但這無減此句的警世性。當你選擇參與結構的時候，你便是在展示你對結構所蘊含的宗旨的認同，同時也是在延伸或維繫着體制本質上的不公義。

第四，也就是包括我在內的不少人對不少所謂「政治倫理」原則理論家大作最為根本的反感及疑問之一，便就是其對個人選擇空間及自主權（agency）的過度浪漫化（over-romanticisation）。

《天與地》中的《年少無知》一曲有一句，「只可惜生活是一堆挫折，只可惜生命是必須妥協」，也有一句呼籲，「如果命運能選擇，十字街口你我踏出的每步更瀟灑。」就算是這一首被喻為近代香港文化史「神曲」，也跳不出對我們自主權的一種憧憬及嚮往。《天與地》最終的結論是，我們可以選擇、我們可以成為一個不同的人，儘管我們未必能改寫歷史命運。其對我們能否就着未來走勢做出細微修訂這個問題，暗暗下的結論是：「我們能！我們可以！」

但現實告訴我們，我們並不可以（任意改變）。固然，我們不要妄自菲薄，低估個人能夠選擇或改變的空間，但我們也更不應將個人自主權抬升到一個不切實際的層次，與現實脫軌脫節。現實生活總是給予我們施予各種各樣的枷鎖、限制，將我們的路徑局限於結構所容許的空間下。人的選擇有限，人的自由更有限。有一些事情，我們是改變不了。

箇中，當然也有一些事情，我們不得不去做或嘗試改變，哪怕這嘗試未必成功，也值得一搏，但這絕非絕大多數現實選擇的應有之義。只有面對這個事實，我們才能獲取及接觸到更多、更佳的自由。寸土必爭的本意，在於讓我們在有限的自由中，將自由的價值及空間最大化。這是守舊？保守？封建？可能是，但寸土必爭也是在沒有自由下，最為終極、最能爭取多方共贏的一種途徑及手法。

第五，與其糾纏於一個偽二元對立的舊套路中，我們倒不如面對現實。改革本身並不可能以簡單而明確的二分作基礎，更不可能以「推翻結構 vs. 支持結構」這偽區分來蓋棺定論。任何改革皆必然有其「根本挑戰性」（fundamental upset）（將現有分配〔不一定是當權者利益〕調動改動），也有其「建制維穩性」（fundamental affirmation）（將現有架構強化，鞏固體制的認受性及可信性）。前者出於改革對利益分布及論證價值觀等的衝擊，將現存的權力奪取再分配。後者，則指代着改革如何完善現有的結構，提高整體的結構忍耐度及持久度。要跳出以上思維的種種迷思謬誤，我們需要一個新的理論架構，讓我們去充分掌握並撰述改革為何物，去探索其本質及來龍去脈。

1.2

論改革主義（二）

上一個章節以較為抽象的模式探討改革的定義及本質，本章節乃是改革在實際操作及應用當中，所蘊涵着的主軸、有可能導致改革脫軌的隱憂，以及必然要注意的原則。

一、　何謂改革：重新認識改革的三大主軸

要真正認識改革，我們應當從3條不同的主軸入手：取向、權力、價值觀。

第一，乃是關於持份者的取向。假設A君（例：大企業）與B君（例：基層僱員）有着不同的利益（interest）或取向（preference）做代表，而他們的取向在某些地方上甚至是相互牴觸（mutually exclusive）的。若我們要在這個政治空間中，推動有關這兩個持份者的改革，我們實際要做的，其實乃是將他們之間的對立轉化、化解或減免。所以，究竟什麼不能稱得上是改革？假如A君和B君的取向全面衝突（they are totally incompatible）而又同時並存，造成徹底的行動癱瘓（action paralysis），構成此一局面的，自然不能當作是改革。因為改革本質不會將兩個不同持份者的利益推至一個無可讓步的全面

對立及膠着面上。反之，改革必須嘗試以各種不同的手段或方法化解此中的矛盾。最直接的做法，當然便是將A及B的取向「一致化」(alignment)（例如，令A/B放棄或改變自身部分取向，去迎合及符合B/A的部分取向，然後在兩方一致的基礎上推動社會改變）。此外，改革也可是透過「創造」(creation)的形式進行，塑造出新的價值觀取向，如C_1、C_2、C_3等，然後再讓A及B同步自我修訂取向為C_1、C_2、C_3，從而化解他們之間的矛盾。最後，也有一種較為消極的改革觀，乃是將其中一方A或B徹底消滅，或融入對方之中，此乃是「消除」(elimination)手法下的改革。

以一間大公司企業僱員罷工的假設性例子來說，假設僱員正在一場罷工運動中與公司周旋，若僱員願意重新接受公司所提出的現有工資及福利條件，又或公司願意接受僱員所提出的訴求及要求，這乃是「一致化」。反之，若僱員與公司在協調下，同意接受一套並非雙方原本首選的新條件及協同，這可稱為「創造」式改革。最後，若罷工工人被全面辭退，又或公司管理層因是次事件引咎辭職，這則稱為「消除」式改革。世上很少改革會是單純的其中一種，這個虛擬的罷工示威，可能最終是以工人接受大部分公司提出的解決方案而讓步，以及部分管理層下台為結果。由此可見，絕大部分改革既有「消除」的部分，也有「創造」的部分，更可能具備「一致化」的成分。我們不應將改革當成一種必然的「對立遊戲」，將「人民」和「精英」描繪為勢成水火的敵人。改革甚至毋須套用在管治階層與人民身上，而是用作描繪精英內部的政治鬥爭及矛盾的疏導過程。

第二，改革必然牽涉到對權力的調整調動。這些調動，往往不能單純地被歸納為「改變結構」(structural transformation)或「改變表象」(superficial transformation)，因為這種歸納只會墮入如上所述的偽二元對立。當你在改變一個結構的同時，你也是在驅使其在表徵上作出調整修訂，而當你在革新其表象時，你也是在撼動其結構的根本。反之，要了解改革，我們應當從能力及資源角度入手。改革本質上對不同持份者的權利，可以有以下三大模式的影響或干預。第一模式，乃是共同限制（mutual restriction）。比方說，在一個戰亂頻繁的內戰時期，各方各派聚首一堂，同意簽署停火協議，成立一個新的共和國，此乃是將權力限制的一次改動。又或者，當權者在促進改革者的同意下，放下既有的部分權利，以獲得其他權利的長遠保障（詳可參見從封建帝王制（feudalism）走向立憲君主制（constitutional monarchy），改革者願意放棄推翻君主制，但君主同時放棄實權，接納象徵性的影響力），此也是共同限制的一種。

第二模式，則為局部性的共同放任（partial mutual liberalisation）。這種改革指的，乃是接受局部而預先設定限制的前提下，雙方的權力、影響力，皆得到提升。雙方在改革之後，比原先局面佔有更多的絕對資源，而他們相對資源或影響力，也有可能因此而再度調整及重新傾斜（洗牌）。比方說，性工作平權分子（sex work rights activists）常倡議將妓院及性工作場所合法化，再接受政府監管。這過程必然會令現時處於灰色地帶的性工作受到從前沒有的監管（regulation），卻也是政府對多方面的放任。落實性工作者工作及身體自主權，也同時保障性顧客的消費權（當然，此消費權應否存在，則當另計，詳可見格里爾（Germaine Greer）及得沃金（Andrea Dworkin）對性工作的批評，以及麥克（Juno Mac）和史密斯（Molly Smith）《造反的妓女：性工作者爭取權益的奮鬥》（*Revolting Prostitutes: The Fight for Sex Workers' Rights*）一書。

第三模式，乃是不對稱限制／放任（asymmetrical restriction/liberalisation）。在一個只有兩個個體A和B的情況下，不對稱性改革可以驅使A（甚至是在B毫無改變的前提下）單方面接受權力限制及放任。中國改革開放將經濟特區的企業及市場無條件開放予外來資金，給予外來投資與貿易極多的寬度及尺度。諸君可以將此解讀為中央將自身對經濟的限制或計劃權利，徹底「下放」予外國投資者及資金，而同時不求嚴謹的回報。無論是共同放任、共同限制，還是不對稱限制／放任，我們可以看到，改革並不單純是所謂的「反建制」運動，也有可能是「鞏固建制」，甚至是改寫何謂建制一分子。

什麼稱不上是改革？若共同放任是以一個無條件也無限制的形式（unconditional）呈現，那所謂的「改動」，自然堪比缺堤的水庫，一發不可收拾。這不叫改革，而是革命。改革的本質是有一定的可控制性，一個失去控制的改革進程，將會完全喪失其「改進」的功能，而淪為單一的顛覆性「革命」。改革者要切記這一點，也同時提防將自身改革意識形態無限上綱上線，可能衍生出來的龐然怪物。歷史上充斥着不少內戰、戰爭，皆是將原本的改革變成了一個變質、固執的極端化過程。

最後，改革必然牽涉到一種嚮往改變及進步的價值觀。社會上充斥着無數個體A、B、C，也有着無限群體A*、B*、C*。撇除個體與群體之間的關係不說，單說個體與個體之間、群體與群體之間的關係，也已經是千絲萬縷。在一個正常、多元、百花齊放的社會中，我們應當如何推動改革？改革，又是否真的能夠在一個滿足絕大多數人、凝聚各方共識的情況下進行？最根本的問題是，若100個人對想改什麼、社會應當是怎麼樣，都有南轅北轍的分歧出入，那我們又怎能推動確實的改革，為社會帶來新曙光？

所以改革真正需要的，乃是一種能夠有容乃大的「元價值」（meta-values）。這些價值不會告訴我們應當如何去管治、生活、做人，卻會告訴我們應當如何處理與他人之間的分歧及矛盾，讓我們毋須「等待」共識凝聚，而能親力親為地去落實共識的推動。英國前首相兼工黨黨魁貝理雅（Tony Blair），便是嘗試從放任市場經濟的陰霾中走出帶有社會主義特色的新自由主義，將社會弱勢大眾及中產的利益，與資本主義結合，從而促進一個更為平等，但絕非共產形式的英國經濟體制。同時，法國馬克龍的「前進」運動(En Marche)，着重的也正是這種前進式思維，讓參與運動的大眾能夠放下政治糾紛及排斥，走出一條反對現有建制腐敗，卻又不是要推翻建制的政治道路。無論是「前進」還是貝理雅的「第三條路」，其實都是反映着一種支持改革、崇尚改變，但同時深知現實限制的務實政治主義。

沒有這些價值觀的社會或群體，極其量可勉強稱為「正在改變」的社會，但卻並沒有凝聚社會大多數人利益、價值觀、共識的能耐，這不算改革，也不應是改革者的榜樣。

二、 改革面對的三大隱憂及難題

改革不是下午茶，也不是逛花園，更不是唱歌便可以「搞掂」。與其單純地認為改革必然是唯一的出路，倒不如認清楚改革進程當中可能出現的種種隱憂及障礙，以讓我們能時常警惕自身，避免墮入「假改革」、「真封建」、「真破壞」、「真離地」等三大陷阱。以下三大隱憂，大可令改革者及改革淪入狼狽不堪的結局。

1) 改革成為鞏固現有問題架構的工具

第一個隱憂，則是所謂的「改革」，只不過是鞏固現有問題堂而皇之的藉口，讓改革者成為極權者或無能管治者等的幫兇。所謂的「改革」，美其名乃是對着現況的改進，實際上卻是既得利益者為了維繫現有權力及利益枷鎖，而推動的公關伎倆，旨在拖延社會改變的進程，磨蝕大眾對社會改變的熱忱。改革，透過強調所謂的「改」，以「改」代替「革」，從而將需要大刀闊斧破除及消滅的問題，以小修小補的形式作出所謂解決，到頭來只會適得其反，令問題持續蔓延及拓展。比方說，要解決一處地方的資本主義權貴壟斷問題，我們不能以「小優小惠」的思維遷就弄權者，讓財富不平等繼續滋生——而需要大刀闊斧的決心，透過稅基、誘因、經濟改革等手段，將不合理的踢走，重塑正本。

實際上，這又應該怎樣操作呢？改革者要防範被浪漫主義沖昏頭腦，卻也要同時牢牢記住自己的本心及初心，不被權力所滲透及枷鎖所收買，不讓問題倒過來解決自己。這固然需要一定的毅力或堅持力，更需要一群共同改革者，在改革路上互相提點與指撥，才能避免出現羅伯森（David Robson）所提到的「智慧陷阱」（intelligence trap）。就算是再出色或聰明的當權者，都會有自身價值觀及社交圈子所衍生的誤點誤區，讓人墮入自身盲點之中。只有在圈子中無時無刻都保留一名異見者，在群體屆全體贊成某個決定時站起來提出駁論。這些異見者必不能是有權有勢之徒，更不能是單純的和議者，而必須擁有反對「一言堂」的勇氣，堅持己見。

2） 改革速度失控，淪為缺乏清晰路線革命的前奏

若改革者開了過多的「空頭支票」，同時令權力架構中門大開，讓投機的路線錯誤革命者有機可乘，結果也同樣地肯定不堪設想。在此，有人可能會反問一句，革命有何不可？為何我們要反對路線錯誤（針對錯誤敵人、針對毋須激進改動的問題）的革命？路線清晰的革命，我們在此必須認清事實——過去三四十年，世界各地所冒起的所謂明確「革命」（包括阿拉伯之春），大多數並未能為當地人民帶來確實好處或正面改變——除非君認為軍閥分割、利益爭鬥，乃是好處的表徵。

至於路線存疑的革命（也即是目標不明朗的革命），我們必須堅決反對。道理很簡單，大致有二：

第一，革命本質難以控制，因為革命的邏輯乃是情緒主導，並無實質理性或理智可言。以槍桿子或暴力手段，推翻所謂的封建政權，

也許有一兩個成功例子，但在歷史上，我們不難看到暴力革命往往造就另一獨裁及極權政權的誕生。法國大革命、伊朗大革命，理論上是對帝制壟斷的一種反噬及終結，卻也令拿破崙及極端伊斯蘭主義在當地迅速崛起，只不過是將政權從皇朝及帝王管治轉變成另一種獨裁霸權。同時，所謂的文化大革命，也正彰顯了革命對社會所帶來的震盪及衝擊，以及一味為了「推翻」現有體制，卻又提不出新方向的根本性問題。

第二，須知道，革命中最能成功上位者，往往乃是意識形態最為偏激，最能夠煽動民眾相信不可能的虛情假意之徒，尤其是在現代社會如是。如今互聯網發展迅速，凡事講究「沒大台」，必須是由游勇散兵擔當所謂的「政壇個體戶」。這些人透過販賣假希望及挑動民眾，從而集中權力，並藉機奪權、弄權，將自身意識形態合理化而常態化。尤其在這個個人領導及號召力薄弱、群體心理當道的年代中，又或者在有個大小持份者相持不下的政治境況中，革命根本就是一場玩火、與虎謀皮的危險把戲，隨時擦槍走火，讓人民陷入水深火熱當中。最悲哀的，乃是「送頭者」與「革命領導」兩個群體可以是毫無交涉。革命者在大吵大鬧一輪口號之後，自能夠全身而退，賺取光環。害的反而是手無寸鐵的普通市民，以及誤入歧途的有抱負之士。

3) 改革方向與現實脫軌，成為空中樓閣

最後，改革必不能與現實脫軌，讓所謂的理想，淪為空中樓閣。在設計改革藍圖的過程當中，改革者不能單純地「參考」群眾意願，而忽略了民眾參與的重要性。只有當人民能夠置身其中，看到改革的曙光及希望，他們才會對改革方向感到認受性。正所謂skin in the game，若改革理論上的受益人根本看不到自己有任何影響改革的能力或權力，試問又怎能叫他們信服改革的方向，為改革做出需要的犧牲？

退一步來說，今時今日決策者最大的問題，乃是離地。離地的計畫、離地的想像、離地的動員、離地的資源，種種「離地」，造就了雷聲大、雨點小的悲哀結局。要避免改革成為天方夜譚，需要的乃是誠意，去打動及說服各方各派，去接受及迎接改革所帶來的機遇及挑戰。在香港，這當然是。在他處，亦然。若沒有接納批評及反對聲音的胸襟，又怎能充當社會的改革者，推動改變？若連最基本的批評及批判聲音也容納不下，試問又怎能讓既得利益者讓步，與他們找出共贏雙贏的改革路向？

三、　改革主義的四大原則

有見及此，到了最後，且讓我們以以下四大改革主義的原則作結，也藉此與讀者分享本人對改革的感想及思考。筆者在從政或分析路上，仍有很遙遠的距離，不過希望可以拋磚引玉，望大家多多指教。

1)　以結果作為審判改革的主要標準

結果應當作為審判改革最為關鍵的指標(大可比較鄧老當年曾經提倡的「實踐是檢驗真理唯一標準」)。因為沒有效益效用的改革，與天方夜譚無異。同時，只看原則，不看實踐，則是對不起改革應當能協助及幫助的人，包括平民百姓，也包括在現有體制內難以發聲之人。至於，何謂理想結果？改革過程中，我們切記吹毛求疵，為了讓自身感覺良好，而忽略了每一寸土壤皆需要捍衛及爭取的必要性。結果能讓我們看到改革成功與否，也是對政治現實的一種交代。結果並非我們道德觀內唯一關注的項目。我們也需要顧及會否觸碰關鍵的道德底線，有沒有僭越不應超越的雷池等問題。但同時，我們不應因為某些結果太過「微小」，而放棄據理力爭，放棄爭取一個比今天更佳的未來。

2）　讓各方持份者，包括當權者，皆能在改革中獲利

改革的前提是，各方必須從中獲得好處，所邁向的未來境況必然要比現況更佳。我們不應將改革局限於當權者與無權者之間的偽對立，更不應將當權者視作改革的頭號敵人。盲目追求鬥爭、追求虛無飄渺的意識形態的執念，到頭來只會令自身陷入無可復原的僵持死局中。若眼中認定某一個目標對自身有利，下一步並不應該自說自話、圍爐取暖，只顧自身利益，而忽略了整體宏觀大局；更不可忽略其實我們需要游說的對象並非只有自己，而是所有能夠左右大局的人。

推動政治變革，正如在商言商，必須滿足多方利益。正因如此，推動改革，需要我們去建立橫跨各界各派的持份者聯盟。只有讓改革滿足到各方根本性利益底線及關鍵取向，改革才有可能成事。不然的話，改革只會在悲壯慘淡的悲劇氛圍下結束，又或是淪為千古風流悲劇中歌頌的匹夫之勇。當年黑人平權運動先驅華盛頓（Booker Washington），因着自身溫和的行動及立場而被黑人後輩猛烈攻擊，說他與白人同流合污。但若他當時沒有果斷地與白人中產階層合作，又怎能為黑人在白人主宰的體制下尋找生存空間？

3）　改革需要的勇氣，不比其他改變社會的模式來的少

改革需要的勇氣，不可低估，更不應抹煞。有人說，改革乃是向現實枷鎖低頭的一種方式，只有追求更深刻透徹的革命，才能為社會帶來改變。但革命讓社會付出的代價、對社會應有秩序的破壞、對一切自由的前提（穩定）的威脅、對革命中人所構成的代價，這些都是為何我們不應輕舉莽動地支持所謂革命的原因。

改革，才是改變社會的由衷辦法。當然，改革之路必然是荊棘滿布的。其必然要求我們做出不同程度的犧牲及自我改變，務求能在現

實與理想中的灰色地帶，尋覓一條能夠服務人人的出路。這種勇氣可嘉，也是任何有意從政或投身公共事務者必須具備的。講得白一點，便是一種願意放下身段，放下面子，為公義盡自己所能的勇氣，也是一種橫眉冷對千夫指的傲氣。

4）　改革不能是個人任務，而必然是群體的共同努力

改革沒可能是個人任務。

人生有太多太多的障礙及苦難，窮盡你洪荒之力，你也不會成功克服。

一個群體只有在一個共同理念下，同心協力，才能推動改革、促進有利社會變革的空間。改革的本意乃是將不同政見及陣營的持份者「串連」在一起，讓他們透過腦震盪及碰撞，尋覓出路。若無群體，怎能有可持續的改變？若無可持續的改變，又怎能改變結構，創造未來？又何來希望？是時候放下個人主義，回歸群體，在群體中找出一個比昨日更好的明天的我，那便已經足夠了。明天未必會一定更好，但我們起碼值得擁有一個與今天不同的明天。在改革路上，共勉之。

1.3

論新舊精英主義

特朗普的崛起、脫歐公投及英國脫歐過程的完畢、新冠肺炎下多國政府表現乏善可陳，傳統精英似乎並不能再充當時代的支柱，甚至有過氣過時之嫌。精英主義素來強調有能者居之，以資歷資格作為挑選及提拔人才的關鍵條件，但實際操作上卻似乎並未能為普遍的民眾帶來安康生活，其成效值得商榷。經歷了新冠疫情及在全球化財富分配不公不平的趨勢後，政治及社會精英該當何去何從？而所謂的精英主義，又在此時此後仍有何實際作用？本章節會一一探討這些問題。

一、 從新加坡看精英主義

要了解精英主義，須先參考此思維的佼佼者之一。獅城自五十多年前脫離馬來西亞管治以來，國父李光耀實施強勢統治。在特有的威權精英主義模式下，獅城經濟快速發展，除了成為「亞洲四小龍」，人均收入更在2003年起超越香港。如今新加坡雖然同樣面對貧富懸殊、經濟不平等結構性問題，但人民對管治的滿意程度，以及社會發達指數，皆遠遠拋離香港。新加坡究竟是如何將精英主義與自身的政治體制融會貫通，以確保長遠的賢能選拔及栽培？

具備國際視野的管治精英

常常聽到政客把「國際視野」掛在口邊，但國際視野實際上的用處或定義又是什麼？很簡單，國際視野需要的並不是說得一口流利外語，而是對其他國家的政治歷史及制度深入的認知、與國際社會人才及領袖打交道的「軟技能」(soft skills)，並能夠駕馭或起碼參與在國際尖端討論及研究當中。這種視野需要的並非在不適當的時候，選擇性地引述「國際標準」來自欺欺人。

新加坡的管治團隊當中不少是外國頂尖大學畢業的專業人士，除了來自法律、醫學等傳統「神科」，更有不少是修讀經濟、政治或文學出身的政客。無論是常春藤或是牛劍，新加坡管治班子的教育水平在國際政府中乃數一數二。

但須知道大學文憑絕非一切(be all and end all)，讀過名牌大學並不代表你自然比他人更加優勝。香港不少在外國最頂尖大學畢業回港的「人才」，論政或學術水平會嚇你一大跳。除了內容空泛，更欠缺必要的敏銳或靈活度。因此，真正讓管治精英建立自己國際視野的，並非大學本身的教育，而是那些人才如何利用自己大學的學術資源及得天獨厚的社交環境，自我培訓及增值。新加坡前外長楊榮文(George Yeo)是我非常尊敬的一名前輩，他在劍橋大學修讀工程學，及後參軍，並在退伍後投身議會政治，最終官拜新加坡外長。他八面玲瓏的外交能力並不一定來自他在工程學的特定知識，而是他年輕求學時對英國及國際的學術文化的掌握，以及他跟同齡夥伴打交道。

更重要的是，新加坡政府本質上要求任何部門或崗位的官員皆具備面向國際社會的能力。從定期的海外培訓，到政治領袖把外交及與外國交流「滲透」在管治各層面上，再到所有部長皆會踴躍接受外媒採訪的習俗——這些所謂的潛規矩讓任何有意從政者皆不會怠慢自己對國際社會的認知及掌握。而每一位局長背後的團隊，更包含不少在海外大學回歸的公務員及參政團隊。成為高級公務員往往是從政的踏腳石 — 正正因為擁有着一個豐沛的「旋轉門」文化，才能鼓勵不少表面上與國際事務毫不相干的本地事務公務員，在工作崗位上時常保持警惕，緊跟國際事務及政策發展。

黨內遴選制度下的必然「貼地」精神

新加坡雖然採用強制投票及議會代議制等表面上頗為民主化的政治機制，但自立國以來一直由人民行動黨（People's Action Party，簡稱PAP）主政。新加坡是個一黨專政的國家，西方有不少學者形容該國為一個高度透明，但同時擁有高度民主限制（restricted democracy）的選舉維權體制（electoral authoritarianism）。《經濟學人》智庫於2019年將其定性為「部分民主」，而部分西方國家對其也作出批評，指新加坡長年由人民行動黨壟斷施政，欠缺反對政黨所構成的競爭壓力（contestation），並因此不公平地將反對聲音拒於門外。

可是這種批評未免過於膚淺。不是選舉民主制度，又如何？外界觀感及評語不佳，又如何？ PAP的多代領袖一直深諳政治交替的可能性及自我警惕的重要性。正為了確保他們在一個頗為高度受教育的民眾中的可持久性及制度整體的穩定性，他們因此在黨內遴選及提拔候選人時採用包括以下的定律與機制，以確保他們能夠得到民眾的授權及認可。

須知道PAP歷年以來的選舉「低潮」乃是2011年，當年其得票率仍然超過六成，並獲得87個議席當中的81席。

那究竟是什麼秘密，造就PAP 55年來的基本國內政壇壟斷？

其一，PAP黨內對候選人的要求非常嚴格。有意參選者除了必須是專業或重點行業當中的精英，又或是具有地區及特定群組代表性的行業領袖，他們更必須展現出持續而成熟的地區工作經驗。香港的區議會與立法會之間沒有過多的交集（除了個別大黨所產生的「雙料」候選人之外），可是在新加坡來說，成功的地區工作被視為參與全國議會政治的先決條件。此外，候選人必須擁有良好的人脈及個人技能，才能在芸芸參加遴選過程的候選人中脫穎而出。正因為參政在獅城被視為一件光榮而能維持高水平生活質素的優差，才能吸納各行各業的尖子投身其中。相反，雖然香港政治光譜擁有不少「政黨」，但在泛民與建制兩大陣營中，遴選候選人的主要標準卻是意識形態及政治正確，令不少本身未必願意進入政壇的素人對參政更加卻步。

其二，PAP黨內的提拔及角力領導層的資格，或多或少與候選人的選舉表現有一定掛鈎。如候選人當選後缺乏作為，又或者比其他同樣得到黨支持的同僚在選舉上嚴重「失色」（例如險勝，而非大勝），要平步青雲或扶搖直上，基本上是絕無可能。自李光耀以來，黨領導層便深知領導新加坡所需要的政治技能及胸襟，往往最能夠反映在民選過程當中。因此，雖然PAP的候選人欠缺真正的直接對手，但間接對手（黨中同僚）的存在往往促進「鯰魚效應 」（catfish effect），以促使候選人「貼地」並體恤民情。

其三，新加坡政制的危機意識非常強烈。立國以來，其當權者的主要論述（hegemonic discourse）在教育、社會、文化等層面上根深柢固。李光耀常常強調，作為一個被馬來西亞驅逐出國的島國，新加坡必須了解到自己的資源所限，以至周邊國家對其無時無刻的威脅。出於自衞緣故，新加坡在立國兩年後通過強制服兵役的方案。雖然時至今日，新加坡的高科技及其於亞洲內舉足輕重的地位讓其再也沒有實際的軍事理由去推行強制兵役，但兵役在當地已演變成一種非常具影響力的思想影響過程及社會工程（social engineering）。兵役過程鮮明地向新加坡年輕人灌輸維護國家及維護群體利益的重要性，更透過活靈活現的方式變相提醒國民表面安逸背後的暗湧。

在我跟新加坡外長維文(Vivian Balakrishnan)訪談之中，他曾經提到新加坡的生存之道：「小國永遠不能迫使大國服從，但我們並不是沒有自主權，我們必須維持多邊主義，並同時建立能夠領導全球共同體的新規範。」("Small countries cannot dictate to major powers. However, we are not without agency. It is essential for us to uphold multilateralism, and contribute actively to shaping new norms that will govern our global commons.")(詳見《牛津政治評論》第一期，黃裕舜與維文對話錄)。正正是這種現實但並不消極的心理，使新加坡成為不少亞太區內其他國家模仿的對象。

二、　從抗疫之下的香港看舊精英主義

「你看，這些無知婦孺、阿叔阿伯是多麼的白癡，山長水遠還要去排隊，搶不到口罩之餘，仲增加了交叉感染的風險！」

「我哋真係要好好地教導呢啲低學歷、毫無常識的市民，根本世衞都講過，口罩係無預防性功效，只能防止病患者傳染他人，又為何要去搶口罩？」

新冠肺炎在港爆發初期，筆者身邊有不少自認為是受過高等教育的精英在WhatsApp及Facebook訊息中轉發以上訊息予筆者，言語之間透露出他們眼中對「無知婦孺」及「缺乏常識」的星斗市民的嘲笑。而確實也是，每天看着網上流傳的搶購物資「搶包山翻版」、排隊排上10個小時去買個三流的次等口罩的「辛酸」，以至內地和香港部分網民誤信網上偏方而東奔西跑，這些現象看來都是印證了在社交媒體風行的年代裏，民智日益下降這個結論。同時，以上這些爭奪資

源的亂象，更反映出普羅大眾在危機發生時，失去「常識」、失去「理智」、更失去「冷靜」這層悲哀。飽讀詩書的精英，此時還不是飛雲來了，是時候好好表演？可事實是，民眾徬徨無助之時，大部分的精英卻仍未醒覺。飛雲非但沒有來，降臨的只有他們與民眾脫節的這層事實。

不少受過高等教育的精英總是埋怨，他們「需要管」的人民是多麼的「愚昧無知」，讓他們管治起來多麼的辛苦。這些精英當中不乏草根出身，更不乏土生土長的勵志故事。既然自己當年也是這樣「捱過來」，為什麼民眾不能照辦煮碗？為什麼民眾不能好好裝備自己，而選擇相信網上謠言，為現有制度添加不必要的壓力？為什麼民眾要事無大小都「靠政府」？

但這些精英有沒有想過，現有的制度、現在的政策、現存的一大堆管治專用名詞——什麼「盡職調查」(due diligence)、「利害分析」(cost-benefit analysis)、「理性主導」(reason-driven)所隱藏着的，只不過是堂而皇之為脫節管治模式所開脫的藉口。民眾民心不穩，責任所在不只是政府，更包括年薪過百萬的代議士及議員、香港上流階層的達官貴人、受過高等教育的學者及專業人士。精英的責任不應單純地局限於「管」與「治」，而是應先天下之憂而憂，向民眾解釋及溝通，直至70歲的婆婆不需再在天寒地凍當中排10個小時拿口罩、直至住在公屋裏的基層市民不用再提心吊膽地擔心自己染疫、直至分隔兩地的港人家庭能夠再次相聚。這些要求和願景，不應該是額外要求，而應該是當權者及有能者的份內事。

退一步來說，全球化之下得益最多的，當然是代表世界各地權貴的0.001%。但在這0.001%以外的，其他的0.999%，又如何？舊有精英主義將平民的疾苦視為整體社會發展及「大局為重」下的必然犧牲品。公民平民的控訴，被抹黑或忽略為所謂的「無知之見」，基層的意見永遠都是反映了、呈報上去了，但從不會真正地被重視或得到確實回應。人民眼中的精英，脫節、難懂、難堪、高高在上。

在不少精英眼中，人民總是要管的。列寧主義（Leninism）指出，在推翻資本主義而達至共產主義社會之間的進程當中，需要一個由上而下的「無產階級專政」，而此專政必須由工人之中的精英擔當領導角色。斯大林（Stalin）則認為，共產主義的實現需要透過強勢的政府單向性行為所推動，並不能向任何有違革命原則的民眾妥協。政治光譜另一端的十八世紀思想家伯克（Edmund Burke）則指出，精英必須根據自己的知識及經驗，在一個民主化的代議式議會制裏為人民分憂，在聆聽各方意見之後做出綜合性的自我判斷。經濟學家熊彼得（Joseph Schumpeter）則認為，民主制度應該擔當的作用，不應該是正面地影響或主宰政府施政，而是應該讓民眾從芸芸選擇當中選出他們眼中最能行使施政權力的政治領袖，然後讓領袖根據他們眼中的民眾意願施政。

但管治的本質並不是要市民為你服務、並不是要貧苦大眾倒貼大商界大財團、並不是要從政者成為為大地主面上貼金的客卿、更不是本末倒置。管治的本質是要服務民眾、滿足民情、將民利最大化。人民不是要單純的「管理」，而是需要受從政者所尊重、所聆聽。多年以來，世界被舊有的精英主義——摸杯底喝紅酒、商界名門的客套話、讓金錢主導政治，再以政治主導民生——弄得烏煙瘴氣。新冠疫情卻充分地反映出，那一套瀰漫着資本主義的所謂「精英」，實為權貴服務主義的管治模式，早已經過時。這不止於香港，更是一個全球化現象及現實。

三、　從選賢與能看民主走向新精英主義

精英主義在當代中國政治理論有一定吸力。筆者年前跟當代政治哲學名家貝淡寧(Daniel Bell)對談時，曾經談到他眼中的現代中國模式(China Model)的獨特之處。在一個民智未開，或政治素質整體欠奉的社會裏實行民主制度，非但不能真正地帶出或反映民眾利益，更只會弄巧反拙，危害社會整體穩定性。因此人民似乎必須要管，而精英也有着協調及建設社會的主導性角色。

賢能政治的基礎假設乃是，領袖在沒有「一人一票」或民主政治體制下，仍然感到具有義務及意願去準確反映及代表民眾利益，以民眾的共融及利益公正分配為主導原則，有識地良好施政。在一個理想世界中，中國色彩的賢能政治糅合儒家思維當中的「普世價值」及功利主義所催生的「實幹政治」，譜出一個以民眾利益及權力為主體的政治架構。賢能所指的，或是飽讀詩書但同時能學以致用者、或是從政及施政經驗豐富、或是在行業專業中口碑甚佳，或更多的是具備在以上種種領域發展的潛力(試問一名初出茅廬，有意投身政壇的年輕人，又怎會有20年的「從政經驗」?說了，你也不會信吧)。賢能並不局限於此時此刻具備賢能者，而應該包括更多。

可有一點乃是筆者與貝淡寧交談之間推論出的，並可能在大多數主流精英主義捍衛論述中被「低調處理」的事實，便是:「精英主義」管治模式的優劣與制度本質有密不可分的關係，並不能「單獨」切割或處理。良性的精英管治乃能彰顯出「賢能政治」(meritocracy)，而惡性的精英管治則權充為「權貴政治」(plutocracy)或「強匪政治」(kleptocracy)粉飾太平的作用。相對於賢能政治，權貴政治由傳統權力架構產生的有權有勢者操盤，權貴為自身的利益或意識形態負責，而忽略甚至迫害大多數無權無勢市民的基本權利及利益。權貴為了鞏固權力，清除異己，將反對聲音趕盡殺絕，但求掩耳盜鈴、

瞞天過海。

要達至「非精英主義」與「精英主義」的平衡，議會民主制一來不是唯一，二來也並非一定是最佳的政治框架。由大多數人或富商壟斷的民主，並不能維護少數人或基層人士的利益。過度民粹主義泛濫的民主，並不能達至公平公正的資源分配或政治體制。如今全球各地民主國家出現普遍性危機——美國特朗普是一名乘着白人優越主義對自由主義反噬上位的詭辯者（sophist）、英國約翰遜（Boris Johnson）是一名老練但未具備實際管治才能的政壇操作老手、印度民選出來的莫迪（Narendra Modi）對國內伊斯蘭教徒毫不留情而推行大刀闊斧的經濟「偽改革」。民主制度並不是解決社會問題的萬能藥（panacea）。

但筆者與貝淡寧最大的分歧也許便是在此，我並不相信賢能政治能夠在一個單純由精英主導，毫無民眾民主代表的體制中出現。任何良性的精英主義當中，必須有着必然非精英主義（non-elitist）（註：非反精英主義（anti-elitism））的草根結構及勢力，以制衡及糾正精英的認知錯置。同時，這些非精英主義中人，雖非傳統定義的精英，卻也對他們各行各業往往掌握着關鍵的真知灼見。須知道民主制度最強的論證未必是建基於義務理論（deontological accounts）上的論述，而往往是制度確實能夠產生實際的（de facto）賢能領袖——恒常選舉、官員向民眾解說、民眾能夠表達異議的空間等，皆大致確保精英必須對民眾問責及負責任。因此，直接讓民眾可參與及領導的制衡機制，也有存在的必要性。

世界需要一個由民眾主導的新精英主義——這是一個以民眾利益作為依歸、但也同時以與民眾互動交流作為政治基礎的新管治模式。此模式需要管治者親身參與在面向市民及草根的公開論證，更需要傳統精英放下自己的身段，為也許曾經鄙視過的「無知升斗市民」分憂。在此，我謹提出三大問題，望世界各地的從政管治者皆可考慮與參詳。若回答不了這些問題，這些所謂的從政者，只能是「偽精英」，各行各業的「技術精英」，卻擔當不了「管治精英」這標籤。

四、　何謂新精英主義？

先作聲明。以下所探討的新精英主義，並不適用於「專科」(即普遍被視為技術要求較高的專業，例如科學、測量學、法律學等)中的「精英」，也並非是在描述社會上擁有權力的權貴。精英不同於權貴，後者乃是一個單純性地「描述」現況的名詞，用來描繪在社會各界中操控資源及實際權力的眾人。反之，「新精英」乃是一種「判斷性」(evaluative)概念，具備某程度上的價值感審判。筆者在此謹集中於在一個「政治」層面上探討「新精英主義」，其他領域，難以在此詳述。

新精英主義主張的從政精英，必須符合以下數大條件：

第一，願意及具備與不同群組及階層的民眾互動、溝通、聆聽他們需要的能力，並能夠透過同理心(empathy)及道德想像(moral imagination)，將民眾的切膚之痛反映在自身的自主決定上。傳統精英往往與社會脫節，與民不能「同樂」，更遑論共同承擔民眾所面對的問題。現實是，傳統精英的社會條件優渥，若不是刻意「貼地」，只會在自身所營造的自然回音室中「圍爐取暖」，失去方向定位。

當權者需要假設自己有必要為措施或方案「下海」，跟每一位受影響的民眾進行論證措施的對話。屠狗輩在不少方面雖然沒有精英的「專業知識」，但對社會發展之意見，跟身處象牙塔與高樓大廈中的當權者相比，往往更能帶來「貼地」的民情回報。

精英必須具備「想像」的創意。「想像」並非指憑空捏造、或透過虛無縹緲的論述「忽悠」民眾，而是以想像力，開拓及思考民眾對自身政策落實的實際反映。將心比己不是一個額外添加的選項，而是道德義務。正如哲學家巴提（Philip Pettit）所指，若政客向自身利益將受政策所影響的民眾解說之時，根本無法直視市民（look them in the eye）地解說，問心無愧；而當這些政客以「想像」取代自身主觀傳統認知，嘗試易地而處，並推敲出其實自己所提供的「論證」根本無法令人接受的話，那精英才能反思政策是否在制定或推說層面上出錯，以至無法進行最為基本的與民「對話」。甚至，精英其實需要沿用羅爾斯（John Rawls）對社會上最為弱勢社群的關注標準，設想自身政策可能帶來的最大代價，究竟落在何人何方，然後再反問自己，「如果你是該名市民，你會認為政策利大於弊，或，就算不是利大於弊，你能收貨嗎？」問深一層，「如果不收貨的原因是制度所限，到底制度如何調整，才能將民眾期望與可行的現實距離收窄？」這些問題，必須妥善回答，不能敷衍了事。

聆聽民眾，與民眾對口，不但是成功政客的必須，更是成為真精英的必然條件之一。若所謂的「精英」不能以民眾的語言，訴說及解決民眾的擔憂，這不叫精英，最多只能稱為所謂的「執行者」，而不是「從政者」。綜觀全球，公民社會在政策推廣的過程中，無疑愈加重要。若管治者貿然罔顧公民社會支持的重要性，一則是在引火自焚，二則是對不起管治對「賢能」當中最為重要的要求之一：「得民意者，得天下。失民意者，只會車毀人亡。」

第二，政治本質中，立場與人和同樣重要。**新精英主義，必須能言善辯，願意與政敵或異見者進行激烈的辯論，卻也要同時在政治及公務空間內，與對家保持良好個人關係，促進真正的政治協商及合作**。精英必須勇於與人辯論、爭辯、細心聆聽並反駁對方的論點，而不是自說自話，為了挑動自身的支持者及既有受眾，而忽略了現代政治對爭辯及觀感的重視。

同時，能夠知彼知己，才能百戰百勝。舊有精英主義最大的弊端，也許是管治精英的自負(hubris)。而確實，「殺君馬者道旁兒」，有不少精英因為自身鋒芒畢露、少年時年少氣盛、壯年時意氣風發，因而自命不凡，並忽略了其實「對家」也不乏飽讀詩書而同樣級數的人物。克制最大敵人的最佳辦法，便是取代他們，成為自己最大的敵人。一個從政者如果連反思自己最明顯的漏洞及失敗的能力也沒有，試問又如何能夠令普羅大眾安心，將自身政府交託給他們進行有效的施政？

退一步來說，在公共空間與政敵鬥爭，能夠促進兩者之間的共同成長及改善。但與此同時，精英不能「圍爐取暖」，而忽略了信任及人情味的關鍵性。為何美國國會山莊的議員之間，曾經出現不少「跨黨派」一同打高爾夫球的故事，傳為佳話？佳話的性質，又是如何？當然不是因為他們喜歡打高爾夫球，而是因為這些議員一同經歷的消閒及聯繫，能讓他們經營得來不易的私交，讓他們在政見各異之時，仍能放下不必要的偏執，以人性化的角度及手法，收窄分歧，避免兩極化情況出現。過去20年走來，除了社交及公共媒體偏頗性增加、人民需求及偏向各走極端等「需求性」(demand-side)因素以外，美國兩黨之間的矛盾加深，或多或少也與國會議員在現代科技及需要在自身州份競選連任等因素而導致的聚少離多有關。在(半)民主體制內，當你最大的政敵都是私下能夠與你「有偈傾」，你所提出的方案及議案自然能事半功倍，獲得通過。就算是威權政權，也往往強調積極「統戰工作」的重要性。成功的政客，必須能夠「統戰」，而不是單純地以強硬手段「駕馭」對家。這才是從政應有之義及道。

第三，新精英必須敢於在必要時候站穩立場、捍衛公共利益，在關鍵時候不被民眾所帶領，而反過來領導民眾，尋覓真理。精英要聆聽民意，但民意沒可能是從政的全部。若所謂的「精英」只不過是民眾的傳聲筒，民眾說X，他們便做X，要這些從政者來做啥？精英要牢牢捍衛絕大多數人的利益，同時兼顧那政策難以得益或直接傷害的少數人，同樣重要的利益。在這前提下，若我們想要我們的管治精英能夠妥善地對待社會，而不是單純那一大撮，尤其是可能受挑動煽動所影響的民眾，那他們必須願意在關鍵時候，逆流而上，帶領社會走出困局。

這與上面是沒有衝突的。儒家主義（詳見陳祖為教授的《儒家致善主義：現代政治哲學重構》）所說的分寸，正正能夠套用在此。從政者要了解到，民意固然能夠反映出市民的關鍵核心利益，也反映着他們對政府處理手法的期望。民眾關注的，不只是目標（end），也包括途徑（means）。從政者必須要領導民眾去尋找出、疏理出自己真正想要的目標，但在途徑及手法上，則需要擔任「代理人」及「專家」的角色，在民眾利益基礎上，推出必要時可能違反民眾主觀意志的政策。這非但不是背叛民眾利益，更是將民眾利益落實得公平、公正的唯一做法。沒錯，精英有可能犯錯，但犯錯的可能性，並不應驅使我們矯枉過正，而抹煞具備專業知識的精英應當發揮的功用。

最後，從政究竟有沒有所謂的「專業知識」，或只有所謂的從政精英才具備相關的條件？這是一道很好的問題。管治本質要求的，並非單純一兩項的技能，而需要精英涉獵甚廣，對每一項政策及非政策領域，皆具備相當的認知。但依我所見，從政者實際上最為需要的技能，其實並非單純的「技能」（technique），而是一種態度，一種願意反覆嘗試、反覆思考、反覆聆聽而吸收他人進諫及意見的開放態度（openness），讓他們能夠在應當讓步收手的時候，停下來快思慢想；在不應退讓之時，果斷地快刀砍亂麻。這才是從政者應有的處事態度。從政者不應只按照一套既定的慣性思維行事，而必須願意自我批判及改進，以真正發自內心的謙虛，而非表面表現出來的虛偽，作為從政指南。

五、　結論

無論是東方還是西方，世界各地皆反映出，舊有的精英主義已被顛覆。精英主義必須「維新」，才能持續地走下去。精英不是一種原罪，更能為所屬的社會帶來穩健可靠的道德及實體領導核心。而要培育出真正適合從政的精英，需要的，仍是一個能夠在變遷中反映出謹慎擇「賢」之定義，並同時確實落實「用賢為上」的管治體制。否則，若精英拒絕兼聽則明，不思進取而拒絕反思自身不足，或去惡補一下與民眾的關係及倫理。所謂的精英，只會車毀人亡，不得不防。

1.4

論理想與現實

政治論述中常有「理想主義者」(idealist)與「現實主義者」(realist)兩派之分的一說。有的說，理想就像一個遙不可及的馬拉松終點線，而現實便是由起步至終結之間的遙遠路程。有的說，理想是一場轟烈而浪漫的夢，發完後總要面對殘酷而無奈的現實。理想是抽象、離地、單純，而現實卻是那麼的逼真、貼地、混濁難明。在這個二元化的論述框架裏，理想和現實似乎水火不容。

現實與理想，堪比奶茶和咖啡，他們往往被人慣性認為只能二選一，必須在當中選擇自身的定位及立場。追隨理想者，必然不能向現實低頭；反之，現實思維者，則必須放下理想，面對現實，立地成「人」。但退一步去想，奶茶與咖啡兩者，並非魚與熊掌，其實絕對能夠兩者都要。看的，其實還不就是選擇過程的結構與內裏規則？

須知道，這兩者的所謂分庭抗禮、所謂的對立，其實並沒有確實的立論基礎。

但在詳談以上問題前，必須先弄清楚，何謂理想，何謂現實？

一、　何謂理想及現實？

先從一個西方政治哲學角度入手，以探索此問題的繁衍。在羅爾斯(John Rawls)的正義論框架裏，奉行理想主義的理論家及政客在追尋社會公義的過程中持有兩大假設：第一假設，是所有相關公民及政府將會遵守因應社會公義所產生的義務及要求(full compliance)，即是說所有(或絕大多數人)不但會遵守合乎正義的法規，更會在法規或法治以外維持社會公義，並滿足正義論對他們所作出的要求；第二假設，則是社會環境符合一定條件(例如適當的國富民強、社會上資源大致充足)(favourable conditions)，能支援正義的執行(詳可見羅爾斯《正義論》[*A Theory of Justice*]及《正義即公平》[*Justice as Fairness*]兩書)。

相反，非理想主義者(non-ideal theorists)，如米爾斯(Charles Mills)的論述往往覆蓋或集中於這些假設以外的灰色地帶(例如，在不是所有人都遵守要求(partial compliance)或社會未能滿足以上條件(unfavourable conditions)的情況下，人們的責任及義務為何呢？)，聚焦於具缺陷的現今世界框架裏，從而探討我們應當如何達至公義。

當然，以上定義未必能反映出普遍學界論述對「理想／現實」主義的認知。學者華倫天尼(Laura Valentini)於2012年出版的論文中指出，除了「全部人遵守／部分人遵守」這第一主軸上的分割，還有兩個主軸界定着理想與非理想主義：

第二條主軸就是，這些理論家有沒有考慮到經濟、政治資本，以及民眾認知上對實踐或達至理想的可行性限制(feasibility constraints)。這些種種因素往往令過於「完美」的理論難以「貼地」。比方說，某政治理論框架可能指定，所有人必須獲得豐沃的非勞動收入(passive income)，才能追尋他們心目中最為理想的人生。撇除此願景的道德或整體合理性不說，這種理想的追求，以及其驅使政客及社會大眾所進行的行為，未必有任何實踐性，並令此原理只能停留在紙上談兵的願景構建過程當中。牛津政治哲學名家米爾(David Miller)曾將這種類似的吹毛求疵的哲學思維界定為「philosophy as lamentation」(「哲學怨言化」)，意指政治學者為了推出心目中最為完美的理論框架，但在現實世界上根本無從入手，故讓其理論只能成為猶如抱怨的吃瓜觀眾茶餘飯後議題，難成氣候。理想主義對限制的假設較為寬鬆，非理想主義則將較多的現有框架設定為不變的既定因素(fixed factors)。

第三條主軸便是，這些理論家追求的除了達成最終公義目標(transcendental justice)以外，還提供了能作為短中期目標衡量及制訂的標準，以讓我們能達至比較性正義(comparative justice)。當今社運圈子裏有句話叫「階段性勝利」，本來正是反映着有不少人認為在最終公義欠奉情況下，我們仍須爭取中轉期過程中的公義。當然，此話在廣東話語境裏，逐漸變成了反諷着個別政客為了印證自身存在價值所揑造或失實誇大的言論的借代詞，此是後話。整體而言，理想主義指的，大抵是熱中於達成最終正義的思潮；而非理想主義指的，則是追求比較性正義者。

總括而言，依以上這三大主軸框架的結合來說，理想主義者認為政治活動應該以理想的管治及社會藍圖作為依歸，政治家有義務追求絕對的最佳結果，且不論可行度及將會付出的代價。而現實主義者則未必認同這種思維，且反而更欲探討在現有框架裏可行的解決方案及折衷辦法。

二、　理想與現實的相輔相成

這兩者之間，沒有誰比誰更高尚。兩者本身互相配合，缺一不可。

首先，兩者都需要「另一半」作為調劑，才能為社會帶來真正的進步。單純的理想主義也許能夠令人熱血沸騰，但不切實際的政治理念，除了不能為處於水深火熱的民眾帶來即時紓緩以外，更會讓人對政治運動卻步，認為運動過於離地，並因而唾棄運動。理想家也許能處之泰然地「堅守」自己所謂的原則，但沒有執行的原則只會流於空泛。在應該妥協或退一步時，抗拒現實的話，根本不能為社會帶來進一步的改善。

同樣，理想為行動注入靈魂。單談「現實」而避「理想」不談者，與一個機械人無異。現代政府裏充斥着不少技術官員，不是所謂的管理「通才」，就是從一個專科畢業的尖端技術人士。技術執政強調的是執行效率，並視管治為可以被容易量化而硬性的一門科學，因而忽略了當中的藝術性。這是一種錯置的專業化（misplaced professionalisation），因為一個視管治為只談執行而不談理念的官員，不會抱有能統一或驅動民眾的理念，更遑論能夠掌握政府應當如何平衡各方利益的這個深層次的倫理問題。

再說，欠缺「另一半」的現實或理想政治，對推動本身價值觀或成果必然有其阻礙，皆會令其事倍功半。就拿政治表態來說，「表態政治」的核心價值乃是，上至政客或領導人，下至公民平民，皆必須大剌剌地將自身立場及意見公諸於世，並將自身認為是對的話，有理無理，先說出來。代表人物有所謂的「KOL」、自認為是公共知識分子的「才子」、社交名媛、愛上電視及開全民YouTube Live的政治家。

表態政治充斥着世界各地的政治體制。戴卓爾夫人死後，一群自認為是「自由派」的英國國民（年輕人）執意要在網上下載、線下表演

Ding-Dong! The Witch Is Dead!，以表達對這位已故國家領導人的仇恨。印度總理莫迪以印度教的傳統象徵及宗教論述，襯托着自己對印度傳統當權者的批評，鼓吹支持者去在網上「表態」，批評對家疑似將印度教趕盡殺絕，有違國家的核心價值。如今潮流鼓吹我們得要「表態」，並在表態的過程當中「講真話」去「激勵人心」，立下自身立場的見證碑。而理所當然的是，任何政治體制及空間，都會有「講」和「做」的相輔相成。

作為理想政治的一個變形分支，表態政治，正反映着理想政治「講」多於「做」的一種失衡。此政治模式着重的並非實體行動，也不會尋求改變他人的思維。前者並不成立，這是因為在這個框架下，撰述自己的意見及表達自身立場，永遠比「行動」來得更為「實際」。只有煽情煽動的表態才能最有效、最快速地讓他人看到自己的定位、自己的歸邊，從而促使自己成功表述態度立場。這些人口中常常充斥着一大堆理想，但在推廣其理想層面上，卻正因為他們的「擇善固執」，令他們說教式的教化難以打動「敵人」民心，讓這些言論極其量只能充當為圍爐取暖之效。

過度對理想及原則的執着，對理想結果的實踐及確立，根本於事無補。當然，有人可能會說，結果不是「大曬」，我們必須重視爭取成果的過程當中所代表或彰顯的價值觀。但很抱歉，在公義及平等仍離我們非常遙遠的缺憾性社會中，堅守所謂的「道德底線」、自我感覺良好，我不認為是對理想國度中我們應當幫助的人負責任，反而是一種根本性的不負責任！

另一個極端，為了不欲改變現實而「面對現實」，也往往成為了為逃離現實、對現實問題掩耳盜鈴之人開脫的「萬靈藥」。現實的掣肘，有可能令人屈服於不公不義的體制下，也可能讓人忘記本心，成為被名利熏心的棋子。這些人會對現實充斥的問題視而不見，推搪表示為「不可改變」，所以必須既來之，則安之。「順流逆流」，在這些人士手中，成為了看風使舵的藉口。這些人固然可悲，但我們不能完全責怪他們。

極端「現實主義」的吸引力便是，其將個人短中期的成本最小化，將能帶來的回報最大化，並同時能讓個人保持自我感覺良好的優勢。但與此同時，若現實主義成為了說教式的自我催眠材料，則只會令人自欺欺人，最終失去理智及鬥志，並白白地淹沒在歲月洪水之中。過度「現實主義」的懦弱，讓人敢怒不敢言，只能無奈地言行不一，繼續苟且偷生。

所以理想與現實，若沒有了對沖平衡，則只會令個人「兩頭唔到岸」，要現實之時卻並未能達到實質效果，而在盲目追求理想的過程當中，則失去最基本的效用，本末倒置。這些種種，我們不得不防。

政治分析切忌過於簡單的二元歸類。大部分政治家有理想的一面，也有現實的一面。現實與理想的結合，才是從政的應有態度。政客應有勇氣為人民豁出去，在關鍵時候巧妙地周旋在不同持份者之間，並同時堅守道德及大原則底線。妥協是一門藝術，但須知道妥協與背棄理念兩者之間是一條細膩非常的線（a very fine line），雖並不容易守，但仍要去守。同時，如何將各方利益交放在一起，將干戈化為同心協力的共贏，考驗的不只是政客的政治操作技能，更是他們願意放手一搏與否，以服務大眾的理想及初心帶領自己去尋覓更佳的出路或辦法。

此時我們大可參考鄂蘭（Hannah Arendt）所說的「平庸之惡」（Banality of Evil）。二次大戰當中，戰犯阿道夫．艾希曼（Adolf Eichmann）是德軍高層，他雙手沾有數以千萬計的猶太人鮮血。戰後審判當中，他表示自己只是服從上司命令，為了盡忠職守，唯有按照着希特拉的旨意辦事，所以罪不在他！

平庸之惡一說在此應用，則是這樣的：人類社會中最令人髮指或滅絕人性的行為，往往未必出自精心設計而慎密執行的自主者手中，而是出自純粹為了「做好這份工」或「執行好這個任務」的普通人雙手。鄂蘭認為，儘管艾希曼確實並非二次大戰猶太人被迫害的總參謀，甚至也不是刻意在種族層面上針對猶太人，可是他正反映出平庸之惡的根本特徵：有不少人罪孽深重的行為並不是出於內心的信仰或自身思維，而是盲目服從上司或規矩的非自主性思維。就好比，有些人為了在制度裏往上爬，迎合體制的口味，結果構成「惡」；而其他人為了政治籌碼或抽水，繼續進食鯁喉的人血饅頭。

三、　動態理想主義

我們需要的，是動態理想主義（dynamic idealism）。

現實主義與理想主義糅合下所產生的，正是「動態理想主義」—— 政治家或理論家心目中的理想必須因應着現實環境、民意、社會的改革而漸變。在堅守理想的同時，從政者也需要反思心中理念是否與社會脫節、是否不合時宜、是否孤芳自賞。與此同時，在「現實地」追尋政治目的時，政客不能埋沒從政最基本的原則或初心，僭越一些不應，也不可跨越的道德紅線。把現實轉化為理想，讓理想變得貼地——這是從政者的義務。

純粹的理想主義着重的不只是達至理想結果，更是理想價值觀的體現（instantiation）（例如，假設為了防止將來某不受控制的人去繼續殺人，我們必須殺死或嚴重傷害該人 ，但理想主義則可能會認定我們必不能剝奪任何人的生命，包括殘害他人的準殺人犯）。動態理想主義者，則會在合理合情的情況下，容忍，甚至默許我們以有限的武力抑制該準殺人犯。

動態理想主義對理想的追求及尊重，不亞於單純的理想主義。但其本質分歧在於，其了解及認知到，在政治鬥爭及權利枷鎖的前提下，在這亂世中追求公義，必然要以務實結果行先、以初衷為本心，才能向成功邁進真正的一步。單純地「行為正確」，時時刻刻按着規矩辦事，可能確實會讓你避免犯下彌天大禍，卻也同時大幅收窄你的行動空間及自由，對這世界向理想目標前進毫無貢獻。

同時，動態理想主義與所謂的極端現實主義，也有着明顯的出入。極端現實主義將一切障礙及限制框架，皆設定為不可變並不應變的。比方說，在一個黑奴風行的年代，當時的現實主義者可能會說，「我很同情這些奴隸的遭遇，但這是我們不得不接受的政治現實，我們並不能改變奴隸制。」類似這些言論反映的，正是現實主義的消極後遺症，令人不思進取，更驅使我們去「認命」，去接受那些不應被接受的所謂「現實」。

因此，之所以「動態」二字非常關鍵，乃是因為社會框架及限定並非不能變的，他們的演變，更往往是個人或群體的選擇和行為所導致的直接效果。個人不能撼動整個結構，但個人可以改變結構，也可重塑結構與個體之間的關係。動態理想主義下，我們必須正視社會對解決問題所形成的種種問題及困難，但不應視他們為既定及必然的事實。此一刻不可行，並不代表將來不可行。同時，我們必須為局部的不可行（infeasibility）負上相當的糾正道德責任（rectificatory responsibilities），將不可能變成可能，這才是政治的本質。

四、 從歷史看動態理想主義者

大江東去，浪淘盡、千古風流人物。

我們放目回顧過去，會發現，人類文明一路走來，有各式各樣的傳奇人物。有的，以一己之力扳倒無比巨大的巨人，也有的在結構的層層威逼利誘下，出污泥而不染；有的，以苟且偷生的心態，盲打莽撞地成就大功；也有的處心積慮，最終功虧一簣，落得潦倒的下場。這便是歷史，這便是現實。

前南非大主教屠圖（Desmond Tutu）是1984年的諾貝爾和平獎得獎者，他在白人當道的種族隔離政權下，在推動黑人公民權利層面上貢獻甚大，被視為是種族隔離政權與民眾之間的調節人及協調者。屠圖也因其反共及支持西方對南非的經濟壓力等立場，而被不少激進黑人平權分子抨擊他為助紂為虐的封閉保守派。然而，正正因為他在經濟及意識形態等議題上處於較為溫和的傳統立場，使其能與當地白人至上政府及保守商界合作，締造南非政權對黑人的開放解放。同時，身為大主教，屠圖擅長將宗教與其倡議結合，開創了南非本土宗教界裏的一股前衛開放清泉，並為及後的進步派社會運動奠下了基礎。

令美國在越戰中越踏越深的詹森（Lyndon B Johnson）總統，雖然任內及下台後皆褒揚不一，但有不少不同陣營的聲音皆指出，他圓滑但狠辣的政治手腕、務實卻也不擇手段的從政作風，雖然讓其在黨內外飽受意識形態主導的道德批判，卻在推動他想要達到的政治成果層面上取得極大成效，使其成為美國黑人平權運動上的一大助力。詹森任內通過了標誌性的1964年《民權法案》及1965年《選舉法案》，任命了美國史上首位黑人最高法院大法官馬歇爾（Thurgood Marshall）及首位黑人住房城市發展部長偉飛（Robert Weaver）。這些種種固然並非他一個人的功勞，卻已足夠彰顯他在推動社會改革層面上的決心及成就。詹森給予外界的觀感，並不是一位所謂的「聖人」(真正政治中，很難有所謂的聖人)，卻是一名腳踏實地將理想轉化成現實的政治家。

提到理想與現實之爭，則不能不談到昂山素姬(Aung San Suu Kyi)。自2021年初起，緬甸局勢動盪非常，全國陷入接近內戰程度的軍事衝突。作為被政變推翻的民選民盟政府，昂山本身也頗具爭議。緬甸羅興亞問題持續多年，昂山素姬曾被指對此議題沉默、拒絕發聲，更被指控為出賣了緬甸多年以來的民族運動，背棄了她個人的原則及道德主張。在此議題上，她僅有數次代表緬甸到外國進行的游說，皆強調着羅興亞人的遭遇乃是緬甸內政，不由得別國干預或捏造事實。主流輿論及意見皆認為，昂山素姬在任內並沒有採取更主動的措施壓制軍方，以禁止他們繼續拓展兵權及迫害少數民族，乃是失職失德。

但須知道昂山實際的周旋空間始終有限。長年累月針對並打壓羅興亞人的軍方對領土及邊境防衛等重大議題皆非常敏感，並對任何可能出現的反對聲音及勢力懷有戒心。反之，昂山固然在個別政策議題上不合格，但絕大多數緬甸民眾對她願意聆聽民意、敢於將地區政治及管理制度革新、在經濟上大幅引入外資及貼近民情的發展項目等政績，皆頗為受落。她在羅興亞問題上絕對是一名道德上不合格的失敗領導，但卻也是不少緬甸人民心目中的精神及管治領袖。

事實上，昂山自上任以來，一直嘗試透過修憲及其他官方渠道，削減軍方的正式影響力。自上世紀軍權接管以來，緬甸一直處於一個脆弱的半民主狀態。雖然軍方在2010年代初做出頗為鮮明的讓步，讓昂山及所率領的民盟得以進入管治核心，但軍方仍牢牢掌控着包括國防在內的關鍵機構及部門，以及緬甸絕大多數的權利網絡及系統。昂山素姬固有民意基礎，但空有民意，又如何？昂山一方面要推進全方位的社會經濟改革，盡量爭取市場私有化及開放，另一邊廂卻要確保軍方利益得到一定保障，以滿足軍方及社會保守派的異見。在現實政治的框架中取得原則及結果（兩者雖不是徹底對立，卻往往有所衝突）之間的平衡，向來都是一個有苦自己知，難以向他人啟齒的倫理兩難。

這三位人士，各有其過失成功，也各有關鍵建樹。若從單純的現實角度評核他們的行為，則會忽略了他們在不公不義的過程（包括越戰及緬甸政府對羅興亞人的迫害）當中所扮演的角色。但若只以抽象的道德理想規範衡量他們的行為對錯，則未免是一種與現實脫節的「道德勒索」。只有動態理想主義，才能準確地點出：我們活於一個不完美的世界，因此必然要做出不完美或非理想的現實取捨。但我們有必要，也有義務，去改變社會結構，將此刻不切實際的理想願景，變成他日再也合理不過的既成事實。

真正的理想主義者，是將理想變成現實，而不是將理想永遠地留在紙上談兵的理論層面。哪怕是讓世界向理想邁進一小步，都遠比原地踏步來得更好。這從來都是從政者及做人應當警惕慎記的金律。

1.5

論批判性愛國主義

【此文初稿2020年8月末刊登於《信報》，筆者及後再作出較為大規模修訂及改寫】

這些年頭，人人皆爭做「愛國者」。原因很簡單，並不一定是因為愛國是正道，或者出於什麼難懂的高尚情操。而是因為愛國，對於很多人來說，乃是一種出於政治本能的操作。對國家的愛，以最為膚淺的形式作表示。對國家的情，則淪為政客與權力之間的交易本錢。可是，究竟，愛國是為何物？

愛上一個國家，到底是愛上她的文化、她的地理、她的政治體制及政權、她的人口？還是愛上在某君某人心目中一個虛無縹緲的理想國？

一、 誰人有義務愛國？

有的人說，人一出生便擁有既定的國籍。而既定的國籍，讓人不得不愛上自己的國家。愛上自己出生的國家，乃是盡「愛國」的責任。每一個人都有自己所屬的國家，而對自己國家無私奉獻，更是天經地義。

可現實上，有些人出生在國與國之間（作為難民）、也有人自一出生便擁有雙重國籍、更有人會選擇移民（或，在有得選擇並付諸實行的情況下，理應會選擇移民），脫離出生之地。由此可見，對出生地國家的情懷及關注，並非必然。此外，國家在歷史上的輪替改變、國民身份的易手及變改，這些種種，皆令「出生在某國，就必須認同該國」論點的基礎假設存疑。

舉個實例來說，設想着3位同樣地出生在1980年，當時為烏克蘭蘇維埃社會主義共和國轄下的克里米亞半島（Crimea）的人士。1991年蘇聯解體，克里米亞名義上成為烏克蘭管治下的一個自治共和國，但這3位當地居民各自的國籍身份認同及表述皆大相徑庭。當中，有一位認定自己屬於俄羅斯的一部分，有一位認定自己是烏克蘭人，也有人認定自己為克里米亞的國民，不能被歸納入俄羅斯或烏克蘭國土之內。這些人要愛的「國」，又是哪一個國呢？綜上可見，「愛國」並不是那麼簡單，也不是三言兩語下便能確立的一個道德標準。

也許有人此時會說，「愛國並非一個每一個人皆能選擇的一種道德行為，而是一個硬性而現實的行動原則。我們有必要愛國，因為我們沒有他選。我們必須愛國，因為國給予我們一切，而沒有了國，我們什麼都不是。」

但這說法也是一個本末倒置的謬誤。某公司職員因抗疫關係不能選擇午餐是否在街上進食，並不代表他有義務或必要接受無理胡作、脫離民情的防疫安排；帝國主義下戰亂的受害人沒有不捱餓的選擇，並不代表他們值得或應該捱餓；某國女性沒有選擇配偶的權利，被迫盲婚啞嫁，並不代表她們應該接受現實，成為父權主義的犧牲品。

此時有人會反駁，食君之祿，擔君之憂。一國的國民受惠於國家的恩惠下，是否應該回饋為自己無私付出的國家，以愛國的方式「報答」政府的措施？此理論無疑與外國政治哲學中的「互惠原則」

(reciprocity)有殊途同歸之妙，但卻未免忽略了國策之下，也有不少國民成為其受害人或非得益者(且看美國新冠肺炎下的死傷慘重，又看看北韓政權下的無辜老百姓，再看英國脫歐後的局部性經濟崩塌)。同時，此點也忽略了，也許這些人，若在平行時空能生活在另一國的管治下，能夠享受或得到的好處(counterfactual benefits)。更甚的是，政策對國民所提供的福利，也可以說，國民已經以交稅及奉公守法的形式回報於大眾。撇除我們沒有選擇出生地及管轄我們的政治架構之權利等問題來說，似乎以上種種原因，也仍然不足以論證「愛國」的責任。

說句老實話，我倒覺得愛國義務這碼事，真的不用那麼糾結。愛國的義務基礎有二。

第一，得益(benefiting)。 若一個人確實得益於其他愛國者所共同建設的文化上層結構(superstructure)(詳見馬克思主義)，又確實全面地受益於自己作為「愛國者」此特殊身份，那該人在自己理性自主的決定(去愛國)的前提下，必然要負上相當的「回饋責任」(correlated responsibilities)。

第二，主觀身份認同(self-identification)。須知道將自己稱之為某國國民，本身便是一種主觀認同的表述，並能讓他人對自己產生合理期望。只要該人足夠地了解到「我很愛國」或「我是XX國人」此論述結構下，他人對自己產生的期望，既然該人在言在行皆是對此國家表達出強烈的情感歸屬，那此人就必然要為自己的身份認同及相關言論及行動負上責任。俗語有道：不能「下巴輕輕」地忽悠別人，更不能透過誤導性的「我很愛國」言論對他人構成非合理誤導(unreasonable deception)。

綜上所述，愛國的義務，應賦予最為得益於及自行選擇擁立國家身份之人身上。西方哲學裏，選擇及自主乃是責任的先決條件。另一邊廂，儒家哲學裏，個人責任看似並非獨立於社會架構。但須知道，無論是西還是中，也只有以德服人，才能確立根深柢固的君臣義務。愛國不應該是一種無條件的奉獻，而是一個建基於實體和虛體利益關係和主觀認同的社會建構。若國對你不忠不善，若你並沒有從國身上得到任何關鍵好處，你並沒有愛國的責任，旁人也無資格去評頭論足。

二、　何謂愛國？

什麼為之愛國？

是不是每逢節日喜慶才突然翻開關於國情的書本，然後對外展示你的愛國心，這就叫愛國？或是事無大小皆以國家名義為主，手握大旗地將敵人肅清，務求表明心跡，這原來是愛國？或是以最為膚淺明顯的方式，把自己包裝為「忠實愛國」之人，然後將任何批評都上綱上線地描黑為反對國家的有心之人挑撥離間，這就是愛國？

旗幟鮮明地表明立場、高度讚美國家、參加大大小小的慶典、唱10次國歌，可說是最為激烈的立場表明。當然，始終要在短時間裏證明你對國家的忠誠度，需要你作出一定的「投名狀」，而最為容易看得見及給予外界印證的「投名狀」，正正是象徵性為主的行為。但形式主義、表忠至上，這就是愛國？

固然，在一個愛國心強烈的社群當中，象徵性行為往往具備安撫民心的作用，更有推動國家前進的潛能(例子可見：二戰期間英國國民的愛國主義，讓其能夠面對納粹德國而毫無退縮、或中國於2008年的愛國主義，讓四川能夠「一方有難，八方支援」)。但在實際上愛國心微弱或欠缺之地，這些形式、教條式行為則可能淪為表裏不一之人，為了獻媚及仕途進程而做出的自私自利舉動。

在我心中，真正的愛國是能夠以國家、國民、政府的出發點去思考問題，去反思個人的歷史、釐清個體與主體之間的關係。真愛國講究的不是靠一張口，不是透過一味偏激的言論，而是需要真心去感受國與民之間的複雜關係。當愛國淪為一種以口說，而不會以手做的儀式之時，這才是最令人擔心的扭曲現象。

愛一個國家，你愛的是她的過去——講究對國情充分的認識，不會胡亂刪改或偏頗地記錄歷史、不會胡亂為列強入侵或國家歷史的過錯塗脂抹粉。你恨的，是荼毒或煽動壓榨普羅大眾的歹人、或是將人民生命視為權鬥棋子的力量。你痛的，是歷史上充斥的不公義及黑暗面。你愛的，是人民的不屈不撓、官員的不蔓不枝。你會努力嘗試記起歷史上前人的過失及醜惡，在冷靜的科學敘述及熱中的史觀評論裏取得平衡，讓你與過去能達至一個共同接受的約定，永不重蹈覆轍。

愛一個國家，你愛的是她的現在，她的人——是她成千上萬跟你一模一樣的同胞與同僚。愛既不是胡亂地將與你同根生之人扣上非人化的標籤，也不是將他們富渲染性地神化，或將自己的城市自貶得一文不值。真正想國家好的人，不會每一天都將國家繁榮富強掛在口邊，實際上卻對國家有難見死不救；也不會將自己與同胞區分，標榜自己為所謂的「上等人」。愛國，並不代表盲目地愛上每一位國民，而是要求你能夠想像自己為那在深圳經營着地攤的老婆婆、那在靜安區裏勞碌的小販、那站在前海吟唱着十月寒風的說唱歌手，細味着你跟他們對國家想像的距離及相似，找出自己跟他們在這茫茫長征路上中的走位。永不孤單一個。

愛一個國家，你愛的是她的未來。不會因國家變弱變強而忽然180度改變立場。持平、存真心、說真話，這是愛。奉承、報喜不報憂、只讚不諫，是為害。國家經濟開放改革之時，帶領外國資金進駐經濟特區，是為愛；國家有難之時，帶動外國公司來搶掠國家資源，然後美其名說是符合國情，是為害。看見國家出現貪腐，地方政府作出善意進言，是為愛；看見國家不足，進行無理謾罵，將國民貶的一文不值，是為害。

愛與害之間，只有一道細膩之線。不要僭越。永不要忘記。

且將這種愛國主義名為「批判性愛國主義」（critical patriotism），大可跟「形式性愛國主義」（performative patriotism）作為對比。前者着重的是解決問題及爭議，將國內矛盾化整為零。後者則是製造問題及爭議，將任何路線上的分歧上綱上線至愛國與叛國之間的偽二元對立，從而讓有機心者能從中獲利，表示自身忠誠，賺取政治利潤。這是悲劇，也是時代命中注定的結局。

當然，正如有人為了一己私利而鼓吹所謂的「愛國」行為，也有不少人，為了自身感覺良好，或為了政治籌碼，或是為了迎合國際或本土觀眾口味，而就着國家捏造荒誕的謊言。這些人進行的，並非批判，而是野蠻的批鬥。形式愛國主張我們得要大鑼大鼓地愛國，對任何批評皆表現得大剌剌而怒髮衝冠，哪管是對是錯，是真是假。反之，批判性愛國督促我們，愛國得要務實，得要實事求是，需要找出問題核心，兼聽則明對症下藥。因為這樣，才對得住國家，才對得住老百姓。

三、 國與本土可否並存？

在批判性愛國主義下，能否容納本土及地方主義？

不得不提防的是，全球化趨勢導致國與國之間的界別愈加模糊，同時衍生了極端右翼的本土主義。從特朗普上位背後的白人至上主義、到法國勒龐的右翼反穆斯林思潮、到荷蘭與英國當年反歐盟的本土思潮，種種國粹主義的崛起，似乎反映着全球化及一體化與本土身份的根本衝突。支持本土主義的既得利益者，害怕全球化會削弱其對資源及民眾的牢牢控制。同時，有不少全球化的「受害民眾」對其所帶來的外來衝擊感到厭煩，甚至痛恨，導致全球化得益者與「本土至上」之間產生嚴重意見及意識形態分歧，甚至促成種族歧視等現象的出現。

但這絕非必然的。有人說，有了國，就不能有本土。我倒邀請有類似想法的朋友，不妨跟身邊朋友做個實驗，試一下以下的交談發問。問一個上海出生長大的人是何方人，他大抵會說自己是中國人，亦會說自己是上海人。紐約人會說自己是美國人，也會說自己是紐約人。巴黎來的人不會接受自己是一名來自魯昂的人，正如一個紐卡素人會對倫敦人的傲慢感到不快。巴黎或紐卡素人也不會於日常生活中強調自己的身份為英國人。

無論是全球一體化的身份構建，或是國家的思想共同體構建，只要掌握到群眾心理，政客在團結絕大多數人過程當中所面對的難題，必能迎刃而解。與其將身份認同視為一個零和排他性的遊戲，為何不能將其轉化為一個包容及融合的進程？

本土主義本身並不可怕，可怕的是當其演變成能摧毀一切的極端固步自封主義，成為一股扼殺歷史而抹殺未來（「攬炒」）的政治猛獸，迫使人民必須在本土與國土之間作出抉擇。若國能容有本土，招攬本土為其所用，將本土論述融入一國之下的思潮思維，正本清源，這必然能夠確保民心歸順，也能讓他們對國產生應有的歸屬感。

若以一個金字塔的比喻來說，國是金字塔的基，亦是塔的根源所在。沒有國此概念，不可能會有穩定的長期身份框架（所以有不少極端本土主義者產出不切實際的「自決」或「立國」等著書立說，以維繫自身的所謂道德恰當性)。但一個金字塔沒可能只有基石，而沒有塔身或塔尖。若塔尖為個人的喜好及身份認同(例，我是一名無神論者、他是一名基督徒)，那塔身則必然為個人與國家之間的一層層環環緊扣的夾層——當中肯定包括地方本土身份。與其嘗試將本土身份不切實際地扼殺，導致本土身份趨向地下化、鞏固化，從而成為長期計時炸彈，倒不如將本土融入國土，讓國民能夠在風雨飄搖的年代裏找到自己的根、自己的家，看清楚家與國之間的相輔相成。

所以愛國及愛自身的城市，並不是魚與熊掌，兩者絕對可以兼備。國毋須駕馭本土，因為本土可為國所吸收及容納。同時，本土也必然要尊重國之底線，才能在國之下生存。從來這就是國家核心與邊陲(centre and periphery)之金科玉律。

四、 我跟國家有何關係？

2008年。看着電視熒光幕上的色彩繽紛，我感到有點不明所以。親戚朋友圍在電視前鼓掌、現場奏起非常動聽但我不大聽得懂的歌曲。多面國旗徐徐升起，原來是奧運開幕禮。那年我11歲。

2012年。那時雙非孕婦議題鬧得非常沸騰。反國教運動一幕幕於當時徐徐上演。聽着電視上有人說這是「洗腦教育」，也有人說這是國家必然要教授的一門課。當年政治冷感的我只覺得，愛國似乎沒有錯啊，為什麼要反對它？卻不知天高地厚，也對反國教的論據不明所以。那年我15歲。

2014年。雨傘運動於中環街頭上展開。有人說這是港人最「光榮的一幕」，有人卻說這是撕裂香港的第一步。在多年的政治糾結及明爭暗鬥下，本來愛國的民主運動裏逐漸出現了一股反對中央、反對內地、反對大陸同仁的次主流。這思潮當然並非運動的主流，亦並非受所有支持民主化的港人及議員所鼓吹。支持民主與認同自己是中國香港人，該時似乎還不是相反的論點。我只在想，若兩制下的民主能與「一國」並行，那主張是否過度天馬行空？那年我17歲。

2016年，本土派於旺角及立法會選舉抬頭。2017年，曾俊華選特首，香港市況一時和風無兩，似乎在承諾「大和解」的林鄭月娥及財爺曾俊華之間，香港政局終於出現曙光。中港關係在17年後的一兩年逐漸降溫，就算是明日大嶼及一地兩檢背後的暗湧，也在明面上顯得黯淡無光。同年，我開始定期回國內教辯論，跟內地夥伴及同學打交道，發現香港部分偏頗媒體抹黑的內地人，與現實中的內地人，乃是有天淵之別。那年，我19歲。

2019年社會運動，導致中港關係勢成水火。有一位遠方親戚的內地朋友在中環街頭上被困，然後被一群（希望是香港市民極少數）的圍觀民眾指罵，叫他「滾回大陸去」。整個夏天對於我來說是一次沉重打擊。眼看身邊朋友慢慢離我而去，兩邊對立成為定局，自己的聲音成為大風暴當中的一棵弱小種子，再從小樹蔓延成一股希望茁壯的小樹。那年，我21歲。

2020年，我在英國火車上遭人白眼，叫我滾回中國去。無論你英文說得多麼動聽、行為多麼的入世，對於種族主義者來說，你都是異鄉人，你都是外人。因為那邊，不是你的家，也不是你的國。22歲的我，上了22年人生走來，也許最為寶貴的一課。

批判和愛國不是對立的。真正對立的，是訴諸民粹及謊言的愛國和反國極端，以及國家長遠利益的維護。我個人心中的國家，是一個龐然大物、是一個發展速度驚人的經濟體系；卻也是一個不完美、具有不少結構性缺點、並在不少議題及關鍵問題上我也想對其做出改善的一個國家。而改善本質上不能是一種全盤性否定，更不能是一種盲目批評的道貌岸然過程。必然要對症下藥，逐漸拆牆鬆綁，才能為社會及國家找到出路。

我是一名中國人，也是一名香港人。我有義務去繼續發聲、繼續有哪一句，便說哪一句、繼續做我應該做的事、繼續去幫香港、繼續去推進國家整體發展。不說謊言、不散播破壞言論、不忘記自身根和源。因為，這是任何自認為是一國國民都應盡的義務。

第2章

中美博弈

2.1

修昔底德的迷思

學界有不少人提到「修昔底德陷阱」(Thucydides Trap)此概念。此概念由美國學者艾利森(Graham Allison)所提出，大致用以形容新崛起的強國對現有的國際霸主強國產生威脅，從而導致現有強國與崛起者之間形成整體競爭關係，間接導致戰爭的機率上升。艾利森於2012年首度使用此模式去描繪中美之間的潛在對立，並於2017年《注定一戰》(*Destined for War*)一書中將其論述拓展，以解釋如今中美局勢升溫之起因及未來。

可惜的是，坊間對其論據充斥不少誤解。有人認為艾利森的理論證明了中美之間「終須一戰」(正如攻勢現實主義名家米爾斯默爾(John Mearsheimer)所提倡一般)，卻忽略了，其實艾利森亦力主兩者絕對有能力及義務去避免衝突。也有人指控教授為「打手」，意圖為某「大國崛起」洗底。但這樣的指控卻忽略了一隻手掌拍不響，沒有美國根深柢固的帝國主義，又怎會有列強爭霸下的焦土及犧牲品？更何況，艾利森一直認為支持中國經濟崛起，並不等於認可所有同時呈現霸權主義的反帝國主義行為。他與耶魯大學冷戰歷史學家蓋迪斯(John Lewis Gaddis)皆認為，中美之間，乃是有緩衝空間，並毋須踏上劍拔弩張之途。

筆者也大致同意其立場：將中國視為一個純粹的霸權主義帝國，一來忽略了其對鞏固自身管治的重視，二來無視了中國視野版圖中短期內願景的必然區域性。胡亂將中南海領導人渲染為試圖奪取「世界霸權」，實際反映出來的，是一種由偏頗意識形態壟斷的政治分析後遺症。接下來數個章節，筆者想詳細探討「修昔底德陷阱」，以及中美兩方應當如何走出此困境。但首先要做的，乃是疏理清楚此「陷阱」的來龍去脈及實際內容。

何謂修昔底德陷阱？

修昔底德(Thucydides)乃是一名古希臘歷史學家。他在對伯羅奔尼撒戰爭的分析當中，指出了雅典(Athens)所領導的提洛同盟(Delian League)與古斯巴達(Sparta)的伯羅奔尼撒聯盟(Peloponnesian League)之間的衝突，乃源自雅典的急速崛起，以及斯巴達及後對雅典的忌憚。戰爭導火線有幾條，當中包括雅典嘗試巴結及籠絡斯巴達所領導的聯盟成員、長年盤踞海上的雅典對斯巴達土地資源之虎視眈眈，也出於斯巴達對古雅典所提倡的「經濟」及軍事援助抱有根本不信任，認為這些乃是雅典滲透大陸的伎倆之一。雅典的快速崛起，對斯巴達掌控資源及周邊地區構成了威脅，並因而誘發後者的反擊。兩次戰爭以雅典的慘敗結束，但巨大的內耗及對戰利品的分贓不勻所構成的貧富懸殊，同時在斯巴達埋下了他日亡國的種子。

艾利森回顧了過去500年當中，16宗「崛起國」(rising power)與「(現有)霸權國」(ruling power)之間的互動例子。當中有12宗，根據他的研究之講法，皆導致兩者之間出現軍事衝突。套用在經濟急速發展、軍事實力於過去30年大幅提升的中國，與自日本及英國等帝國沒落後崛起並壟斷世界政治、軍事、經濟及文化的美國這兩者上，以上的解釋，正揭示着未來十至二十年內，中美之間大有可能出現

「熱戰」——筆者想補充一點：須知道此推演下的「戰爭」由於地理及實際效益等因素，未必會在兩國本土上展開，卻可能在西太平洋及東南亞等「延伸戰場」（proxy warzones），牽連兩國經濟及象徵利益的重地上發生。此推演有何根據？論據大可分為以下幾個前提（premises）：

前提1： 崛起國的持續崛起，讓其有能力威脅到霸權國地位（實力前提，capacity premise）；

前提2： 崛起國有誘因，去推翻或威脅霸權國地位（誘因前提，incentive premise）；

前提3： 除了戰爭及軍事衝突，霸權國並沒有／不會做出其他回應選擇（反應前提，response premise）；

前提4： 霸權國與崛起國之間，只有符合某些客觀條件，才能避免開戰（註：艾利森並沒有在其2012 年於《金融時報》所撰一文中提出這點，但在2017年一書中多次提到此論點——條件假設）。

結論：若崛起國與霸權國之間達成不了前提4所談及的條件，崛起國與霸權國難免一戰。這些前提，既是結論的先決條件，也是論證的一部分。我們先從廣義層面入手，逐一剖析這些前提，再探索中美博弈的狹義情況。

前提1：實力前提

「實力前提」乃指，新來國的崛起，將會讓其直接威脅到霸權國的核心利益——包括經濟利益（例如：對經貿關係的控制、對資源的壟斷、新市場開發的權利，以及再工業化及產業集權化）、政治控制

（例如：盟友及國際組織的構成及意志、論述及政治上對某些意識形態的採納及認同），以及最為關鍵的軍事利益（例如：軍火商利益、軍權統治、對地域的實際管治權）。

威脅如何產生？一來，新來者可能對掌權者進行直接侵略。比如說，日本於三十年代的侵華（不過當年內憂外患的中國，是否稱得上「霸權」，也值得商榷）。二來，新來者可以直接取代或撼動現有掌權者的周邊及遙距利益。實際例子包括羅斯福（Teddy Roosevelt）管轄下，美國逐漸接管西半球的實際經濟貿易操作權，從而取代了正在衰落的大英帝國，成為西半球的一方霸主。三來，在全球化的趨勢下，新來者可以在不同特定領域裏與現有霸權競爭，並有可能推翻他們的領域優勢。可參見冷戰中，在西方列強的群起圍攻之下，蘇聯如何在航空及軍事科技上追近、逼近，以至某程度上超越西方對手。

套用在中美情況上，這模式又怎樣說呢？中國能否威脅到美國呢？艾利森的論據，集中圍繞着中國過去30年來的經濟及軍事增長速度。中國的整體生產總值（GDP），由1977年的一千七百多億美元，急速增長至2018年的十三多兆美元。40年以來，中國經濟幾近增長了七十多倍，年均增長高踞中高發展程度國家之首。根據摩根士丹利證券報告所顯示，中國自改革開放以來每10年的年均實際GDP增長率比美國高出約六至七個百分比，當中二十世紀初的對比尤甚。人民幣於國際的流通度日益增長，資金及融資市場也逐漸開放，讓上海成為另一亞洲金融中心，儘管未必能夠短期內取代香港，但也讓中國為美國及歐洲資金提供一個另類融資基地。最後，2020年初爆發新冠肺炎疫情，全球經濟遭受重創，但中國憑着醫療儀器及物資生產，以及既有生產線於第二三季較為迅速的復甦，更加鞏固了其在全球生產供應鏈的重要性，為其本來停滯於樽頸的生產產業帶來暫時的第二春。

同時，中國軍事過去20年呈現了兩大趨勢。第一，精簡化：中國的全軍總人數由2000年的390萬人，大幅減少至2020年左右的200萬人。第二，專業化：中國軍隊由千禧年代初的人力資源及官僚人才所主導，轉化為由軍人及技術官員共同掌控，並融入高端科技的作戰勢力。在美國蘭德公司（RAND Corporation）的推演當中，無論是台海，還是釣魚島海域出現中美兩軍之間的衝突，相對於1996年，2017年的中國軍隊整體相對優勢皆大幅上升。當中尤以中方於台海所佔優勢為甚，美國國防部自10年前起對此至少做出18次兵棋推演，無一不顯示美國敗陣。

但若從這些局部比較，便總結「中國現在很快就能全面威脅西方」，未免忽略了兩大局限性問題。

第一，內地過去數年的中短期經濟增長放緩，反映的是在人口增長大幅放緩及中國工業從中期過渡至高級期過程的雙重效應下，勞動密集產業能夠貢獻於經濟增長的，早已釋放出來。同時，高端科技與低端科技之間的斷層，讓除了在深圳或上海等一線城市裏能夠獲得資金及拓展空間以外的絕大多數中小民企，皆面臨嚴峻的樽頸位置。最後，中央若要發展「內循環」，也同時必須解決晶片、石油及進口糧食等三大入口為主的關鍵供給問題。未來5至10年內，中國可能在純經濟總量層面上能超美，但實際操作上能否獨立於美歐的「西方同盟」，或是成功駕馭及吸納歐洲盟友，成為關鍵的合作夥伴，此仍是未知之數。同時，中國企債高企、國企內在效率存疑、資金流通雖然由牢牢的中央政策所定決，但監管力度有可能過猛，導致公司既資不抵債，也難以一時周轉足夠資金破除內在生產力樽頸，國債轉化成經濟增長的效率，這些種種數據反映的情況，皆不容樂觀。

第二，中國國防及軍事配套，無疑在過去20年內急劇發展。但美國於2018年的全國軍事開支，仍是接近中國的兩倍半。同時，中國現役陸戰軍兵員當中，大多數是於國內服役，執行及維持秩序，而非擔任對外防禦的角色。中國於2016年的海軍船隻數量確實為世界第一，噸量為世界第二，但水面艦艇等層面上，仍在數量及質量上比美國遜色。最後，中國的軍事影響力大抵集中及局限於西太平洋及南海，暫時仍未具備直接挑戰美國的客觀條件。這並不代表中國不會於他朝成為與美國平起平坐的軍事競爭對手，也不代表中國在非軍事領域（例如經濟貿易）上並沒有可能超越美國。但短中期內，中國確實並不符合修昔底德陷阱理論有關「威脅」的客觀條件。在全球軍事層面來說，中國中短期根本並沒可能對美國構成嚴重威脅。

前提2：誘因前提

再說，且當中國有潛在能力威脅到美國全球領導位置，但我們此時不得不迷思的是，修昔底德陷阱理論中的「崛起國」，到底有何誘因去推翻現有秩序？攻勢現實主義理論（offensive realism）框架學說主張着一股「霸權論」：當崛起的勢力達至某一程度的規模時，為了滿足他們公民的經濟及生活需要，以及確保其地位不會被他國所蠶食或壓制，必須「盡地一搏」地力爭所謂的「龍頭位置」。這一來能確保他們可以掌握着世界資源分配秩序，同時能抑制可能出現的潛在競爭對手。當年羅斯福堅持在西太平洋地區向當時的殖民大國（英國、法國等）宣示其主權，正是有此意。同時，大英帝國「和平讓步」，也間接促進了美國在南美和拉丁美洲的勢力鞏固。

在中國層面來說，艾利森認為中國具有三大誘因，促使其力爭取代美國的位置。第一，中國的世界及對外觀裏根深柢固地穩紮着其對「百年國恥」（Century of Humiliation）的深深不忿。近代領導人就對列強當年行為反擊，一雪當年前恥，視為其外交政策的道德初衷，亦為其施政及外交政策提供論證合理性。第二，中國經濟發展至今時今日的規模，需要的不只是更多的近海資源，而是能夠在人口最多的亞洲裏為其帶來金融及經濟利益的政治操控權。正所謂槍桿子裏出政權，這也是中國對強化自身對周邊地區影響力的首要關鍵。第三，北京對其主權行使及界線向來非常重視。當美國屢次在亞太區推進所謂的「民主運動」，在中國領土上策劃煽動性的言論及行為，讓北京感覺到必須強硬地「站起來」，徹底取代美國，才能一了百了地解決「主權安穩」的問題。一個14億人口的思想共同體，必須需要有共同構建的政治想像，才能維繫及團結公民的非政治式參與（depoliticised participation）。外國有不少「中國學者」正指出，2020年的中國政治想像，乃是將中國模式「往外輸」，以鞏固現有的制度自信，避免新冠疫情後的民情崩塌及失控。

可這種誘因推敲，未免言過於實。須知道，中國建國多年來皆視「固本培源」為根本的養國之道。國家要強，必須先穩定民心，所以才有鄧小平及以後所沿用的「韜光養晦」精神。現屆領導人的外交方針本位及定位，也聚焦於「中華民族偉大復興」及「以國家核心利益為底線」，而不是所謂的世界「霸權」。實際點來說，漫無目的地向外「闖」、打外海戰、嘗試在全球各地建立基地（如美國一樣）的外交政策，有四大弊處。第一，對國家只會構成嚴重內耗，威脅到大都市及富庶地區對中央的民心依歸。第二，這也會破壞其多年來小心經營的「對外」經濟計劃，以及中國與潛在及現存盟友之間的政治及文化聯繫（詳見「一帶一路」、亞投行、俄羅斯與中國推進的中亞發展項目）。第三，美國的軍事優勢及以歐洲和北約為基礎的核傘，也令全面或局部開打熱戰此選項對中國來說，百害而無一利。第四，北京正正因為看見當年蘇聯好高騖遠、自我封閉之餘還執意跟西方來「硬競爭」所帶來的自我崩潰，才不願意重蹈覆轍，踏上自討苦吃的末路。這些種種因素皆意味着從一個實際利益角度出發，中國根本無「逐鹿中原」的意思。須注意，這不是中短長期的問題，而是從中國共產黨以長期一黨穩定治國為基本論證邏輯的思維，所推演出來的結構性取態（structural disposition）。

當然，也有不少朋友及讀者認為，我這樣的結構性判斷，乃忽略了中國政治的人為因素，當中包括領導人的決策及政治意識形態。可這種解讀忽略了三點關鍵事實。第一，中國確實是集權制度，卻並非單純由一個人「說是便是、說不便不」。龐大的黨機器及集團，除了講求紀律，也要求領導能夠反映及權衡黨內聲音輕重。第二，就算從一個政治現實角度來說，若領導人下的命令與黨內決策者及落實者個人意願徹底牴觸，又怎能服眾，怎能確保管治的長期安穩？從現實政治角度來說，當權集權者，也要聆聽民意，以及黨內外的關鍵支持者。最後，今時今日的中國民意在管治層面上所起的作用，似乎在國際論述中一直並沒有得到應有的細膩分析——要看通看透民意對各層領導及幹部的影響，其實不難，問題是，大家有沒有這決心及意願去做這件事呢？

所以，與其說我們現正面對一個「修昔底德陷阱」，倒不如說是一個無比危險的「自我實現預言」矛盾。為何這樣說？因為以上的結構性推論，並不代表中國將會「乖乖就手」，成為西方群雄的囊中物。若任何一個國家領導人面臨持久而連番的「外族」挑釁下，而按兵不動的話，這只會對他在國內及執政聯盟中的地位形成極大打擊。在一個以協商及平衡各派各系利益為篩選機制的集權政權中，這點尤其成立。若美國及西方諸國持續地在中國人民及政府普遍視為內政的層面上，公然或暗下挑戰他們眼中黨的權威，中國領導人除了反擊以外（甚至是兩敗俱傷的反噬），並無他選。這一點，有不少近代評論，包括哈斯（Ryan Hass）的《中國沒有十呎高》（*China is not ten feet tall*）及芮納．米德意（Rana Mitter）及約翰森（Elsbeth Johnson）的《西方怎麼看錯中國》（*What the West gets wrong about China*）皆有提出，在此也毋須詳說。

2.2

從北京視角看中美關係

自2020年起，北京至高領導層多番表示，中國不會尋求脫鈎搞封閉，在亞太區層面迅速地簽署了《區域全面經濟夥伴關係協定》(RCEP)。固然同時，中國與歐洲的貿易協議2021年初因當地政治輿論因素而被擱置，但北京並沒有，尤其是在經濟層面上，與世界減少聯繫的意欲。由此可見，中國與世界在經濟貿易方面脫鈎對任何人(包括中央在內)皆是百害而無一利。

說回修昔底德陷阱，此理論提倡者對中國實力前提及誘因前提的研判，上一個章節已探討過。還未討論的第3及第4前提，正反映着此「陷阱」的雙面性：有危，也有機。若兩國要逃出一戰的命運，雙方究竟需要做什麼？

此問題並非一個單純的「應然」問題——我們暫且拋開誰對誰錯的意識形態執念，而以解決問題的角度來處理中美脫鈎打仗有可能帶來的危機。中美無論是熱戰還是冷戰，除了對兩國老百姓、商界、公民社會帶來不可逆轉的打擊外，更迫使世上其他國家紛紛歸邊，長遠增加全球政商不穩定性，同時讓我們在全球暖化、新冠肺炎和公共衞生危機，以及高端科技對經濟不平等所帶來的衝擊等全球議題上，失去跨國合作的機會及動力。

有部分激進聲音可能會說，站在中國國家利益角度出發去避免此戰，固然可某程度上被說是一種「拖延時間」的伎倆，根本改變不了中美交惡的趨勢。但筆者作為一名深信國際外交無用導致兩敗俱傷爭雄的自由主義者，卻認為避免戰爭這任務，有其根本歷史重要性。若中國最終能成功讓中美並存並濟，造福的不只是14億人民，更是全球70億人口之福（詳見馬凱碩（Kishore Mahbubani）《中國贏了嗎？》（*Has China Won?*）一書，以及筆者曾和他在《牛津政治評論》（*Oxford Political Review*）中做的一個訪談）。正如美國及世上每一個國家一樣，中國有必要去考慮此難題，為中美僵局鋪墊出一道新路。

一、　兩國到底想要什麼？

2020年的中國，究竟想要什麼？中國有三大難題必須解決，才能讓其順利渡過未來5年的難關，讓全國達成「全面建成小康社會」及「中國製造2025」等宏觀目標。

以下是筆者對於北京眼中的首要任務的幾點研判：

第一，中國經濟必須走出新冠肺炎疫情的陰霾，重塑與歐洲及東南亞等戰略夥伴的經濟及政治合作。雖然中國於2020年因醫療設備需求大增，鞏固了在全球供應鏈的重要性，並且奠定在亞太區的經濟地位，但在貿易、資金滙集，以及外滙對沖等層面上，中國仍未渡過難關，且尤其需要強而有力的大型消費市場（包括西歐、美國，以及東南亞三大市場）來補充內需未足以維繫供應商生計的情況。同時，國家經濟錄得近二十年來最低的增長率，反映國家抗逆能力雖然遠比所謂的「已發展國家」為高，但仍須向高端電子及網絡科技產業靠攏，才能避免「實體限制軟體」的發展陷阱。

第二，國家貪腐、制度與民情脫節問題，皆是中南海如今亟欲處理的議題。中央政府(理應)深諳滿足民眾，將民眾利益最大化，對其自身管治穩定性的重要。也知道維繫管治的論證性，需要的並非單純的「儀式洗禮」，而是與時並進的管治。因此，筆者雖然並非「中國專家」，但相信中央最高層並不會看見國內的管治內憂(包括法庭與司法制度基層的僵化、官僚技術化阻滯、過度側重部分城市及地區的偏重發展)而置其不理。坊間有些人對國內政治認知仍然停留於改革開放初期，未免反映出對其最嚴重及亟須處理的議題認知之欠缺。

第三，中國必須找到能夠持久地與周邊地區及國際夥伴共諧的相處之道。全面競爭並非中國人民能夠負擔得起的一個格局。無論是石油、天然資源、半導體，以及其他進口貨物，中國起碼暫時仍須讓鄰近地區感受到中國模式對她們的實惠，以及能夠兼容國際文化差異與宗主國進行自行管轄的權利。趙穗生對中國愛國主義的批論也指出，中國領導層的決策方向往往比民間極左的國粹主義較為溫和，原因很簡單：極端的民粹主義，非但只會自掘墳墓，更會令本來較為中性中立的搖擺國家，群起而向中國攻之。只有剛柔並重，才能避免中國承受巨大內耗。

那上任後的拜登政權，又想要什麼？

拜登首要任務，當然是要應對新冠疫情所帶來的民生及經濟衝擊，但同時，這位領導人也必須兼顧黨內對「公民權利」及「人權」等道德論述較為關注的強硬意識形態派(佩洛西(Nancy Pelosi)、康斯(Chris Coons)及拜登幕僚萊特納(Ely Ratner))之顧慮。這些人士與務實而經濟利益為上的新自由派、對華保有審慎憧憬的溫和改革派(可參考當年的奧巴馬及克林頓，但我們不應全盤對照，始終時代氣候不同)，形成黨內對華政策的三大路線。

我們將在下一個章節更深入探討美方形勢，但從北京的出發點設想，則必須認清楚一點事實：美國對華政策並非一塊鐵板，而中國若能說服當中的一兩個板塊，化解他們對中國的質疑，相信最近數年冒起的反華趨勢，必然能夠得到暫時平息，為中美兩方再覓新定位提供喘息空間。正所謂，人員任命本身就是一門政治（personnel is policy）；制度結構固然能夠主宰整體趨勢（對華強硬化），但政治始終是一門幕僚與政客之間的遊戲。只有掌握政客心理，才能逐點擊破。

二、 四大原則

筆者曾在《外交家》（*The Diplomat*）雜誌撰文，提到北京對美政策可以參考的四大新基本原則。這些原則其實盡數出於艾利森的《注定一戰》，只不過他將這些原則大致應用在美國身上，而筆者則是借他的觀點一用，將其套用在中國身上。

首先，北京必須從結構性現實入手。中國整體軍事水平及勢力，未必能在未來10年超越美國——尤其是在東太平洋及離中國沿海較為遙遠的海域、地域上——這意味着短中期內，中國極其量是一個區域性勢力（regional power）（中國也無意成為區域性霸權〔regional hegemony〕），而不能取代美國理論上的世界霸權位置。當然，也有不少人強調中國從來都不是一個意圖「一統世界」的霸權國。可是姑勿論國家意圖為何，中國的比較性優勢始終在於其龐大的勞動人口、資本市場以及其對環球生產經濟（也包括稀土供應）的重要性，只有與國際盟友聯繫起來，才能互補長短不足。

中國持有的國債金額乃是全球最多的國家之一，這固然讓其在經濟貿易層面上有極大的影響力及發展潛力，但也是一個不容小覷的計時炸彈。因此，中國應當於未來20年，繼續鞏固「一帶一路」計劃及亞投行等重點項目，同時要積極面對所衍生的「債務陷阱外交」(debt diplomacy)（註：筆者對這一點指控其實頗有保留，尤其是巴基斯坦及斯里蘭卡這兩國與「一帶一路」在債務上的藕斷絲連，比現存一面倒的簡化論述來得複雜，非常值得深究）、政府對政府之間的投資失效(inefficiency)以及移民計劃下，外來與本地勞工人口之間的矛盾等一連串執行問題。同時，中國也應妥善利用其經濟資本，以軟代硬的方式針對性地聯絡歐盟各國，在關鍵議題上尋求共存對話及兼容空間。這並不代表中國必須無條件讓步，可是「張弛有道」的外交手腕，能夠在核心利益上確立國家底線的同時，凸顯出國家能夠接受理性進諫及談判的量度。

第二，歷史是國策的最佳鏡子。艾利森常強調，要駕馭國際關係，國家必須懂得學會和應用歷史的教訓，並嘗試了解對方所使用的語言及溝通論述。建構主義者，如溫特(Alexander Wendt)也認為，以單純的經濟利益(忽略了符號及借代手法)作為國際關係基礎，實際上會忽略了關鍵的觀感等軟考慮。艾利森與基辛格(Henry Kissinger)兩者皆強調，西方不應以自身的「民主終結論」(The End of History)以衡量中國的政治改革成果及進程。

另一邊廂，中國也毋須將任何一切的外界批評聲音定性為「帝國主義」或西方「霸權主義」的延伸。西方列強當然有不少官員及政客對中國持有一股混雜了種族仇視及霸權主義的排斥，但並非所有西方政客皆是如此。在*Lawfare*博客上，學者斯達賴敏(Ganesh Sitaraman)於2020年5月底曾寫下一文去剖析西方民間及政圈對華取態的各大陣營。當中，美國的「新自由主義鴿派」(neoliberal dove)及「跨國境鴿派」(transnational dove)一向對改變中國執政模式興趣不大，反而更着重與中方發展長期的戰略半合作、半競爭關係。當然，前提是中方能夠以西方熟悉的語言，在西方看重的議題上和他們尋覓共識，讓他們的支持者將視線轉移到一個正面的共同論述之上。同時，當年與華破冰的基辛格及尼克遜所依賴的「企業鷹派」(corporatist hawks)及「自由鷹派」(liberal hawks)，一直對中國崛起持觀望態度。若他們看見中國經濟上長期與合作層面上所帶來的利潤大於其威脅(正和遊戲)，並因而摒棄消極的零和負和遊戲思維，相信必然會促進兩國之間的合作，而非對壘。中國有必要在較為中性的平台上及國際機構裏，透過發展民間外交，推進並不局限於中美雙方，而是讓東西南北各方各國皆能夠同時得益的多邊政治合作。

第三，中國必須鞏固自身的管治論述，在制度自負(hubris)與制度崩塌(collapse)之間走出一條新路來。此模式既非一定要依照西方民主制度，可應當從中借鑑及參考值得欣賞的成份，也必不能是往回走的崩塌集權之路。有容乃大是為政制演變的恒常定律。艾利森於書中指摘華盛頓，並未有從冷戰結束中汲取教訓，及時意識到中國並不會如蘇聯般走向西方民主議會制的道路。反之，無論是賢能政治還是技術管治(technocracy)，中國擁有足夠的人才和資源，去建立出一個能夠妥善平衡公民權利及公眾利益兩「軸」的新型管治模式。同時也能向對其攻擊最為猛烈的批評者，展示出二十一世紀大國應有可有的模範。具體來說，貝淡寧認為「基層民主、中層實驗、高層賢能」這三個板塊模式，能讓中國走出新一道制度自信之路來。但管治並不止於對自身14億人負責，同時應有可「對外銷」的亮點及吸引之處。中國如何能夠把握是次新冠肺炎的疫情？在對西方民主制度直線「抽擊」的同時，也需要完善自身的論述框架，解決如地方與中央政府授權之聯繫、如何能夠驅使技術官僚體恤整體民情、將公民社會與政府之間聯繫強化等的燃眉之急。論述創新及改革，才能讓中國抗衡外界對其一面倒的妖魔化。

空穴來風，未必無因。北京當然有合情合理的緣故，視自身政策為執行管治及維護其國土完整，但須知道，權力愈大，影響愈大，責任也愈大，反對聲音也有可能(但不一定是要)愈大。如何在當今之世，讓除了美國以外的國家，看見中國模式的可行性及獨立性，此乃是外交官應當思考的難題。只有讓中國模式變成一個他國願意學習或參考的模式，中國才能建立自己的軟實力體系，並在管治理論層面上找回自身的話語權。如今的中國模式，並未成氣候。一來，因為中國特定的地理人口優勢難以在別處中複製，而二來，中國模式所蘊涵及代表的價值觀，究竟是什麼？若說是賢能，似乎又與現實官員誘因及利益架構未必相符。若說是儒家思維，又似乎過度文化純粹主義(cultural-essentialist)，欠缺公允。所以，中國模式到底是什麼？這一點，仍須有心人去共同探討及確立。

第四，中美合作是世界，也是中國和美國唯一可行的共同出路。中國應當在全球暖化、環境保育、教育及科技交流、國際機構管治等議題上，繼續深化其積極的國際性參與，並向早已對美國領導感到厭倦的歐洲及東南亞盟友伸出橄欖枝。但正如中方官員多次表示，中國不會走「蘇聯」那一套，也不會重蹈其覆轍。我們不需要搞山頭主義，也不應將國際關係及局勢，如部分對中國居心叵測者一般，視作一個零和遊戲。須知道橄欖枝不應是單純的經濟利益，更必須包含國家在環球宏觀議題上所能提供的撰述和立場。國內層面來說，脫貧致富，讓更多草根及夾心階層能夠接觸到國際，讓中國跟世界全面接軌。未來大國之間的競爭必然趨向模式多元化，而非只局限於單純的軍事經濟角力。同時，短中期內，北京應跟華盛頓積極地共同探索可以合作的空間，以和為貴，重啟合作與對話，將分歧以防火牆方式「隔絕」，才是外交正道。

2.3

風雨四十年：中美建交起伏

1979年1月1日，美國正式和中華人民共和國建交。

兩國於冷戰中期關係破冰，某程度上確實源自美國總統尼克遜所提倡的「聯中抗俄」思維，因而出現尼克遜與基辛格七十年代初的秘密訪華，以及尼克遜在台灣問題上將美國立場逐漸與親台灣政府的兩黨共識脫鈎，從而延伸出將兩國恢復貿易等橄欖枝舉動。

但單純地將中美建交此決定與尼克遜的個人選擇掛上關係，未免忽略了背後的結構性因素。1979年的中國，剛踏出文化大革命下民眾狂熱、荒唐的年代，固然還困在意識形態的混沌思潮當中。但當時中國人口達至9億多，乃是約蘇聯的8倍、美國的接近4倍。中國市場當年亟須發展，其現存資源與經濟發展程度不成正比，令絕對貧窮及文盲等問題威脅到政權及國家的根本生存。

在這個後四人幫的時代裏，主流歷史教會我們的是，所謂「左派」提倡的「兩個凡是」，令黨內極具爭議性、守舊保守、左傾集權的意識形態得以延伸，但也同時令國家運程危在旦夕。反之，鄧小平、陳雲以及關鍵平衡者葉劍英等黨內領袖猛烈抨擊華國鋒，指出他的路線乃是「極左路線錯誤」，最終以市場經濟帶領國家走出困局。

這種說法忽略的，則是華國鋒任內積極與美國繼續發展當年毛澤東所提出的「三個世界」論述——作為第三世界的一部分，中國視自己為一個關鍵平衡者，乃是反對超級大國霸權主義的中堅力量。與美國建立外交關係，說就說是一同抗衡蘇聯的地區性霸權，但實際上考慮中國當時的人口、經濟、政治現實，不難發現中國與美國建交對中國來說並不失為一個明智的選擇。當時的中國，沒有可能或意圖跟美國爭霸、打仗。美國也視中國為一個制俄的工具，讓其在亞太區內能夠箝制蘇聯。在這些種種的地緣因素影響下，中美關係不但破冰，更成為在亞太區內，甚至日後世界上，舉足輕重的政治關係。

一、 建交之初

中美關係近40年來的演化，大致可分為四大階段。第一階段，以1979年為始，1989年為末。第二階段，則以1989年開始，直至千禧交替(2000-2001年間)。第三階段，則是2001年始，直至2016年。然後2016年直至現在，則為第四階段。

第一階段——1979年的《聯合公報》，確立了幾點基本原則。美國重申其對一個中國及台灣問題上的立場，北京則默許美國能夠持續在商業及文化等層面上與台灣保持接觸。中美雙方於這段時期達成了不少關鍵協定，當中尤以科學、文化、貿易等範疇為甚。冷戰期間八十年代的數次代理戰，加上蘇聯在領導更替下的立場硬化，令華盛頓與北京漸趨靠近。連理論上立場較為反華反共的列根總統，也因其在台灣問題上主張與台灣單方面重修關係的言論「失誤」，而向中方道歉，反映出當時美國對中國的戰略重視。

在共同的敵人(蘇共)當前，什麼文化代溝、經濟分歧，皆是次要矛盾。務實的美國外交系統深諳此道理，也因此大致認同基辛格所提倡的「經濟合作，政治並存」框架（詳見基辛格2011年出版的《關於中國》[*On China*]一書）。

第二階段，則以天安門事件及八十年代國家民主運動的終結為始。當時的美國政府受國內龐大的輿論壓力左右，使其暫停與中國的高層交流及武器供應。同時，美國也對中國進行了多輪制裁，並在1990年的G7休斯敦峰會上，要求中南海正視國內的人權及民主議題。最近坊間常說的「脫鈎」，其實早在30年前已出現了一遍。儘管當時的美國國會對華採取強硬而意識形態的批評，而中國也同時在論述上反擊他們口中的「帝國主義」及「反社會主義」，但雙方政權仍然為對方留有餘地。老布殊在輿論上強調，必須跟中國維持良好的「又傾又砌」之溝通談判關係，並嘗試與國會裏的「鷹派」保持一定觀感距離（實際上，老布殊可能只不過是在玩一場低風險、高回報的對沖，讓其在經濟及貿易等領域對中國留有一手）。1996年的《中國可以說不》，象徵着中國國內新威權主義（詳見學者Barry Sautman研究）及新左派（代表人物有汪暉）雙軌對西方價值觀的反擊，也反映出民間草根聲音對北京對外立場強硬化的期望。

九十年代的台海危機、中國於貝爾格萊德（Belgrade）的領事館被美軍誤炸、這些種種表徵式及事件式因素（symbolic and incidental factors）皆令中美關係表面上繼續惡化。但隨着江澤民推進全面經濟自由化，本來立場堅定反華的克林頓，也逐漸在貿易及東亞政治現實等考慮下，對華立場從「根本原則上反華」轉化為「謹慎式合作」，這些制度性誘因（structural incentives），皆令兩國關係種下了紓緩的契機。因此這段時期的中美關係，固然充滿着意識形態及實際軍事衝突所衍生的「危」，亦有持續經濟融合所帶來的「機」。可見要化解國際矛盾，仍須從利益重疊入手。

二、 風起雲湧

第三階段始於美國2001年所經歷的9．11事件。這讓其政權視恐怖分子為國土安全的首要敵人，也讓美國在後冷戰時期找到新的針對對象——中東地區內的（部分）獨裁政權。伊斯蘭迅速成為了美國新的「公敵」（Bogeyman），也為政權提供了一個論證自身執政秩序的基礎。同時，這安全為上的治理術模式（governmentality）正與中南海對少數極端恐怖分子的不安躁動非常吻合。這種契機讓兩者在「反恐」的共同基礎上，鞏固了政治及外交上一直較為薄弱的合作關係。

千禧年代初上場的胡溫體制，面臨美國所帶來的龐大經濟及科技益處，也較為傾向於開放及與國際「接軌」。中南海深諳其必須控制及限制國內反美的草根民粹情緒，以社會管理（social management）（可見彭軻有關新社會主義的看法）手法牢牢地防止民眾「擦槍走火」。北京路線調整，加上華盛頓的審慎取態，讓雙邊關係持續緩和。胡溫任內，中美出現前所未見的經濟及金融融合，並在新科技及教育合作等層面上取得一定雙贏成果。

在09年奧巴馬上任後的任期內，中美關係繼續在經濟及局部外交議題上取得共識。美國成功地游說中國在伊朗及北韓問題上向西方整體共識靠攏，而中方也在工業、貿易、投資以及自身國土安全及主權問題上令美方妥協。奧巴馬強調美國必須「重返亞太」，但何謂「重返」，「重返」是為了什麼目的，這些皆是美國內部沒有疏理清楚的核心問題，並因而讓外交體制內對華的分歧日益加劇。有一派人士（包括兩黨親商界及對意識形態之爭較為看輕的政客）主張「多元共存」，透過游說及溝通，拉近中美價值觀的距離，但同時接受中國不會成為一個如美國般的政治體制的現實。同時也有人主張「民主變革」，意圖透過外交及經濟交流，以及在中國周邊地區的政治工程，推動中國國內民主化。

第四階段，則以特朗普上任之後的數年為主。這位被中國內地不少人士戲稱為「川建國」的民粹君主，對華採取的是一個自相矛盾而相互牴觸的雙重立場。在一方面來說，特朗普主張與中國脫鈎，大大減免雙方在貿易上的連繫。同時，他也對移民、經濟、科技、全球暖化應對等方面的中美合作置於不顧。此外，在中國人權、民權、自身體制與中國管治的互動，以及整體雙方合作大格局等議題上，特朗普一直擺出的姿態是「表態至上」，可實際上卻毫無作為。特朗普身體非常不誠實，在將中國妖魔化的同時多次歌頌國家領導人（不過特粉可能選擇性地忘記了這回事），但實際上在這些議題上，從來沒有提出任何可行可供妥協的談判條件。也對的，試問一個在推特上公布政策的真人秀主持人，又怎可能在複雜的政治改革等議題上發表什麼偉論高見？

儘管如此，特朗普也確實沒有能力或意圖讓中美關係，憑着一人之力，讓其跌至一個歷史冰點。對中國外交打擊最大的，則為2020年起困擾全球的新冠肺炎病毒。此病毒讓各地向來反華的保守派得到一定的論證支持，讓其推舉着具針對性、暗藏種族歧視，以及根本上是非理智的反華論述。

同時，北京在香港及「戰狼外交」等議題上的處理手法，也讓美國及歐洲當中較為溫和、向來在親華與反華中搖擺的務實政治家，在民眾壓力迫使下表態去「反華」。筆者曾有不少歐美朋友，包括自認為「親華派」及反對美國霸權主義的學者朋友皆表示，中國個別外交聲音及人士漸趨激進的立場及言論，非但沒有讓外國對中國的「核心利益」忌憚或「讓步」，反而將任何親華及溫和的論述空間徹底扼殺。他們現在根本無法在政治空間中表現出任何親華的想法，因為國內民情洶湧，媒體反華情緒逐漸高漲，中西之間的民情及觀感距離愈走愈遠。

三、「接觸」政策之黃昏？

退一步來說，美國對華的接觸政策失敗了嗎？

首先，我們必須理清楚，究竟何謂「失敗」？失敗永遠都是一個衡量標準為基礎的描述詞——梁啟超是一名失敗的改革者，卻是一名成功的思想家。英國政治家艾登（Anthony Eden）是一名徹底失敗的首相，卻是一名大致稱職的英國外相。

若美國對華政策方針的最終目標，乃是要將整個政權體系顛覆推翻，那過去40年他們肯定在這層面上算得是失敗。在效率頗為驚人（但固然有其不足）的脫貧工程下，中國內部的政治團結度在完善管治的進程下不跌反升，也不見得絕大部分國人對國家體制抱有根深柢固的仇恨，讓他們渴望「革命」。在盲目揮旗崇拜政權及將其體制批評為一無是處之間，國際輿論又好、中國又好，社會應有胸襟容納另一種聲音，美國亦然。有不少人至今也許仍未能準確地道出究竟何謂「中國模式」，但若貿然將「對華政策」的目標設定為讓中國政權徹底崩塌，這一來對中國人民的主權非常不負責任；二來也是一件全無政治實際可能發生的事；三來，就算發生了，亦只會將兩個龐大經濟體的國民推進深淵，對中美公民——尤其是前者——構成不可逆轉的傷害。

當然，我並不相信這是美國絕大多數人的真正意圖。固然有不少極端反華政客，骨子裏乃是逢中必反，但實際上，具備這種兩敗俱傷想法的人，相信只是西方實際政壇的一小撮。若美國的目標，是促進中國民主化的話，那其實說美國「失敗」的人，應當看清楚現今中國的政治模式。中共過去20年來大致沿用混合體制，一邊想舉行地方選舉，另一邊廂則維持着中央集權的上層建築（「協商式民主」、「一黨為中心的政黨制」等，乃是集權的延伸，反正集權與民主皆是不同的政治體制，不應混淆視聽）。這種模式無疑並非西方的「議會民主制」，而制度的短處也非常值得斟酌。

但與此同時，須知道，當年的中南海也肯定並非主要因為「美國直接施壓」而走上地方民主之路——中央採用地方民主，是因為從管治效率角度來說，局部民主乃確保本地賢能管治的最佳辦法。當時的中國要找到一種政治模式，讓其在管治及照顧國民利益的同時，能減免歐亞非等國家對其的「威脅觀感」（threat perception）。這一點，從來都沒有變過。與其將對中國的批評及反擊停留在片面而集中於一個領導人的分析層面，倒不如探討一下在當今社會變革及開放的大趨勢下，中國上億計的中產階層，將會如何在公民社會中發揮影響力，讓中國得以持續地進步及改革（筆者很喜歡李成2021年出版的《上海的中產》［*Middle Class Shanghai*］一書，值得一看）？近代中國的改革開放動力，從來都不在於外國的封鎖或制裁。站在西方角度來說，若他們確實希望能推動中國進行對雙方皆有利的變革，其手法很明顯不能，也不可是盲目的威逼或利誘（功利主義掛帥的思維模式）。反之，各方需要思考的問題是，有沒有一個世界演變，可讓中西同時在短中期獲利的基礎上，和談出一套能供長期使用的平衡國際發展模式，讓中美能在應對全球問題上分擔應有的責任，並同時將雙方內部的問題以積極正面的態度處理。中方不能以為一味「揭西方瘡疤」便能讓自身顯得佔有道德高地。同樣，若西方永遠都是停留在透過批評中國而試圖向其政府施壓，這只會導致激進反西方聲音更為抬頭，讓他們心目中的自由化離中國愈來愈遠。總而言之，不要相信民粹式的國際政治伎倆，更不要天真地以為「偏激地罵人」便等於是改善現況的解決方法。

外國政界看中國，總是有不少人受一股令人啼笑皆非的迷思所困。也有人曾說，美國對華政策的最終目標，應該是防止中國崛起，讓中國在「搖籃內夭折」。但這種論述充斥着一種剛愎自用的新殖民主義式傲慢，也明顯低估了中國中長期的經濟實力。此看法判斷，中國有意成為世界霸權並一統天下，但卻忽略了，其實中共的論述基礎從來都不是（無限地）拓展國際版圖，而是透過經濟崛起來完善及鞏固國內管治與治理權力。與其視中國為一個「負面競爭敵人」，美國更應視其為一個可以「局部競爭、局部合作、局部排斥」的「正面共治對手」。

在此框架下，美國應該在自身價值觀及本土安全上，與中國持續地保持必須的良好距離，但在全球議題（包括貿易、環保、恐怖主義、新科技崛起等領域）上，必須視中國為合作夥伴，而並非視其為需要打擊的敵人。美國沒有義務將自身政治體制改變，以迎合中國的口味；同樣，正如中國自身推進的改革及開放，並不是為了滿足美國的口味。只有雙方互諒互利，並在關鍵議題上站穩各自的底線價值觀，才能讓中美關係重上正軌。

2.4

拜登新政：美國對華政策轉向？

美國白宮易主，坊間有不少評論，皆在揣測或評論拜登上任總統後的對華政策會否有所調整。有的說，他也許能把中美關係從危險邊緣拉回正軌（雖然這種聲音似乎愈來愈少）。也有另一群人表示，拜登將會「斷送」美國百年的霸業，讓中國取代其位置。更有不少人表示，拜登對華的強硬，乃是特朗普政權遺留下來為數不多的「好事」。在廣東話裏面，確實有一句「好事多為」，但描繪的並非好事。而以上這些判斷，未免把事情過度簡單化，忽略了幾點關鍵事實：

第一，美國對華政策取決的因素，遠不只是拜登或其團隊的個人意見，而是扎根華盛頓多年的政治經濟建制思維。這較為結構性的判斷並不代表拜登個人全無自主權，但確實讓我們因應拜登個人言論，而對華府將來可能做出的任何政策修正及調整作出猜測之際，該要抱有一定的審慎。

第二，一隻手掌拍不響。北京對美政策也要有所修正及調整，方能確保中國能夠持續地維持金融體制穩定、團結國際盟友、促進國家經濟發展。雙方皆有義務把擦槍走火的機會減到最低，以應對部分意識形態壟斷的反華或反美思潮所衍生出來的惡性風險。

第三，無論是中美，還是英國與歐盟，國際關係從來都不是一個「強硬／溫和」的二元分化那麼簡單。現在我們講的是國與國之間的博弈，並非小孩子操場的「玩泥沙」。與華進行理性合作對談並不代表「軟弱」；同時，對美軟硬兼施亦不代表向帝國主義低頭或「敗退」。最終，只有認清楚拜登的思維考慮，才能掌握中美未來走勢。

一、 拜登之顧慮及利益

拜登在制定外交及對華政策時，有幾點決定性因素。

第一，拜登在2020年選舉勝出，或多或少與其在中西部的密歇根州、威斯康星州、賓夕法尼亞州的三大搖擺關鍵州份中，獲得遠比上屆民主黨候選人希拉莉為多的白人勞工男性支持。前者中的底特律（Detroit）郡郊，具備一定的指標性。特朗普於2016年中將底特律郊區不少歷來皆支持民主黨的選區翻盤，當中或多或少與其「讓美國再強起來」的民粹論述有關。但拜登在是次選舉裏，不但在賓州不少游離地區扳回一城，更在如馬科姆縣（Macomb County）一般的密歇根藍領郊區（詳可見Tim Alberta於*Politico* 11月初所撰寫文章），拉近了與現任總統的距離。

拜登上任之後，必須對其支持者有所交代，一來因為民主黨贏回保守勞工這票源的成績，得來不易；二來，也因為總統需要來自搖擺州份的兩院議員的支持，才能在眾議院有可能出現僵局下推動自身政策。因此，如何確保美國勞工權益及就業得到保障，並同時讓中小企在中國科技崛起下得以維護生計，是拜登非常重視的施政目標之一。拜登對華取態，相信與中美經濟合作能否為他達成以上政綱有頗大關聯。

第二，在一個兩極分化的議會內，拜登需要國會議員之配合，才能推動本地就業、醫療改革（或是逆轉特朗普這4年來所帶來的打擊）、教育變革等的法案。無論是民主黨或共和黨，過去三四年來，對華的立場皆有大幅調整。當中少不免有些人抱着對華的一種根本敵視，以至對美國霸權受到挑戰而感到忐忑不安，但也有不少不滿是應對新冠疫情、貿易科技上中國對美國所構成的競爭性威脅，以及國家體制內外較為激進的國粹式論述。尤其是最後一點，正如《聯合早報》引述作風務實的新加坡前外相楊榮文指出，這是中國崛起時必須克服的一道難關。只有說服華盛頓內的政治精英對華態度軟化，才能避免「一戰」。當然，如何說服、如何策略性地分散「投注」，這些問題仍需當權者考慮反思。

第三，拜登在美國右派（包括盛產假新聞的右傾小報及共和黨的鷹派）及謠言四起、民粹當道的社交媒體輿論夾攻下，短期未必能對北京做出明顯的讓步或政策修正。正正是這樣持續的僵局，有可能導致雙方同時泥足深陷於一個無可復原的惡性循環當中。我曾在《外交家》（*The Diplomat*）撰文指出，現在白宮與中南海正陷入一個「正當性兩難」（legitimacy dilemma）的尷尬位置：誰先讓步，似乎便是示弱，便是進而削弱自身的認受正當性。同時，面對對方論述及策略上的挑釁而不作反應，則只會招來國內批評。無論是北京還是華盛頓，都必須給予其國民一定的交代。因此，在拜登弱勢而同時必須順應黨內鷹派的前提下，雙方關係因為「面子問題」而惡化的機會，確實不容小覷。

這幾點因素皆意味短期內，中美未必能夠逆轉特朗普所遺留下來的爛攤子。要重塑中美關係、防止雙方墮入冷戰或半熱戰（尤其在台海或西太平洋等敏感議題上），關鍵還是在於獨立自主性較高、應對新冠疫情較為成功、且不容易被民眾牽着鼻子走的北京之取態。

二、　白宮新團隊的取態

作為一名在政壇打滾多年的老手，拜登自然對外交政策有其主觀想法。2001年之時，作為參議院外交關係委員會主席的拜登訪華，與當時的中國領導人江澤民見面而達成共識，間接促成中國加入世貿組織。奧巴馬任內與中國保持良好溝通。儘管在人權及科技競爭議題上與北京有不少的出入，但奧巴馬一直堅持在「重返亞太區」的同時，盡量避免與北京正面衝突，從而為雙方關係帶來難得的緩衝。正常來說，在重大外交議題上，美國正副總統分歧極少。由此可見，拜登對華一直以來的取態，並沒有受過強的意識形態渲染。拜登爭取的是美國經濟、政治、象徵利益，而若中國的增長能讓經濟內政持續疲弱的美國從中獲益，相信他並沒有根本性原因去反對中國崛起。

不過，也須了解拜登新團隊的實際立場及取態。作為一名接近80歲的「廉頗」，他必然會將執行及次要議題的定奪權下放予幕僚，同時在關鍵議題上諮詢如國務卿、國家安全顧問等首要外交官員。在對華議題上，大可將他的團隊分為幾大立場。這數個陣營，與其說是「派別」或「派系」，倒不如稱為「學派」。因為相對於特朗普時期失控的白宮內鬥，他們固然也許有價值觀上的分歧，但肯定整體會互相協調及合作，而非消極互鬥。

第一陣營，乃是「務實維穩派」。此陣營包括不少出身於技術官僚，於奧巴馬時期較為當權的人士。當中包括國務卿布林肯（Antony Blinken）（奧巴馬主政時曾任副國務卿及副國家安全顧問）和貿易代表戴琦（Katherine Tai）等一干人。貿易代表傳統上是外交色彩較淡的高級貿易官員，但特朗普任內的多朝元老萊特希澤（Robert Lighthizer）卻幾近與國務卿蓬佩奧（Mike Pompeo）平起平坐。這些人士的共同點有三，第一，他們與中國並沒有在價值觀層面上過大的衝突，不會以意識形態眼睛視北京為「存在性」敵人，也深諳中美兩國究竟不能脫鈎的事實。第二，他們普遍對貿易對等、金融投資、國土安全較為看重，如非必要，也不會在這些關鍵議題上讓步。最後，他們深知國內民意對政客前程及整體美國政局局勢穩定的攸關重要，並因此在公開言論及言詞上，某程度上受民眾所主宰，也因此在實事求是層面上，較為歡迎與華進行閉門商討及私下溝通，而不是單純地公開劍拔弩張。布林肯及蘇利文在夏威夷與楊潔篪及王毅會面，表面的雙方對峙以及兩陣營隨即進行的積極討論，正正印證了這一派外交官「能屈能伸」的本領及行事作風。但戴琦本人也是一名實幹型官員——從她於特朗普任期內處理《美國－墨西哥－加拿大多邊協議》的表現可見，她是一名勇於跨越政黨立場，試圖將多方共同利益最大化、迎難而上的先鋒。

第二類型，則是「積極美（國）主（導）派」。此陣營的領軍人物相信美國的利益，尤其是勞工及中產階層（而不是單純的華爾街富豪）的利益，需要白宮去維持。同時，他們堅信美國仍必須維持世界領主的地位，要將可能威脅到美國寡頭的勢力同化或削弱。這些人物包括國家安全顧問蘇利文（Jake Sullivan）及有『亞洲沙皇』之稱的現任美國國家鈉泉委員會印太政策協調員庫爾特．坎貝爾（Kurt Campbell）。蘇利文為《外交》雜誌撰寫《不導致災難的競爭》（*Competition without Catastrophe*）一文，便提出美國必須與中國「並存」，但也需要積極「挑戰」中國的崛起。蘇利文認為對華政策的關鍵乃是維護國家安全及領土完整，並在中美之間的游離陣營當中「連橫」盟友，以遏抑中國在國際社會內的勢力延伸。

第三類型，則為「意識形態派」。此中的人士大多是美國的中生代，對中國抱着較為強烈意識形態為主的眼光。當中包括現在甚少干涉外政，牛津畢業的羅德學人布蒂吉格（Pete Buttgieg），以及在國安部門中擔當關鍵智囊角色，智庫出身的萊特納（Ely Ratner）。這些人士關注的是維持美國在國際舞台上的民主價值影響力及普及化。他們普遍認為中國對外政策乃是威權主義的投射，美國必須在意識形態鬥爭中「擊敗」中國。相對於他們共和黨內的同僚，相信這些民主黨「幼鷹」（young hawks）不會主動挑起戰爭，卻會在他們眼中的「底線議題」上與共和黨反華一派看齊。

當然，也有不少人士立場大致處於以上幾大陣營之間，當中包括駐聯合國大使格林菲爾德（Linda Thomas-Greenfield），她在人權議題上對中國措辭尖銳，但私底下卻能與中國外交團隊交談協商。所以，與其試圖將第三類型轉化為親中者，中國倒不如着眼於與第一、二類型的人士，尋求在關鍵議題上的共識及合作，並將第三陣營的美國官員之「安全系數」降低，讓意識形態的投射在美國國策中再度趨向式微。

三、　由負和走向零和遊戲

如無意外，中美關係，相信已經會繼續由負和遊戲（negative-sum game），重新擺回零和遊戲（zero-sum game）。前者的出現，乃是因為特朗普為了轉移國內民眾對其乏善可陳的抗疫及處理種族問題等不滿的視線，而採取了與中國「決戰生死」的取態，試圖透過編造一個針對假想敵的麥卡錫式論述，去減少國內對其不滿。重視科學及理性的拜登上任，儘管不會再視中國為「老朋友」，但也不會將中美關係固定在一發不可收拾的敵我思維框架下。

因此，在公共衞生、全球暖化，以及對抗恐怖主義的層面上，中美必然會持續合作，甚至會在拜登主導的白宮下持續深化合作。若中國能夠將這些議題的領域對美方的益處拓展，相信必能促進「雙贏」局面，從而減免在周邊或相關議題上的惡性排斥。在這些領域裏的合作，可以透過多邊組織（包括世衞及巴黎條約），也可以透過直接對口及雙邊關係進行。

同時，國內不少學者（包括前外交部副部長、八面玲瓏的「鐵娘子」傅瑩，詳見其2020年末於《紐約時報》的投稿）已提出，中國與美國必須趨向一種「競合」模式。此論述固然有其實際重要性，但也許過度樂觀地忽略了在哪裏「競」、在哪裏「合」，這兩大問題的不明確性。暫時而言，白宮整體立場始終已將快速崛起的中國視為一名對手(rival)。兩者之間雖有合作空間，但此合作必然是要對美方有利，同時必須與中國維持競爭及保持距離，以抗衡及淡化中國在合作下所獲得的優勢。

因此，雖然拜登上任後，摒棄推特上無的放矢及無補於事的意識形態鬥爭，但這並不代表他的「強硬」不會因此而不在其他層面上「務實地」浮現。在經貿、內政、國土安全、科技發展層面上，相信美國並不會對中國「退讓三分」，正如中國不會對美國讓步。但若要避免這些層面上的競爭蔓延或發展至兩敗俱傷的軍事衝突，雙方除了必須提防好勝的「求戰軍閥主義」(aggressive militarism)灰犀牛(或戰狼？或禿鷹？)以不同形式出現，更必須協商好「外圍條件」(boundary conditions)，將衝突矛盾局限於可控可防的空間裏。拜登領導的美國雖然不會主動邀戰，但在以上第二第三陣營的主導下，他也絕不是一名拒戰(war-shy)的和稀泥總統。

儘管如此，相對於白人至上及受個人主義沖昏頭腦的特朗普，拜登無疑並不是一名針對華人、也並非骨子裏反共反華的美國政客。中美在文化及教育交流、公民社會的互相接觸、經濟金融上的合作，仍有一定的空間——儘管過去兩年來的跡象確實值得令我們對這一點感到一定懷疑。從中國角度來說，避免人民幣貶值、加強金融體系內部監管及穩定性、確保產權及創新科技能夠普及化而提升整體國力，這些問題的解決前提，皆需要與美國維持一定的良性互利關係。

正如基辛格當年曾說，中國崛起是一個不爭的事實，但中美如何應對雙方的立場分歧，將利益分歧減至最少，需要的不是表態至上的意氣之爭，而是持之以恒的共同諒解及對話。中美之間確實有正面合作的空間，但在雙方皆劍拔弩張、一觸即發的局勢下，要讓兩者重上「正和遊戲」軌道，確實並不容易。

2.5

競合迷離：抗拒與合作

在了解中美博弈的前因後果之時，雙方外交領導主要人物的公開言論也同樣值得關注。

美國國家安全顧問蘇利文(Jake Sullivan)在*Foreign Affairs*中跟前助理國務卿坎貝爾(Kurt Campbell)合撰題為Competition without Catastrophe的文章，提出美國必須視中國為一個「競爭對手」，正視中國崛起所帶來的可能威脅之餘，不要誤墮意識形態壟斷的冷戰思維。他認為，儘管美國與中國合作交流的時代迎來了一個狼狽不堪的終結(the era of engagement with China has come to an unceremonious close.)，但兩者必須準備與多方「共存」(each will need to be prepared to live with the other as a major power)。蘇利文認為美國不應妄想把中國政權徹底改變，也同時必須平衡自身利益(the kind of interests the US wants to secure)及避免擦槍走火(preventing dangerous escalatory spiral)。

另一邊廂，中國外交部前副部長、如今中方外交政策智囊及顧問之一的傅瑩，也向《紐約時報》投稿，呼籲中美兩國必須趨向「競合關係」(cooperative competition)。競合，顧名思義，乃是競爭與合作的混合體。傅瑩巧妙地點出了官方溫和派對過去數年中美關係惡化的

「非正式定調」，箇中是觀感錯置（misalignment of perceptions）所惹的禍。美國認為中國執意要「統一世界」（The United States believes that China craves world hegemony.），而中國則認為美國欲阻礙中國前進的步伐（China sees the United States as trying to block China's way forward and as hindering its people's pursuit of a better life.）。雙方充斥着根本不信任，讓合作並存事倍功半，甚至難以開啟。

一、 細看美國民眾之反華情緒

競合這原則，筆者是認同的。在國家安全、核心軍事利益、互相承認的領土基礎及內政權限上，再摸索良性及中性競爭，這確實是一種可行的並存模式。避免兩敗俱傷的「戰場外交」，以適度的表演主義發洩取代槍林彈雨，想法沒錯。但理論很動聽，現實卻很殘酷，也很複雜。以下是筆者認為競合模式必須正視的幾點隱憂。能解決的，必然是好。若解決不了的話，競合模式，以至全世界政局的未來走勢皆堪虞。

民眾並非愚者，亦非智者。與其說要駕馭民眾，倒不如先思考中美兩國民眾與當權者之間的互動本質。在美國的選舉民主制度下，民情主宰一切。如今美國反華情緒日益高漲。本來骨子裏反華的，順理成章地公開表示排華反華。本身對中國崛起沒有根本厭惡的，其實有不少是因為新冠肺炎、他們眼中視為挑釁性的「戰狼外交」（Wolf Warrior Diplomacy），以及個別媒體及輿論別有用心或因應着市場商業利益所驅使而鼓吹的反中論述等因素，而變成投向反中。本身因自身價值觀、商業利益、文化交流而親中的則不敢出聲，因為任何稍微友善的言論一出，即會被封為「間諜」或「打手」。

民眾普遍以一種肥皂劇形式(melodrama)參與及觀看政治。反觀美國的政客及建制人士,除了特朗普大剌剌的民粹式反建制作風以外,其他一般較為務實。美國政客的職責很簡單,就是要取悅民眾,但取悅民眾有很多種可行方法。政客看的關鍵表現指標(KPI),當中包括經濟、貿易、公共衞生等「硬指標」,也包括較為抽象長期性的「競爭風險」、氣候變化,以及國際軟實力等「軟指標」。相對於民眾,政客更容易了解及接受現實政治的局限。

而同時,必須認清楚,所謂的「反中民眾」有三種人。第一種是骨子裏討厭中國、厭惡中國崛起,認為美國必須維繫永恒的霸權主義。第二種雖對中國政治模式及唯一執政黨不認同,但對中國人並無惡意,不會堅決排斥中國崛起。第三種則是因為國情、經濟等短中期因素而在「親中」、「反中」及「中立」三大陣營中遊走。前者本身並不足為懼,但當後兩者因為種種因素而偏向接納及支持第一類人士之時,競合只會淪為惡性競爭,以至全面冷戰。

因此,若中國真的有意「解難」的話,需要的不(只)是給予美國民眾經濟或物資上的好處,而是能夠化解觀感死角,對症下藥,把第二及第三類民眾拉回中間、非反中的政治空間。若美國民眾能認清楚中國並非最大的威脅,或看穿外國針對中國本土政治模式的論述背後的既得利益者之真面目,相信屆時民粹反中這問題,以至政客的策略性反中死結,必然迎刃而解。但若繼續「重拳出擊」、繼續「角色扮演」地「好勇鬥狠」,則只會墮入美國新保守主義陣營為我國所設的圈套裏,這便正正是一個「自我應驗的預言」(self-fulfilling prophecy)。

另一方面,美國政客必須意識到,單純地被民眾牽着鼻子走,並不會為其帶來長遠的利益。911之後,曾經出現極大多數美國民眾支持攻打阿富汗的情形,使宣布開戰的小布殊的民望升至上任後的高點。但10年過後，滿目瘡痍的阿富汗及伊拉克，淪為反對美國「霸權」者的最佳把柄，也讓民眾對當年的共和黨徹底痛心疾首。奧巴馬上任後迅速撤軍，小布殊也因兩次開戰（以及其應對金融危機乏善可陳）被評為美國史上「不及格」的總統之一。跟車太貼，最終只會車毀人亡。

二、再看中國民眾的「入關」思維

那內地的民情又如何？

內地網絡興起一股新「梗」，雅稱為「入關學」。「入關學」泛指帶有愛國主義色彩的網絡思潮，把美國比作崇禎治下的明朝，把中國領導人比喻為清朝的開國元老。在這種愛國思潮裏，中國必須如滿洲一樣跨過山海關，取代美國成為世界超級強國。「入關學」認為中國超越美國指日可待，必須主動建立屬於中國的價值觀及話語權，以軟實力及思想控制等手段「稱霸世界」。

可是現階段來說，筆者並不認為「入關學」反映的是中央各主流派系或陣營的主張。改革開放以來，中國絕對是全球化及與全球接軌的最大得益者之一，但也同時透過與世界現有制度銜接及合作，成為世上為數不多在供應及市場皆舉足輕重的「世界化體制」成員。中國能做的及應該做的，乃是為被美國系統及西方列強主義所排斥的國家提供另類選擇，而並非在一時三刻試圖「統戰天下」。若中國能持續地從其國際供應鏈地位及高端科技中賺取豐厚的利潤，讓國力增強，相信將來提升管治及鞏固經濟，不是難事。同時，西方各國能夠看到中國的經濟崛起並無威脅其權益及政治體制，才會摒棄自損三千的與中國脫鈎策略，讓中國的國際關係重上正軌。

民眾為何會有這種想法？也並非難以理解。過去一年多來，中國先後經歷中美貿易戰、新冠肺炎、疫情所引發的輿論壓力、香港及台海問題所帶來的國際反噬。在海外讀書的民眾，被種族歧視之徒扣上非人化的標籤，再遭到敵人在簽證、人身安全、法律保障等層面上的打壓，自然大大加強了「昏睡百年，國民漸已醒」的防衛性愛國主義（defensive nationalism）（可參見張灝的《關於中國近代史上民族主義的幾點省思》）。再加上中國經濟復甦比西方諸國來得更快更急，而西方各國又普遍在應對新冠肺炎上表現拙劣，種種原因皆鞏固了內地民眾的「制度自信」，讓他們看到自身與「帝國主義」決一死戰的可行性。

以上種種足以論證，內地普遍的反美反西方思潮起源，並不能以「洗腦」那麼簡單地蓋棺定論。說實話，中國的民粹思潮，向來以非官方及民間自然發起的居多。在大部分「非主要矛盾」問題上，中南海及各級政府，通常不會主動阻止這些民族主義言行，但國家也不會主動鼓吹其發展，因為其深諳民粹主義就好比野火的種子，蔓延開去能蹂躪精忠報國的民眾草地，或形成一股可怕的完美風暴。民粹主義隨時把國家推向軍事武裝化的邊緣（可見一次大戰之前的德國，或者應對911等事件的美國），同時，也令盟友及朋友，因各自民眾所施加的壓力敬而遠之。外敵易解，內患難防。

比起其他西方政府，北京確實較為能夠避免被民情帶領走上不歸路的制度性風險，但始終風險仍在，當內地有不少民眾視西方諸國為「你死我亡」的敵人，將任何對西方抱有較為溫和樂觀態度者批鬥為「崇洋媚外」，再將理性的批判聲音趕盡殺絕，相信這絕非中央欲看到的現象。正因如此，才有如傅瑩、崔天凱等外交老將針對一些較為偏激的民間說法作出回應：前者在《紐約時報》撰文指出，中國並沒有取代美國霸權位置的意欲，中國（人民）也不應過於擔心美國是否會改變中國的政治體制此問題。榮休回國的崔天凱大使也於2020

年初公開表示，中美任何一方皆不應就着新冠疫情的起源做出無的放矢的推測。這一點，在如今的氛圍下，尤其關鍵及重要。

三、　展望擦槍走火的五大「燃點」

中美雙方的民情需要抑制，更需要領導。原因很簡單：若政府拒絕領導民眾，則只會失去在關鍵時候的話語權，淪為人民魚肉的工具。雙方好戰的民情高企，只要有稍微的擦槍走火，便可以令局勢一發不可收拾。《燃點」（*Flashpoints*）乃作家佛列文（George Friedman）於2015年所發布的著作之書名，當中集中於預測及探討當時歐洲接下來5年可能出現的戰爭及危機的導火線，被其稱為「燃點」。如今我也參照作者的作法，嘗試疏理出中美之間的五大燃點：

台海問題有可能於未來急劇惡化，卻並非因軍事衝突。內地傳媒不斷地放出北京不排除「武統」台灣的口風（儘管筆者對中央實際立場如何，仍存有一定程度的懷疑），疑似為局勢升溫做出鋪墊。可是拜登深知台灣海峽與中國正面對抗，吃虧的最終只是自己，皆因台海現處於中國常規戰略導彈覆蓋範圍以內，且美國在多次模擬推演中皆敗於中國手上。有見及此，若美國執意在台灣問題上挑釁中國的話，相信並不會在台海內進行軍事行動，而會在西太平洋或東海地區對中國海防勢力作出攻擊。這些攻擊固然可以是「有險可守」的局部性攻擊，但也可能在民眾及前線壓力下，牽起國家防衛勢力反擊，從而觸發熱戰。

中國與南海周邊國家的爭議，也同樣地可能成為區內衝突的導火線。在特朗普任內，美軍的「自由航行行動」（freedom of navigation operations，把美軍巡艇派至中國主權領土內外，對中國海軍進行干擾性示威）次數由2016年的3次，大幅增加至2019年的10次。拜登政府的國安顧問蘇利文在跟分析員Jordan Schneider的訪談中也曾表示，美國應該「把更多資源投放在確保南海船隻的航行自由權」（We should be devoting more assets and resources to ensuring and reinforcing, and holding up alongside our partners, the freedom of navigation in the South China Sea.）。由此可見，民主黨重返亞太區的策略中，仍視南海為屯重兵的地區。若中美雙方未能就南海問題達成共識，儘管如今是如拜登這般老練的政壇體制元老當政，擦槍走火的機會仍然頗高，不得不防。

在中美博弈的討論中，朝鮮半島也許是較少人提到的爭議。但須知道，金正恩屢次傳出健康亮起紅燈的消息，其妹妹金與正的權力地位也在過去數年大幅提升。金氏的傳承及權力交替，將會是朝鮮半島的另一「亮點」。若中方在朝鮮問題上向美方讓步，則只會令其他現有盟友對中方持有「過橋抽板」的觀感。相反，若美方在應對朝鮮問題上採取避讓避事的態度，恢復特朗普前的民主黨舊政，則只會令朝鮮半島局勢膠着，讓北韓繼續在美國勢力（南韓）邊境張牙舞爪，甚至有加速發展核武之風險。只有中美朝韓四方坐下並進行對談，才有解決半島危機的曙光及空間。

在後新冠及拜登當政的時代中，因第一階段貿易協議而擱置的中美貿易戰未必會再次全面展開，但不容忽視的是，在半導體供應、高端資訊及網絡科技研發等議題上，北京與華盛頓能否就着雙方對國家安全、競爭對稱等問題達成共識。若雙方受各自民眾情緒化所困，而未能將觀感及國安等「外在性因素」疏理出討論範疇，結果非但一拍兩散，更可能出現局部或全面的科技戰爭（tech war），令成萬上億的普羅百姓受罪。

最後，不得不提由美國、印度、澳洲及日本所組成的「四國同盟」（QUAD）。這四國同為反中反華的區域大國，具備相當的政治及經濟地位。菅義偉所領導的日本、莫迪的印度、莫里森治下的澳洲，皆各自跟中國存有不同程度的「舊仇新恨」。無論是日本再武裝化、印中邊境衝突，還是澳洲對中國貿易的不滿，這些趨勢皆成為中國與這四國愈走愈遠的短中期誘因。要重新與對華立場較為模糊的日本及澳洲建立良好的互信關係，才能避免局勢升溫。

以上這五大燃點，足以掀起東亞，甚至一次全球性的「戰爭」。全球熱戰核戰的時代，大家當然希望永遠不會發生，可是二十一世紀的戰爭風險，無論是網絡戰還是經貿戰，皆不容小覷。

2.6

在美華人的血與汗

【註：此文原於2021年3月刊登在《信報》。刊登前一星期，美國亞特蘭大按摩院發生一宗針對華人的槍擊案。】

華裔70歲婆婆謝蕭珍在三藩市街頭遇襲，幸好及時勇敢反擊，最終將疑兇擊退。

美國亞特蘭大按摩院槍擊案導致8人死亡，當中6人乃是美籍亞裔人士。

有不少輿論皆指出，連番襲擊及槍擊案有可能與美國當地排華種族歧視有關。如今美國冒起的排華風，除了有着明確針對黃皮膚中國人的色彩，甚至連普遍東亞裔在美居民（不一定是華人），也單純因為他們外貌相似中國人，而受歧視行為及言論所波及。

當然，有個別聲音認為槍擊案乃是一件「單獨行事」（lone-wolf）的零星案件（isolated case）。也有人表示，疑犯並非懷着行使種族歧視之企圖行兇，而是純粹針對按摩院員工「女性」所進行的暴力。在物化女性的媒體輿論當中，女性往往被「灌輸」她們是男人眼中的附從，在性方面沒有自主權，而只能淪為父權社會的男性透視（male gaze）之下的被操控物。同時，從事按摩院工作的，大抵是難以在經濟結構中找到其他工作的移民，他們往往徘徊在最低工資附近，過着捉襟見肘的生活。這現象背後除了反映着不少第一代華人移民至外國，自身和子女（第二代）因語言及文化等代溝，難以適應當地的殘酷現實，更是美國階級鮮明社經不平等下的時代產物。

這些個別的「解讀」，筆者固然不能斷定是對是錯。我們也要避免進行過度自信的蓋棺定論。可是不得不知的是，以上不少針對受害人性別或所從事行業而釐定的刻板操演形象（controlling images），或多或少皆與他們的膚色掛上一定聯繫。相對於白人女性，亞裔女性更經常被英美各地媒體所「他化」，在混雜着東方主義（Orientalism）及歐美核心（Anglo-Eurocentric）的描繪下，被塑造成一個單純因生理或性特徵條件而被「賞識」，但在思維及自主能力卻被無限貶低的群體。同時，按摩院技工雖然屬於勞工階層的一部分，卻從來不被日漸興起的白人勞工主導的民粹運動（populist labour movement）視為一分子，更長期被所謂代表勞工階層的主流「進步主義」政客所忽視。

以上種種，有人也許會將其歸納為「人離鄉賤」必然所帶來的結果——移民必須「食得鹹魚抵得渴」，獨在異鄉為異客。但如此說法，除了冷血而膚淺以外，更壓根兒不能為生活在水深火熱中的亞裔人士帶來真正的出路或論證公義。曾有人跟我說，「我不是內地人，所以不會受歧視」。須知他朝君體也相同，不要以為種族歧視只會針對某些國籍的黃皮膚人士。只有認清看楚這些種種問題背後的白人至上主義（white supremacism）、父權主義及放任資本主義（laissez-faire capitalism）的交織（intersectionality），我們才能打開天窗說亮話，而不被部分主流媒體的粉飾太平所蒙蔽。

以下筆者想以三個不同時期的角度，剖析美國反華思潮的起承轉合。

一、　非我族裔——根深柢固的白人至上主義

十九世紀末到二十世紀初的排華浪潮，可被視為美國第一波的反華思潮。是次思潮的本質混雜了文化、身份認同及經濟因素，為及後的排華主義奠下了歷史及論述基礎。

在此，歷史學家普遍將反華排華思潮與中國移民北美的淘金潮掛鈎。在十九世紀中段始，中國移民便大量地移民美國西岸，參與在淘金潮及種種大大小小的工程項目當中。主流說法大抵是這樣的：在黃金充足、資源豐沛的前提下，華人與白人相處本也尚算相安無事。但當資源及黃金開始短缺時，西方與東方在最為現實及「低層次」的層面上產生碰撞。白人與華人之間的仇視及互相排斥，也是從這樣簡單的經濟邏輯上繁衍。

這種說法在某些側重經濟性、資源結構性解釋的圈子中很受歡迎，乃是因為我們較容易了解經濟解釋的脈絡及邏輯。俗語有云：「一山不能藏二虎」，而華人確實是在人家「地頭」與人家利益相爭，又怎能期望當地人不會因為我們「搶了他們那份工」而「反噬」華人呢？

但這說法忽略了兩點關鍵事實。第一，資源爭奪並非排斥排他的主因。十九世紀初的美國，正泛起一股「昭昭天命」（Manifest Destiny）思潮，主張美國人乃是被天上（基督天主教的神）賦予了從東岸向西拓展，將民主及民族兩大主軸在北美洲全大陸「發揚光大」。在這個道德秩序當中，東亞人（包括在世紀中後期結束鎖國而嘗試推動改革的日本人〔參見1868年的明治維新〕，以及以「賣豬仔」勞工移民為主力的中國移民）就算比美國土生土長的原居民在能力上來的「優秀」，也永遠不會成為安格魯撒克遜（Anglo-Saxon）民族「主流」的一員。故此排他的邏輯，除了是反映經濟考慮以外，更是包含着一種由根的「文明優越感」。在此歷史敘述當中，亞裔人永遠極其量只能是協助白人擔任一些厭惡性工作（dirty jobs）的廉價勞

工。姑勿論黃金資源有多少，華人也沒可能與受上天「恩賜眷顧」的美國人「競爭」，因為層次不同嘛。此乃是不少傳教士及基督徒主導的美國上流公民社會的共識。

第二，就算從一個經濟層面來說，真正令華人與白人出現白熱化競爭的，也並非黃金或稀有資源的分配。這些資源的分配權從來皆掌握在個別依靠黃金發跡的暴發戶手中。在美國內戰過後，美國經濟大規模衰退，而富有的資產階層在大洗牌以後，與草根階層之間出現了一個嚴重的「中產真空」。愈來愈多白人在政治局勢趨勢下（尤其在敗仗的南部），奔向了低端勞工產業。與此同時，雖然美國當時正值工業化轉型期，但低端勞工職位的增長，遠比不上相應大幅增多的勞工數量。在此現象下，中國勞工在加州被視為當地藍領的頭號敵人。加州州長及工人團體將工資低下、罪惡頻生的議題推卸在中國勞工身上，令當地民眾滋生出強不可擋的反華情緒。而是次反華聲音，正是由勞工基層中的領導及政客所主導，再向上蔓延至美國的管治階層當中，並在十九世紀最後的二十多年中，擴散至全國各地。以下是兩條有名的排華法案：

1875年的《皮吉法案》（*Page Act of 1875*），禁止中國婦女入境。

1882年，美國總統亞瑟（Chester Arthur）簽署《美國排華法案》（*Chinese Exclusion Act*），將所有華人勞工拒於美國之外。所有居住在當地的華人，要不是被驅逐出境，便是要匿名度日。

可見，在十九世紀末生存的美國華人，確實不容易。

二、 杯弓蛇影——制度恐慌下的麥卡錫主義

二十世紀初期，美國開始與辛亥革命過後的中國政權聯繫，試圖在八國聯軍及中國與西方簽署的不平等條約之上，獲得更多好處。同時，在美華人卻一直被以上提到的法案所壓榨，難以在當地社會中往上流動。絕大多數知識分子在當地皆意興闌珊，在當地留學的一小撮人畢業後，要不是從舊金山回流香港或中國，便是經檀香山輾轉流落至日本及台灣等地。

另一邊廂，日本與西方關係逐漸繃緊。1924年，美國通過《排亞法案》，將包括日本人在內的亞裔移民徹底在法律官方框架下杜絕。1941年的珍珠港事件促使美國向日本全面開戰，並將不少日本在美民眾關入拘留營。

同時，美國出於自身利益，對中國軍方在抗日戰爭中伸出（有限的）援手。抗日過程（四十年代初期）期間，中美在反日及捍衛中國領土議題上達到曇花一現的共識（uneasy peace）。中國國共兩黨，也曾在美國的積極調停下，表面上放下互鬥（雖然實際上的暗鬥並沒有因此而停止）。整體而言，中美關係當時曾經似乎因着地緣關係，而有着一定的轉機。而確實，1943年，美國國會通過《麥諾森法案》（*Magnuson Act*），廢除《排華法案》的一部分條文，重新容許華人移民至美國，更讓部分在美華人入籍美國。

但這短暫的關係緩和，並沒有為當地華人帶來太多的喘息空間。美國第二波排華思潮，始於四十年代末、五十年代初。若第一波排華潮本質上乃是文化經濟層面上的「競爭」的話，這次思潮，更多的是反映出一種由根的政治保護主義（political protectionism）所衍生的「排斥」。在蔓延全球的二元分化冷戰思維下，在美華人無疑再度成為了三個政權（國民黨、共產黨、美國）的磨心。

而在美蘇兩者展開分庭抗禮的初期，美國國內吹起了一股風氣，乃是令人聞風喪膽的麥卡錫主義（McCarthyism）。共和黨參議員麥卡錫（Joseph McCarthy）公然表示共產黨（泛指任何及所有共產政權部下的國民）滲透了美國政府機關及部門，並將會把「極權」的共產主義引入美國。在批鬥成風、若不批鬥便會被人批鬥的政治狂熱氛圍下，任何言論稍微反美或左傾的政客及公眾人物，皆被扣上「共產黨」的帽子，成為司法制度及機構的階下囚。從文化界到外交界、政圈到平民百姓，霎時人心惶惶，皆因「共產黨」的帽子很容易扣上，卻很難抹掉。麥卡錫本人雖然並沒有直接鼓吹針對美籍華人的仇恨主義，但卻將拉迪默（Owen Lattimore）為首的美國本來「親蔣」派標榜為背棄美國「反共利益」的叛徒。同時，麥卡錫的黨羽將中共描繪為蘇聯帝國主義的爪牙，將北京當作是圍剿共產主義過程中，共產主義的「幫兇」。制度性恐慌（structural paranoia），源於對共產主義及蘇聯的根本性排斥，但卻或多或少反映在針對華人這個「次要敵人」層面上。

五十年代初，韓戰爆發。中共與美國也正式地在外交議題上首次正面交惡。在冷戰的「大格局」及韓戰的「小格局」中，美國當地的華人被標籤為「美國人」的敵人，而在共和民主兩黨之間的精英也首次呈現出針對華人的「共識」。當地商鋪紛紛拒絕與華人之間往來，並從華語報章中撤稿撤資。而為了在反共大於一切的美國中繼續生存下去，有不少華人被迫「表態」和「站邊」，並（在被迫或「自願」的情況下）公然地宣誓効忠於美國。最能點出當時劍拔弩張下的表態政治，也許是三藩市在1951年的農曆新年遊行中，有一群年紀不過十幾歲的少女音樂團，公開「宣示」與共產主義「勢不兩立」，誓言要「將共產分子從世界趕出去」。將孩子教育政治化的元凶，非當時顛倒是非的社會氣氛莫屬。

無論華人如何地嘗試從善如流，如何努力地「融入」美國當地的文化枷鎖及主旋律中，他們的表態及表忠並沒有為他們帶來任何安康。杜魯門（Harry Truman）政府於1950年末開始以1917年通過的《對敵貿易法》（*Trading with the Enemy Act*）為法律基礎，對所有在美與中方或中國合作的企業進行制裁。當地的親中華人報章編輯及負責人，有不少因此身陷囹圄。同時國會也正式禁止當地華人將資金寄回國內，令不少身處立國之初動盪時期的中國國民飽遭煎熬。

五十到七十年代，這段時期的美國官方對華人居民政策，可謂是自相矛盾的。出於冷戰思維，為了堵塞「有能者」回到國內，為共產黨効力，美國政府不惜一切地將中國留學生及高端人才留在美國。但同時，華盛頓對這些「過洋之客」並沒有太多的好感，並將不少華裔移民投閒置散在各個技術階層當中。

此階段來自中國的移民，大多數皆是台灣或香港廣東人。他們在當地形成頗具規模的華人社區及團體，也因此能產生了個別出類拔萃的華人精英。但這些人往往都佔社區整體的少數，且前提是社區必須擁有足夠的政治及財政資源，才讓他們能排除萬難地踏上所謂的康莊大道。華人此時離出頭天，仍有一段距離。

三、　欲加之罪：新冠疫情、特朗普及民粹主義

中美關係在尼克遜、基辛格及周恩來的共同努力下，終於在七十年代破冰。近代中美關係從零到盛，再由盛轉虛。要了解反華思潮近年在美國的崛起，必須從兩大主軸入手。第一主軸，乃是白人勞工階層對中國在意識形態或既定形象基礎上的根本性排斥。第二主軸，則是美國政府為了論證自身存在價值，有意無意編制的敘事（manufactured narrative）（可參見杭士基（Noam Chomsky）的 *Manufacturing Consent* 一書）。

第一主軸的背景，乃是過去二十多年來世界所經歷的全球化潮流。在全球化下，有不少美國企業資金及生產線向「東」移，移到中國及東南亞等地。在這趨勢下，美國勞工當中有不少頓失收入來源，當中尤以鐵銹帶(Rust Belt)多州為甚。美國勞工喪失了經濟支柱，更失去了最為基本的尊嚴及自我肯定，因而將自身所承受的打擊及轉變，投射在太平洋對岸經濟風生水起的中國身上。中國人被視為美國經濟沒落、失業率高企等社會問題的元兇，更被當地政客利用為推卸管治或代表不善責任的「Bogeyman」。同時，移民至美國的中國人，當中有不少得益於傳統華人文化對教育及提升技能的執着，在經歷了兩至三代的浮浮沉沉以後，憑着自身努力而終能出人頭地。在經歷2008年金融海嘯後，美國的經濟元氣大傷，而在以上種種趨勢的疊加下，令不少白人勞工對華人眼紅及仇視非常，更衍生出一個將反華及右翼民粹主義重疊的政治空間。

第二主軸所指的，除了是說美國整體建制在過去10年間慢慢向反華思潮靠攏，乃是因為國民對政府普遍失去信心，其實更多的是針對地指特朗普在管治最後一兩年的嚴重施政混亂(improvised governance)。在新冠疫情及中美貿易戰的雙重夾攻下，美國經歷了近年前所未見的管治危機，令不少美國人無論是在防疫手段還是經濟重開等議題上，皆對政府產生極大怨忿。在這前提下，上屆的特朗普為了鞏固自身管治威信，以及轉移民眾視線，便將中國設定為美國的假想敵人，並將新冠肺炎加上種種具種族色彩的名詞及形容詞，包括「Kung Flu」及「Wuhan Virus」等有違事實或基本倫理的標籤語言。

在這兩大主軸交織下，試問(也許並沒有受過高等教育，或受了高等教育以後，也與國外世界缺乏接觸)普通的美國國民又怎會「兼聽則明」，對中國或華人存有任何好感？所以「第三波」的反華潮，可被綜合地歸納為一個地緣政治及美國國內本土政治交織下所構成的歧視潮，再加上多年累積的「私怨」及錯誤認知，才導致針對中國人及華人移民的仇恨事件拾級上升。

四、 幾許風雨：我看外國、外國看我

最令人可恨的是，以上的種種誤導性輿論，乃是個別政客為了逃避現實責任及公眾批判而貿然挑撥所致。退一步來說，中方固然可以期望美方克制，而在外交觀感處理及溝通等層面上也可以做得更好。但溝通對話的假設，乃是雙方皆願意放棄某些執着，並承認自身曾經造成的過失。在水火不容的情況下，要美方承認自身在導致排華種族歧視層面上必須承擔責任，一來似乎在國際法律上說不通，二來也似乎沒太大實際可能。美國有必要認真處理國內的種族歧視矛盾及問題，才能贏回最為基本的資格，在國際事務上評頭論足。

筆者在外國讀書多年，也經歷了難以啟齒的歧視多遍。在香港看外國，草地總比香港更綠更豐盛。外面的世界可以很美麗，也可以很醜惡。

共勉之。

2.7

中美有可能共贏嗎？

【此文刊登於2021年3月《信報》】

當潮水退去時，我們便會知誰是人，誰是鬼。

毋庸置疑的是，過去數年的國際形勢發展，令國家與國際社會上的部分國家，包括已發展或所謂的發達國家，關係勢成水火。2021年的阿拉斯加中美會議上，雙方外交官劍拔弩張，言論不留情面。及後媒體渲染的報道，自然也是反映出既定的意識形態。美方主流媒體大肆報道中方外交領導人的「兇狠」及「長篇大論」，而中國輿論也普遍認定美方的布林肯（Antony Blinken）及蘇利文（Jake Sullivan），乃是「傲慢」而根本性崇尚「霸權主義」者，顯示出拜登政府似乎並沒有緩和關係的決心或興趣。

一、　三點基本政治現實

中美和中西導火線及爭議紛紛，在此筆者也毋須多敘。

但就着這種種趨勢，我們在此不得不認清楚三點基本政治現實。第一，一套表面上為「普世」道德審判價值觀所支持的論述，背後反映的肯定不是完全客觀的事實，而是有心人士的政治操作。就等於國際舞台上，有人一口咬定某方是在進行不道德的人權剝削，但該君對人權剝削的選擇性關注，讓人不得不反問一句：為何君不能從一而終地維護及堅守此原則，將政治化批鬥與合理的批評脫鈎？也有人指定美國乃是進行着有違人類共同利益的霸權主義行為，但霸權行為從來都是世上大部分大國的本質，所以與其將美國人描繪成十惡不赦的「國際歹徒」，倒不如反思一下，為何國際秩序本質結構上會締造霸權（hegemony）、會間接促成大國之間的矛盾，甚至導致所謂的「修昔底德陷阱」的出現（即使此「陷阱」並沒有充分實證作支援，只可供參考之用）。

第二，各國外交代表言論及表述，在其國人眼中有其關鍵重要性，重要性在本地層面來說肯定遠比他者或外國輿論來的更為重要。就拿阿拉斯加的中美會來說，雙方在討論前的公開言論無疑有一定程度是說給自己國民聽的。拜登政府要向保守派選民交代，顯示自身並不會如共和黨及特朗普所說，向中共「低頭」。同樣，面對國內日益高漲的反美思潮，楊潔篪及王毅必須在關鍵議題上「立馬威」，進行他們心目中的「以正視聽」。因此，什麼「從這些言論，我們可以看到中美未來政策走向」，或中美各自「政策立場變得更硬」，這些流於表面分析皆是忽略了最基本的現代政治邏輯：二十一世紀國際官員公開辯論的場合，從來都不是讓他們由衷交流的時機，更多的是對雙方本地收看對談的觀眾之一種「交代」。

可是第三，承接着以上這一點，不得不說的是，弦外之音並非人人都能捉摸到。須知道國際關係及外交的受眾，從來都不限於自身國人。隨着民眾情感與外交體制在權力分配及認受性層面上的日漸交織，部分公開言論所觸發的民粹排外排他思潮，大有僭越官方及體制約束的可能，對外交政策營造的不穩定性不容小覷。同時，外交言論有其路徑依賴性（path dependency），一旦確立了一個明確的

「主調」，便很難一時三刻憑一己之力去逆轉。若比展示出來的立場「柔軟」或「模糊」，則屬最為嚴重的政治錯誤，並非所有人可以承受如斯罪名。所以國際關係惡化、矛盾升溫，來源可能是本來最為正常不過的「交作業」思維，卻因為人為和主觀情懷，最終導致擦槍走火。這絕對要防，也驅使外交家必須分清楚何謂底線、何謂虛線、何謂理想的線。若各方為了將自身利益最大化，而忽略了兩敗俱傷的可能性及嚴重性，則只會令局勢持續白熱化，對大部分平民百姓皆不是一件好事。

二、　國際社會部分人士讀不懂國家：對中國的思維誤判

國際社會中有不少人讀不通中國。

先拿對中國認知較為膚淺的人來說。當中有不少人對中國的既有觀感，骨子裏仍是停留在毛澤東及改革開放前的時期。在這些人的眼中，中國國民永遠是被壓榨的一群無知之眾、所謂的脫貧數據全都是憑空捏造的謊言，而如今國內確實出現了的國粹主義，乃是與當年毛澤東推動文革下的「反精英」主義（anti-elitism）及極權主義（totalitarianism）同出一脈。也有不少自喻為自由派的海外知識分子認為，絕大部分國人都是受中央政權所洗腦，故導致他們批判性思維欠奉，只能盲目地崇拜國內領導人。這些批判及輿論本質上未必是惡意，也並不一定具有反對或顛覆性，但反映出的，卻是一種與時脫節（anachronistic）的家長式思維（paternalism）。在這些論述中，中國人民生活在水深火熱中，亟須外國的「協助」及「支援」，才能脫離苦海，正中部分「白人救世主情意結」（White Savior Complex）輿論的下懷。

這些論述根本性的問題，並不是其對中國過去出現的經濟進步及社會變化視若無睹。因為理論上，剝削及權利磨蝕並不能以單純的功

利主義作為論證標準。其問題是其將現實的一部分無限放大，上綱上線，導致國際輿論圈中出現過於泛濫且明顯與事實相反的批判，最終反而蓋過了實際有素質有理據的批評。比方說，中國貪腐問題仍然嚴重，國債高抬、社經不平等、公民缺乏政治權利、國際形象出現嚴重問題，這些都是確實存在的問題，但卻因為一小撮意識形態極端式的輿論，而被輕易地扣上了「非理智」或「曲解中國」的帽子，也不被國民所接受或接收。

這些輿論肆無忌憚皆將中國國內的問題扣在管治政權上。如「中國貧富懸殊？這明顯是黨的問題！」「中國近年天災頻頻？肯定也是黨的問題！」這些說法，一來與事實不符，二來從現實政治角度來說，對促進國內改善改革根本於事無補，只會加劇批評者與當局之間的距離及隔膜。當任何批評皆要求我們對如今中國管治體制進行徹底否定，試問在體制內的人，又有誰會歡迎如斯激進偏頗的批評？就好比如今有些個別人士表示，美國近年的貧富懸殊、金錢政治，反映出我們必須將整個美國政府制度顛覆、打倒民主，才能「解放美國人」——這種說法也是同樣地不可取，因為其所謂的願景不切實際，更不能貼近當地的民情民意。

最後，外國也有不少人認為，中國如今的問題，乃是因為其有意推動霸權主義，與美國一決高下。在此前提下，他們認為若美國真的「敗下陣來」，國際社會便必然要接受「中國那一套」。誠然，近年中國坊間也出現了一種「走出去」的論述，官方也提出了「人類文明共同體」等論述，令西方不少評論家認為中國要執意「推翻」西方所主導的國際秩序，自立如「一帶一路」等的新世界經濟秩序。而確實，若這真是中國的全盤意圖，那恐怕國際社會所崇尚的管治模式，也未必會符合中國眼中的高度集權、結果先行的威權管治哲學。

但這種推測，蘊含着對中國政治精英及體制的一種嚴重誤解。中國歷史上較為成功的皇朝（漢朝、宋朝、明朝），從來都不是以無限的開疆拓土作為目標（唐朝較為例外，但也是以朝貢形式作為主要收編手法）。較為近代來說，中共建國以來的執政論述論證，並非是推動什麼「國際中華文化圈」，而是要全心全力穩定及鞏固自身在國的管治威信，推動在他們眼中以民為本的政策，籠絡人心，以避免內鬥和內戰。中國要拓展自身的經濟及貿易版圖，並非因為其對操控國際社會政治局勢有何特殊的情意結，而是因為全球化經貿中的「悶聲發大財」，乃是維持國內穩定及民眾支持的關鍵條件。現今中國遠比蘇聯或曾參與越戰、阿戰、伊戰的美國來的聰明，其領導人不屑也不願意泥足深陷於各大大小小的國際鬥爭中，因為這是一件吃力不討好的事，對民眾支持及資源消耗甚多。在此前提下，若國際社會執意要將中國解讀為一個「政治軍事霸權」，將30年後的中國判定為如美國一樣的「侵略者」，這一來是對美國也正在演變的外交方針及政策的一種失實的定論，二來也是反映出以西方之角度衡量中國思維模式的根本性謬誤（fundamental fallacy）。

誠然，我並不相信國際社會大多數人皆是骨子裏排華。有不少外國的朋友讀者，也會與我真誠地分享他們對中美關係及中國崛起的看法。他們也絕非以種族歧視的眼光去看待中國。當中，外國更有不少「中國通」本身對中國文化及政治發展極具興趣，而不是戴着有色眼鏡來看國家。這些人士對中國的既定形象，往往源自針對北京部分言論或行為的一種道德判斷，以及在這些基礎上做出的渲染演繹。比方說，中國人沒有投票權，在西方的政治術語中便等於中國官員乃是「獨裁」，「剝奪」着國民的資源，其政權並不「合當」（legitimate）；政治言論在網絡上受管制及控制，便等於國人毫無思想自由，肯定是「受政府操演操控」（"brainwashed by propaganda"）。

這些自我價值觀的投射(projection)也許並非出於故意針對中國的思維，但從實然(empirical/is)走向應然(normative/ought)，此審視過程中必然蘊含着該人的主觀道德審判，這審判觀點必然由自身所身處的輿論及價值觀空間所定奪。過程最終推論出的裁決，也許吻合西方選舉民主價值觀的慣性思維，但絕對不能充分反映中國的民情國情。同樣道理，這也是為何我認為以內地那一套思維論述來看香港，是一個非常不可取的做法。香港內地同為一國，但骨子裏的文化及體制有其獨特之處，並不能盲目地視為一體。而在國與國、文明與文明之間的糾纏，此問題更甚。若將美國那一套搬過來中國，只會令評論變成偏頗的口舌之爭。兼聽則明非常關鍵，從政者必須謹記於心。

三、不少國人也讀不懂國際社會：對國關的植根看法

說完了外國，是時候說部分國人對西方、外國及國際關係的看法。

國民當中對外國的一大指控，乃是外國政客充斥着帝國主義(imperialism)及新殖民主義(neo-colonialism)，乃是要將中國鬥死，務求能清除異己及競爭對手。而毋庸置疑的是，今時今日，西方諸國當中確實有不少人乃是骨子裏對中國崛起及擴大經濟版圖感到擔憂不快。

這些人甚至可能真心相信一個西方主導的「民主自由體制」(以引號來突顯其自稱)應為世界的永恆定律；也不排除有一小撮人是政治投機分子，視反華為贏取選票的最佳工具(樣板1，是競選失敗的特朗普及其所代表的「新共和黨」建制；樣板2，則為英國保守黨右翼與法拉奇(Nigel Farage)等人正在醞釀的在英「反華」新勢力，或是將對政府處理新冠疫情轉移視線到別處的輿論力量)。甚至有些個別極端人士，乃是潛移默化地深深信奉白人至上主義，以至任何有可能威

脅到白人當道的這個政治邏輯，都必須正本清源，以求永續白人盎格魯．撒克遜新教徒（WASP）領導的「國際秩序」。

須知道外國及外國國民也不是一塊鐵板。有人曾跟我說，這句話說了，等於沒說，因為當權的永遠都只會偏於最為「鷹派」的一邊。但我必須再次以正視聽——這種說法並非完全正確，因為連管治者本身也會就着國際層面上的對方（例如，美國政府對中國政府）作多手準備，以作對沖（hedging）。固然美國可能視中國為一名直接激烈的競爭對手，而我國也毋須對美國多加遷就，過分讓步，反而耽誤了整體經濟及政治發展大局步伐。可歐洲中原本有不少國家，皆是對中國的經濟機遇及市場抱有強烈興趣，也希望在美國以外發掘可行的長遠合作關係。歐洲這些國家與我國，唯獨是在價值觀上兩者之間的局部衝突及中小規模矛盾，導致他們之間經濟合作協調受損。要修正這些關係，中國並不需要全盤否定自身決策、立場，或底線價值觀，但我們應當有能屈能伸的勇氣，找出雙贏辦法，真正地商榷和反思如何在最為關鍵的議題上據理力爭，將多變的長遠利益最大化。

甚至再舉另外一個例子來說。在亞太及大洋洲區內，我們不應將澳洲或紐西蘭、馬來西亞與印度尼西亞混為一談。前一對國家對華立場在過去數年來政策分歧顯明可見，而後兩者在與華政策及交流上也是受本地政治所牽引，有一定的不確定性。紐西蘭雖然是所謂的「五眼聯盟」（Five Eyes）成員之一，但立場與較為溫和務實的加拿大及歐洲的德國相似，一向都為中國留下不少餘地及空間。反之，在自由黨立場日漸偏激的情況下，澳洲全國政府對華立場也趨向保守激進，並不能與加拿大或紐西蘭相提並論。我們在看待及處理外國對話言論及立場時，也必須慎思考慮，到底他們的言論，是否與國家利益有根本性的衝突，而代表着的，是否他們的核心利益？若有空間商榷的話，我們不妨打開門戶，廣納意見，更能為中國長遠發展鋪墊更穩定的國際基礎。

有不少中國國民認為中國正在承受儼如當年「八國聯軍」的外國圍剿，但筆者則認為這未必是最佳的剖析角度。與其說中國正在面臨全球各國「軍隊」的圍剿，倒不如說我們正在面臨一個仍然盤據世界舞台上重要位置的（大美）帝國之掙扎，而世界上仍然存有不少可以爭取，渴求打破悶局而願意聆聽中國聲音的一大群游離國家。這些國家民眾或政壇當中，親美或親中的聲音多年以來都是分庭抗禮，甚至往往有所重疊。而現實上，歐洲諸國及東南亞諸國在經濟上多年來對中國的依賴，讓他們不少的政經精英本質上皆有意向中國靠攏，他們壓根兒也並不會相信或主張要「入侵」或侵害中國的核心利益。與其將所有對中國的批評解讀為外國干涉，倒不如在適當時候「降溫」（lower the temperature），伸出關鍵的橄欖枝，讓我國得以與願意合作的朋友重修關係。

無可否認的是，近年歐洲和東南亞諸國的公民對中國的觀感評價往往因着種種「燃點」（flashpoints）及敏感議題急速下滑。這些國家當中，精英與平民之間明顯出現一定的分歧。而我們也應該了解，隨着國際部分輿論對中國的「具挑釁性」行為（belligerent actions）論述持續地在國際公民社會及輿論圈中扎根，連本來較為立場溫和的各國精英也很有可能會最終屈服在民意之下，持續地疏離甚至敵視中國。中歐貿易協議擱置，正是一個非常嚴重的警號。而贏回當地民心的重要性及難度，同樣同時地拾級上升。

其實自改革開放以來，國家在走向國際，成為世界上負責任大國之一者方向，確實投放了不少資源及苦工。但隨着中國由一個區域性大國演變成世界頂尖強國之一，世界各國對中國的定型及戒備，自然會大幅增加。在他們對中國所施予的期望，與我國國民自身對中國發展的憧憬之間，必然有其矛盾，也有其價值觀上的衝突。而這些衝突浮面的情況下，害了的，不只是多國相爭下受苦的老百姓，也同時是一整代本身遊走在中西之間的橋樑和周旋人士。這些人，包括嘗試將兩大文明體制的優劣公平公正地道出的學者，或是為雙方重建互信的協調者，也當然有成千上萬的外國留學生（或是美國在華生，又或是在美的中國留學生）。

中西脫鈎，除了對世界穩定百害而無一利，更是將數十年來我們辛辛苦苦建立起來的公民社會聯繫，白白埋葬及斷送在政治鬥爭當中。在面臨全球暖化及公共衛生危機等嚴峻問題的前提下，這種切割，無論是道德層面，實際層面，還是結構性層面來說，不可取，更不能想！只有當潮水退去時，我們才會看得到，其實世界需要的，更多是信任與聆聽、希望與真誠。潮起，又潮落。

中國贏，美國贏，雙方共贏，世界才會立於不敗之地。

第3章

香港迷路

3.1

香港需要改革，不需要革命

【註：此文原著於2019年11月《信報》】

我城在2019年墮入無窮無盡的無底深淵，暴力及流血頻繁出現，見證着在大時代與大格局政治下，小市民的無助。普羅大眾一次又一次承受失望、每周末商店銀行提心吊膽，提早關門、普羅百姓懼怕私了及群毆暴力的威脅、網上謠言流言滿天飛、市民對警隊極端仇視，以及不同政見人士的肢體襲擊。這是一個瘋狂的年代。

以上種種現象，我們大可以說是一個文明社會不應該有的境況，然後以一個道貌岸然、旁觀者清的形式批評及譴責。但政治從來都不只是一個單純的評論議論活動，或一門單純的表演藝術。政治的本質是要解決問題，政客的義務是要促使問題在最低成本下得到妥善處理。

三大結構性問題

要處理問題，必須得先了解問題。社會上大部分的社經評論或多或少皆是以既定立場的角度分析2019年中以來的種種因與果、事與人。某程度上這是無可避免，也是政治分析的本質——沒有評論家是絕對客觀，更沒有政治分析能夠逃離本身的政治性及受權力或地位爭奪所引進的思想枷鎖。然而，希望以下的結構性分析，能夠在芸芸充滿針對性的言論中，為讀者提供另類的宏觀解讀。

一、多方缺乏信任 仇恨取代理性

反修例政治風波裏有三大主要持份者：港府及本地建制（及其支持者）、中央、支持運動示威者的民眾。事情發展，令前兩方與後者形成不可跨越的信任鴻溝。

在大部分示威者眼中，他們要求「五大訴求，缺一不可」，更因應暴力衝突及流血事件而傳出不少疑幻疑真的謠言（例如：關於有可能自殺或他殺的示威者、警方集體皆是「黑警」等的論述），背後其實皆是反映出他們對傳統建制及中央和香港政府的根本性不信任。他們選擇綑綁式地要求立刻雙普選、特赦示威者、成立獨立調查委員會和撤回暴動定性（後來還加上一個解散警隊的要求），以及相信實際上證據單薄的謠言，乃是因為他們不認同傳統的資訊及政治架構，以至傳統的「溝通渠道」及循序漸進，能夠為他們帶來成果。這並不排除他們個別人士還有其他的原因或因素驅使他們支持及實現破壞法治的「勇武」行動，但起碼能夠點出他們大部分人的心理。

相反，在港府、大部分建制派，以至漸趨激進的「藍絲陣營」眼中，這些示威者的行為不但令他們反感，還令他們感到極度憤怒。對於這些大多數嚮往安穩大於虛無縹緲的政治自由的人士來說，示威者的行為確實對他們或他們所同情之人的生計和生活模式造成極大影響。因此，藍絲陣營當中發展出愈加偏激的論述，把這些犯法或運用暴力的人士去人化、非人化，從而令政府可能做出的妥協變得更曲高和寡，兩面不討好。在一個沒有大台，難以駕馭的運動面前，不少在結構裏的人認為任何讓步，都只會令示威者得寸進尺，因為他們並不相信示威者會甘心滿足於接受部分訴求。

兩邊當中，也許是充斥着溝通失敗，也可能充滿結構性的資訊錯置。但在一連串的衝突及「燃料」添加下，兩者對對方的信任皆跌至史無前例的冰點，這正正就是問題癥結所在之一。

二、 綑綁式思想 導致作繭自困

一個結，綑綁得愈厲害，就愈難鬆綁，從而變成死結。在港府眼中，任何對示威者釋出善意的舉動，皆等同向普羅大眾「認低威」，以致打擊他們重要機構或支持者(例如：警察)的信心；同時，部分建制中人更擔心，對示威者及反對聲音作出讓步，只會令他們「貪得無厭」。因此，儘管獨立調查委員會在大眾的認受性及跨光譜性遠比其他三大訴求來得為高，但大部分建制仍然對「獨立調查」這4個字設下一條隱形紅線(石禮謙除外)。

與此同時，示威運動雖然間歇有消退跡象，但內部的團結、對外提出的訴求以至訴求的幅度，皆有拾級上升的趨勢。從最當初的反修例示威，演化成要求有關官員問責，再轉變成一個要求立即雙普選的行動，後來更是為了與外國連成「國際陣線」，直接把中港關係與中國的國情及政治前途推至一個風高浪急的矛盾位。

在示威者眼中，他們也許認為這是理所當然的。但須知道一旦這運動執意要把大陸及中央轉化成人民的公敵，只意味這個運動並沒有容納「一國兩制」中「一國」的政治之下的空間。這種綑綁式思想無疑是把香港未來走勢來一鋪「攬炒」式的豪賭。但恐怕不只勝算不高，更有可能導致無可逆轉的反噬，讓香港進入一個無盡無窮的死胡同。

有兩點事實必須強調。第一，以上想法也許在對家眼中皆是不合理，甚至是為別有用心的邪惡用意開脫的藉口。第二，在政治論述裏，某程度上綑綁性思想才能點出問題核心癥結所在——對於支持中央的人來說，問題是香港回歸祖國20多年來未能實現去殖化，以及把思想及政策融入祖國。對於不少支持是次運動的人來說，特區政府硬推《逃犯條例》修訂及後續演變出來的警察運用不恰當過度武力的延伸問題的根源，正是緣於香港政制進程停滯不前，以及普選遙遙無期。這兩種截然不同的解讀方式包含兩種世界觀，並在綑綁性邏輯下變成「你死我活」的零和遊戲。

三、　港府斷症　一錯再錯

筆者跟不少朋友談及香港的政治困局，他們大抵認為困局乃是出於經濟不平、社會向上流動緩慢，也有人仍然堅持認為大灣區是最能夠協助港青「走出文革思想」的良方妙藥。這種判斷及思維，很坦白說，未能成功為現實危機斷症。派糖派錢，確實能夠為生意大受打擊的中小企及商家提供應對難關的短暫津貼。但頭痛醫頭、腳痛醫腳的思維模式，在風平浪靜的日子裏都明顯不足，又怎能在危急存亡之秋解決政治僵局？

在反修例危機中，中央與香港民眾之間隔了一層緩衝層，乃是港府。港府本應發揮疏導或引導的作用，把民眾聲音與北京的顧慮放在一起，在當中尋找一個能夠維持「一國」、滿足「兩制」、化零和競爭相沖為正和相輔相成的方案。可是港府一拖再拖，讓有機心、資源的外在勢力及真摯地相信他們心目中所爭取的乃是「公義」的運動中人對港府的不滿越積越深。連番的不作為、各方的爭持不下，都讓示威愈演愈烈，使暴力充斥街頭，令不同政見的議員在街頭遇襲——這當然是非常令人唏噓。

在這裏我想強調一點。斷症錯誤的原因並不能怪在某某人士或個別官員身上。把整件事化整為一個人或幾個人的個人失誤，乃是忽略了港府長年累月的施政過程中的根本性不足。這個不足，不但出於所謂的溝通不足，而是出於一種自殖民時期遺留下來的由上而下(top-down)思維及管治模式：「人民總是要被管的，而政府精英在罔顧民意下管人民，總是對的。」這種思維模式，比不上內地北上廣深普遍高幹及政治領導的進取及積極管治態度，也比不上海內外一線城市從政者的基本倫理。

四、 改革是唯一出路

香港需要改革，不需要，也不要革命。

「革命」只會把中港關係推至一個兩敗俱傷(尤以香港為主要受害人)的地步。「革命」的假設是「革」了之後，香港的「命」會得到逆轉。

「革命」更是把香港變成一個完全受環球政治主宰的代理戰戰場，把此城推進一個無可挽救的悲哀局面。「革命」的代價，是所有因為種種自身原因或道德底線，而不想投身破壞並危害社會的社會大眾。

可是須知道，2019年6月運動開始時，並未有提出「革命」二字，甚至連普選都只是輕輕帶過。示威者最初絕大部分的訴求，與「一國兩制」是毫無牴觸的。可是此後運動漸趨激進，才構成「觸犯」國家紅線的實際現象。意氣用事的說法，不能被當成合理訴求，更不能為極端而試圖顛覆國家分子提供政治化妝及包裝。在情在理，「革命」並不是香港的真正需要，更不是一個可行的方案或能為香港的將來帶來可持續的發展。

與此同時，這並不代表我們不應該正視及認真對待社會大眾跨光譜的政治要求。

第一，反修例運動大部分人的訴求皆是要求一個能令公眾感到釋懷的全面性調查，以確保警民關係能夠平伏、警隊當中過火的違規者能夠得到適當處分。與此同時，全面性調查也是唯一一個能夠有效釋除建制派對示威者受「外國勢力」、「外國資金」贊助的疑慮。社會大多數需要的是政治及公義層面上面的解決方法。

施行政治改革，並非港府能夠獨自進行的定奪，同時也超出了政治現實限制所能容納的空間。因此，設立獨立調查委員會更是必須的，只有獨立調查才能找出警隊應對大型示威活動的措施漏洞、為沒有濫用暴力或武力的警察平反、同時也為墮至新低的警民信任重新開啟。

第二，香港的政治架構必須在「一國兩制」，堅守「一國」底線但容納「兩制」的正面分歧及多元化下，進行全面改革。政府必須給予青年看到能夠在制度下影響施政及立法的曙光——重新成立市政局、推行青年議會、確保諮詢機構不只是向建制傾斜、在官員與市民的對話及交流裏，讓市民看見非官腔而真誠的管治態度。與此同時，溫和中間派應該做好地區及民生工作，以安定民生來向中央證明香港應該在中長期裏達至普選的可行性。

第三，重啟政改是一個必定要發生的事，但任何談論或推動政改的計劃必須意味到，政改的持份者並不只香港市民，更包括北京及中央政府。港人如何能夠找出一個能夠滿足雙方的雙贏方案，或者在空間裏靈活地開拓讓中央能夠最終放心地接受全面普選，這都是反修例運動後的改革派必須回應的種種難題及問題。經過2019年的風暴，香港政治勢必出現前所未見的洗牌及「地震」。在政治趨向兩極化下，香港需要溫和的真正改革派，去擔當遊走於不同派別之間的橋樑角色。

最後，香港的未來，相信人人——不論年齡、種族、性別——都有份在內。大家都有stake。以下這部分，我是寫給願意聽及願意踏出信仰一步（leap of faith）的人聽的。大部分香港人在當權者眼中可能很激進，而網上言論的回應牆效應也許會給予你們一種錯覺，即大部分年輕人都是支持港獨，支持虛無縹緲的所謂革命。

惟這並不正確，很多年輕人和港人深深知道「攬炒」不切實際，港獨根本是天方夜譚。但他們對政府與民眾脫節、社會及經濟議題上的停滯不前、政治改革遙遙無期、基本法治及管治基礎等似乎受到的衝擊深感不安。這些人當中有不少年輕人，希望能夠影響政府施政，為香港管治出一分力。與此同時，他們認為「一國兩制」——而非獨立——才是香港的出路。這些人分散在各陣營中，卻對尸位素餐的建制派及政府多年來的剛愎自用和固步自封感到痛心和絕望。普選只是一個借代，借代港人對以民為本，而非以權為本的管治憧憬。

筆者斗膽說句，改革，不是革命，才是他們想要的出路。

與此同時，港人也必須了解到，要在現有政制下取得改革成果，必須接受國家為數不多而毫無可能僭越的底線。維護國家安全、確保政治改革不威脅到中央的根本性利益，這些都是現實的底線和中央必須達至的目的。如何能夠在底線內把港人利益最大化，這是香港改革派需要反思的問題。「攬炒」與徹底同化之間，筆者不相信沒有出路。

哪怕這條路，在未來愈來愈窄，愈來愈難走。

且以關正傑的《星》作結：

踏過荊棘

苦中找到安靜

踏過荒郊

我雙腳是泥濘

滿天星光

我不怕風正勁

滿心是期望

過黑暗是黎明

3.2

東不成西不就：香港政制迷思

【此文原刊登於2020年10月《信報》。】

香港管治問題冰封三尺，非一日之寒。

坊間對管治問題的定調，大概有三大主流說法。筆者對此三大說法皆有不同程度的保留，不過為表公允，且說出來：

第一種說法，是「個人」問題：政府官員欠缺個人資歷或能力，在政治游說、溝通、議政、諮詢等層面上乏善可陳，再加上部分官員的性格問題，在關鍵議題上猶豫不決，被民粹思潮或心目中的政治「主旨」牽着鼻子走，因此令香港回歸二十多年來，並未能夠解決社會深層次矛盾。但這個說法，未免對問責團隊裏面有心有力、有苦自己知者欠缺公允，更是抹煞了不少有心服務香港，但奈何政治運作空間狹窄的制度中人所曾作出的努力。

第二種說法，是「結構」問題；公務員架床疊屋、權力分立及制衡機制過多，令政策遲遲未能推進；再加上身居高位的官員，生活優裕，因此與民眾民情脫節，所以才導致香港施政未能貼地，並只能服務既得利益者。可這個說法，一來忽略了於社會在正軌上運作之時，公務員謹小慎微而穩打穩守的處事方法，其實對鞏固社會穩定及促進對施政有效監督相當重要。二來，將所有深層次矛盾賴在結構上，並不代表能為結構帶來改變。若改革的前提是要將利益疏理及對齊（align）的話，將整個公務員團隊的專業精神所扼殺，實為不智。

第三種說法，是「中央」問題。這論據也是最令我費解的想法，因為持這種意見者，心中永遠視中央為香港的假想敵，把中央描繪為十惡不赦的「鎮壓香港」者，並以陰謀論的論述表示，中央想香港繼續沉淪。無論是觀感上、經濟發展上、政治規劃上，筆者皆不認為中央有任何興趣把香港「置於死地」，可現時確實有一個毋庸置疑的問題：經歷過去10年來的政治風雨，中央對港人早已失去信心，更認為必須再次確立國家安全的紅線，故對香港的「安全系數」要求甚至比對國內其他城市為高。反之，有一小撮港人卻認為，得要繼續去觸碰底線，把中港矛盾繼續加深加重，才能開拓心目中的新一條出路。這種想法，筆者認為既不可取，也並無論述基礎。

在這三種說法以外，筆者想提出一種較為宏觀的解釋：「制度」問題。

自經濟起飛的七十年代以來，香港一直自詡為中西文化交融的「東方之珠」。香港既有西方國家的「自由」，也有華人社會的傳統「美德」。可以在上環舊街舊巷食到碗仔翅，也可以在旺角街頭食到「不中不西」的白汁雞皇飯；此城既有大酒樓裏的點心，也有陪襯高級法國餐廳的魚子醬。以食引入政題，香港曾經具備成為世界上獨一無二的政治模式之潛能，甚至實踐的機會和空間。英文有句諺語，叫做「The worst of both worlds」。

我們必須面對事實。香港政制確實猶如一個四不像。東不成西不就。香港既沒有東方（中方）理想模式的賢能政治中的人才，也沒有西方民主制度裏謹慎的權力制衡及監管。既沒有集權管治的效率或協調，也沒有選舉民主所重視的政治技能和思維。與其怪罪某幾個官員、中央、普羅百姓或民眾、倒不如退一步去反思一下，我們政治制度的構成及根本。

一、　東不成

早前我讀到了一篇由何偉（Peter Hessler）為《紐約客》寫的一篇深度文章，題為How China Controlled the Coronavirus?（譯：「中國如何駕馭了新冠肺炎？」）。何偉並非部分極端反中者口中的「五毛」，也不是右派人士所蔑視的白左，也應該不是什麼打手。他是一名大致持平的記者和作家，曾經為羅德獎學金（Rhodes Scholarship）得獎者之一。

在新冠肺炎肆虐全中國之時，何偉正在四川教學。令他最印象深刻的，是其所居住的屋村裏，每一名居民皆遵守秩序，出入之時佩戴口罩及穿上防護衣。另外每一家只限一人外出，並必須時常量度體溫。他認為這些高壓監管的防疫措施，在外國一來無法實踐，二來也無法通過政治及其他制衡機制的審核。所謂的「中國模式」之效率，在大難當前之時，效果尤為顯著。

一個理想國度中的「中國模式」，又是什麼概念？曾與筆者辯論的學者貝淡寧（Daniel Bell）認為，中國模式乃是「賢能管治」，將儒家思想中的「尚賢使能」與古希臘哲學中的「哲學王」（philosopher-king，詳見柏拉圖《共和國》第六冊）精神結合起來，拼湊成一種以有能者居上的管治模式。共產黨下的中國，強調管治效率與才能。地方幹部乃是透過反覆測試，類似古代「科舉制」的遴選機制才進入體制以內。經過多年打滾，在各自的「條」及「塊」發展仕途，並以有能有才者為優先，以確保高幹及領導不是「一步到位」，而是經歷不少磨練後才能攀到高位。

理想的中國模式有幾點優勢：第一，透過提拔有為有能者，能將社會效益及利潤最大化，在國難當前之時（近例有新冠肺炎、汶川大地震、世界金融海嘯）提供強而有力的領導才能，避免社會踏入停滯不前的困局當中。第二，集中統治，將直接管治權利從人民轉移到一小撮負責的執行及抉擇人手中，能減免不必要的枝節及阻滯，更能提升整體施政效率。第三，沒有選舉機制，能堵塞民粹及其他煽動民意等左右施政的因素，從而確保社會整體穩定。

此模式可以導致及促進的成功，大家有目共睹。深圳過去十幾年的經濟增長額是香港的3倍。自改革開放以來，中國脫貧人數上億，其文盲程度大幅下降，又透過八十年代的草根經濟（詳見Yuen Yuen Ang及黃亞生等人的研究）及九十年代始的國資私企混合體，讓國家經濟得以迅速起飛。當中固然有不少是緣於外在環境因素（包括冷戰的興衰及國際金融危機），但當中賢能主導的重要性，並不可以扼殺。

反看香港並沒有培養政治人才的成熟機制，而就算有例如智庫等的議政架構，其與當權及體制的距離，讓有意從政的民眾與政府永遠「隔了層紗」。同時，公務員系統所重視的「賢能」，能為香港管治提供優秀的執行人才，但並不能填補政治人才的空缺。政黨缺乏執政思維，所以連建制第一大黨的前主席曾鈺成也公開表示，其黨的存在並非為政府提供「局長」或「管治人才」。沒有賢能，何來管治？立法會長年拉布、公務員體制裏部分人士對問責團隊陽奉陰違、建制與政府協調欠佳（最終迫使中央出手）、具備國際視野的人才對進入政府卻步，這些因素皆令香港政治嚴重欠缺實體效率。在象徵式表忠層面上做到足，但在實際施政及促進民生議題上則拖到變成燃眉之急。沒有效率，何來良好管治？這些論點，相信大家不用看我的文章也可以讀到。

我不會否認香港已在不少領域上被深圳或上海等一線城市所超越，但正如我與貝淡寧皆同意的一點，理想與現實永遠都有距離。貪腐、政治獻媚、欺上瞞下、在絕對的權力下埋沒本心，這些皆是令賢能政治在現實「走樣」的極大誘因。中國一二線城市發展迅速，但如何化解因應溝通隔膜及架床疊屋的官僚系統所衍生出的問題，以及基層民主和中央統治之間，曾經多年呈現「政令不出中南海」的斷層，此乃是中國模式倡議者必須反思的關鍵執行問題。此外，賢能政治的前提是，能者必須具備關懷民眾的「賢」。無賢有能者，只會把民眾推往水深火熱之中。此外，如何能夠堵塞山頭主義、減免制度僵化對人才的排斥、約束別有用心的當權者試圖壟斷體制而從中獲利，這些都是中國必須面對而正視的結構性問題。

不要言過其實地將國家內在問題視若無睹，因為這並非一名負責任的學者應做的事。退一步來說，賢能政治也許能確保社會效益「最大化」，但這樣的社會，又是否公義？有人則會說，在一個理想公義社會裏，民眾應當具備定義何為賢能的能力（正如桑德爾（Michael Sandel）之書《賢能政治之獨裁》*Tyranny of Merit* 所說）、也應具備參與管治的政治權利。此權利的基礎，是獨立於所有效益性考慮（instrumentalist/teleological considerations），基於權力分配在現實社會與自然狀態（state of nature）之間的落差：政府的論證不能由政府定奪，而必須符合民眾全體意志及選擇。正如儘管喝酒對我健康未必有益，但作為一名具備自由意志的道德行動者（moral agent），我卻有自行選擇喝酒的權利。這些論據能否套用在中國裏、符不符合國家的民情、民情對應當約束民眾的道德規範，這些問題，實難一一詳述。

二、 西不就

這些年頭，似乎任何支持中國模式者，皆必須對西方制度趕盡殺絕，因為這才是「政治正確」。可是作為一名讀了多年政治書的土生土長港人，我是不會這樣做的。

西方民主制度的優勢在於其對權力的約束。洛克（John Locke）認為，政權的論證基礎（basis of legitimacy）乃是出於民眾的自由意願，以及其對民眾產權或私人權利的保障。政權的組成乃是由個人而來，而並非一個天然而生的物體。人民服從政府的道德論據，乃因為人民在享用政府所提供的好處時，同時表示對這個政府產生「隱形認證」（tacit consent）。若這個認證因着政府的高壓統治而消失時，人民具備權利去抗拒政府，以至另尋出路。

說得貼地一點，西方民主能確保民眾與管治精英的利益重疊。須知道，絕對權力也能構成絕對腐敗。在一個非民主的制度裏，當權者並沒有根本性的原因去理睬民眾的死活，這也是為何李光耀長年強調，新加坡的政治成功依靠的，正是選舉的存在及洗禮。只有當執政者有可能因為劣政而失去權力之際，才會有心有力地去服務民眾。賢能固然可以治國安邦，但如何確保制度出產的「能者」不會被權力沖昏頭腦，從而走上不歸路？理想的民主制度，確實能夠透過三權分立、定期的選舉、對民主及議政的推崇，而確保「壞人」不能永遠當道。特朗普競選連任失敗，彰顯了美國民主制度「爛船」仍有的「三斤釘」。

同時，民主制度能夠籠絡人心。有不少國內朋友跟我說，他們覺得民主制度反而才是天下最大的謊言。筆者不盡認同，但也可了解這種說法。民主選舉能讓民眾感到他們似乎可以參與在管治過程及政制當中，並對體制產生歸屬感。儘管西方國家有不少選舉早已被資本主義家及權貴所壟斷，但每幾年一次舉行的選舉，令民眾起碼對所選出來者「心服口服」。就連在應對新冠肺炎毫無建樹、連番失誤的英國首相約翰遜，也可以大剌剌地表示自己領導保守黨大勝，從而獲得代表民眾參加決策的「資格」。

香港現有的政制並非一個完善的民主制度。功能組別的議員並非透過直選所產生。我們本來有可能在2015年方案下達至全民普選，該方案卻因為政治糾紛及民眾與中央之間的猜疑，黯然地被大比數否決。直至去年區議會選舉，區議會選舉投票率一直偏低。在建制派與泛民（以及新加入的「抗爭派」）之間，不少人皆感到欠缺真正選擇（兩個橘子，都是爛橘子）也正因如此，西方沿用的傳統制衡機制（包括各層面的選舉及法庭對政府監管）非但不能確保香港有為而治，反而使之成為一個另類的「四不像」：既沒有全面民主的公正性，也沒有間接民主的代表性，也沒有如新加坡般的競爭性非民主（competitive authoritarianism/non-democracy，詳見Steven Levitsky and Lucan Way 2002年的文章）的黨內競爭性。

有不少批評民主的聲音皆表示，美國如今的種族矛盾困境、英國的脫歐公投風波，甚至咸豐年代的德國納粹，乃是「民主惹的禍」。可是，民主雖然不是一種萬能藥，但我們有必要認清楚現實中的「民主制度」與理想民主的差別。有不少支持實質民主的理論家（如葉劉師父戴立門（Larry Diamond）），也不會認為特朗普、約翰遜、希特拉、匈牙利的柯班（Victor Orban）、法國總統大選曾經進入二強的勒龐（Marine le Pen）能夠符合民主制度對領導最基本的要求，甚至會表示這些政治人物正是現代民主倒退的最有力證據。民主制度無法確保所有成為領導者皆具備民主思維，但人民起碼能在正常情況下「vote them out」。

三、　走出不倫不類的困局，走上既中既西的新路

民主制度、賢能制度，各有千秋。稍有不慎，前者則會淪為民粹及無效管治，後者則會演變成如北韓伊朗式的暴政。但香港如今則是連兩者的入門門檻也跨越不了。此乃是一個困局，也是一個計時炸彈。一日不處理，一日都會定時定候地為香港製造「管治危機」。與其把逃犯修例怪在林鄭月娥一人身上，倒不如看清楚我城的結構性問題，在制度內推進改革。

作為中國兩座特別行政區其中之一，香港至今仍具備成為中西模式混合的最佳條件。管治效率及有效監督的對立並非必然，而是人為下的偶然。重啟政改、全民普選、有根有據的選權開拓（例如，確保居住在香港、貢獻於香港的港人利益得以保障、將選舉年齡門檻降低）、重組市建局，這些皆能確保政府更能有效回應民眾訴求及聲音。同時，引進對國家及國際社會具備優良認識、能夠針對技術問題對症下藥，但同時具備宏觀思維的管治人才，更能有效地促進高效率管治。在確立了國家底線之後，我們能避免民主墮入民粹的圈套裏，避免香港再度被推向與中央的直接對立面上。而同時，適當的制衡，能夠提高管治質素。民眾適當地參與在政治過程中（包括選舉行政長官），更能為所有政府主導的社會變革提供認受性，疏導社會阻力。

這有可能嗎？以上這倡議，有可能嗎？決定權當然最終不在我手中，但我認為事實是這樣的：若我們政治輿論及討論，永遠都是停留在「民不民主，愛不愛中國」這兩大主軸之上，一來其忽略了香港作為國家一部分，必然要愛國的政治倫理及現實，二來也忽略了，其實要推進民主，仍是要將放權者與得權者的利益掛鈎，而不能一味集中於港人愛聽的論述及言論。香港既中既西，而港人也是時候要抬起頭，重新找回我們作為東方之珠居民應有的自信及衝勁。

3.3

年輕人在想什麼？

【註：此文刊登於2021年3月《信報》】

年輕人到底在想什麼？

這道問題，你問100個年輕人，相信得到的答案，驟眼看去，不外乎都是那一籃子的答案。但若問深幾層，你會發現，你可能會聽到和得到100種不同的答案。我，當然代表不了所有年輕人。你代表不了所有年輕人、現在立法會裏面的議員相信也代表不了年輕人。說自己能代表年輕人的，往往也代表不了年輕人。這是一個沒有代表的年代，而在兩極化的時代趨勢下，更是一個沒有對話的年代。

但這個時代最需要的，正是對話及聆聽。

***

年輕人在想尊嚴。

香港樓價在2004至2019年期間狂升4倍，上車選擇由遠離市區的樓盤轉變成細價樓，再漸變成蚊型盤或四五十樓齡所分拆出來的違規建築。港青畢業後，平均要等20年才能首次置業。

人生有幾多個20年？一名港人90年壽命中，有超過兩成時間虛耗在為自己尋覓一個具備基本尊嚴及穩定的居所當中，試問這樣的經濟，又談何上進或整體流動？

有不少港青皆希望能在35歲之前搬離家中、奢望的是不再成為養育自己二十載父母人生僅餘時光的額外負累、希望能讓自己和伴侶尋找到有限的私人空間，共組家庭。現在赤裸裸的數字告訴他們、告訴我們，我們當中有一半不用問，更不用想！

有人可能會反問一句：難道，買不了樓，本質上真的是那麼大不了？

買不了樓，其實可以不是那麼大不了，這與坊間的「傳統」智慧可能有點出入。但前提是，得要有一個良好的租務或資助居屋市場，或是一個讓人在沒有自行置業情況下仍能穩定向上流的動態經濟模式。可是香港的租金，在缺乏租務管治及監管市場的情況下瘋狂飆升。剛畢業的年輕人想的，不是為自己增值、提高知識，而是如何能夠找到安穩的工作度日，以及忖度下禮拜與後一個禮拜的柴米油鹽，應當怎樣去負擔。

有位朋友，住在深水埗某條街上的三點半樓(既非三樓，也非四樓，很難找到在哪裏)。他本來家在上水，但奈何要每天一大早回尖沙咀上班，故索性以每個月幾千塊的租金租住劏房。他白天打領呔返工，晚上回「住所」繼續工作，密密麻麻的(非機密)英文文件與天花板上的污水只是幾寸之隔。

也有朋友，美其名就是過着一種無憂無慮的斜槓生活，講得白一點的，便是被人斷了雙腳的小鳥，只能幹着散工，不得不騎驢找馬。當高薪產業來來去去只有那幾個的時候，港人又怎能覓到出處，找到自我發揮的空間？當每天生活，從一睜開眼到睡覺，都是一場與荷包銀行户口消耗賽跑的競賽，試問普遍港青，又怎能對未來重拾希望？

常聽見聲音說，港青難以「上樓」，對社會積怨甚深，所以才會導致暴力滋生。先撇除「買不了樓便導致暴力衍生」這種講法當中亂七八糟的科學嚴謹性不說，如果以為單純建多點房屋便能解決問題，那「少年」，你不免太年輕了。香港需要一個整體更為開放、更能服務中下夾心階層的多元化經濟體制。只有這樣，才能真正解決在職貧窮問題。

香港經濟沒有給予個人向上流動的空間。因此，此城也沒有談整體向上流，往前走的資格。一個人若生活得沒有尊嚴，無法獲得最基本的尊重，又怎會對這個地方產生歸屬感，怎會對這個政治秩序產生共鳴或認同感？

住在炎夏40度、隆冬5度的籠屋居民，在想什麼？

大企業、大財團、社會名流們，又在想什麼？

***

年輕人不想落後於人。

過去20年的每年每月每日，都會聽到政府驕傲地宣告全城，香港的全球競爭力排名怎樣上升或「下跌有限」。香港在2019年世界經濟論壇與18年排名相比，上升了四位。全市即時充滿了快活的空氣，引得香港眾人皆哄笑起來！

可不要誤會，哄笑的原因是因為在這些排名背後，香港的制度性競爭力正在快速下滑。

深圳GDP超越香港，這不叫人驚奇——「因為深圳比香港多人嘛。」

香港人均GDP被南山超越，這也不叫人驚奇？——「這是因為深圳前海，多科技巨頭嘛。」

可當國內金融界有上海與深圳、航空物流有廣州與寧波、高端科技有杭州與前海區的時候，香港是否仍能靠着虛無縹緲的排名，沽名釣譽而沾沾自喜，自我感覺良好？是不是繼續取笑內地同胞及競爭對手，便能讓我們重新找到競爭力？是不是掩耳盜鈴地懷緬30年前的所謂「美好時光」，就能讓我們逃離現實？

先說教育。香港各間大學，驟眼看來似乎在排名上力爭上游，「發奮圖強」。但香港出產的畢業生，會否因排名上漲而被各大跨國企業所青睞？20年前也許會，現在則肯定不會。排名是死的，面試官是生的。通識教育栽培出的，卻是將通識等同於「師」識，即則等於半桶水的「通通唔識」學人。大專院校的師資普遍傾重研究，將教學師資投閒置散，所以縱然香港的大學擁有世界上數一數二的薪酬條件，卻難以打動世上最頂尖的人才到港。原因不能完全怪在政治氣候上，也不要怪在芸芸學生上，而是因為食古不化的政府教育政策，以及與時代脫節的大學前教育課程。年輕朋友，考試多、校內評核更多，有幸到外國讀書的是少數，被迫在港打滾的是常態。這樣的教育制度，又怎能協助學生尋覓到出路？

再說醫療，在醫療體制內工作的醫護團隊，在疫情及整體人口趨勢下亦疲於奔命。香港私營醫療條件優良，故吸引不少有條件和能力的年輕人離開公立系統，自創一線天。留下來於公營醫療系統服務的，不是新人，就是願意接受與外間工作差一大截、條件苛刻的工作，承受非一般壓力的醫護。稍有不慎，更會因工作原因而被捲入政治漩渦當中。醫護人員成為政治角力的磨心，在批鬥成風的氛圍下被兩邊撕裂圍攻，結果只能在高壓條件下生活，嘗試據理力爭地維持科學性服務態度。真的，很難。在這種的生態裏，再優秀的醫療人才，也只能日翻夜翻，空盼望一個回歸專業理性、去政治化的未來。

最後，在商言商，香港不得不思考人力資源。一座外殼多麼漂亮的現代都市，若沒有足夠的人才支援，也只是徒然。試問世上哪有國際大都市，讀完生物學的高才理科生會被生活所迫而走去讀法律；讀完法律，因為找不到像樣的工作而要走去當保險經紀（經紀是一門優秀職業，但這完全是資源錯配）？哪有什麼「一級大城市」，每年出產大量大學生，但絕大部分大學生讀書，是為了一面沙紙、為了每個月多幾千元，但求不被此城的職場自動淘汰？

有心找答案的人，可能會舉一反三地指出其他例子：以上所說的種種問題，不是香港僅有。確實，在新冠疫情、機械自動化、智能產業普及化下，世上各大城市也有面臨滑坡下行的危機。

但作為世上物價樓價最為昂貴的城市之一、作為大灣區中所謂的龍頭城市，香港不能再推搪下去。港人高官是時候要醒覺了。

疫情下，失業失救、失去希望、失去動力的雙失青年，在想什麼？

各大冠冕堂皇的會所及高尚餐廳中的食客，又在想什麼？

***

年輕人在想文化。

吳孟達之死是一個時代的結束，也代表那一類港產片於洪流之中的流逝。

沒人的地方，也沒燈。

筆者曾與一名資深文化界前輩交談，他叫筆者把他的思路想法整合。我便借花敬佛，淺談一下我和他聊天的得着。依他所看，香港不是一片文化沙漠，而是一片酸土——沙漠中沒有種子，只有黃沙，而香港卻是種子處處，但種子卻因為酸性土地，在未萌芽前便被扼殺。年輕人想要屬於他們的演唱表演空間，也有人嘗試將崑曲在年輕一輩中普及，更有人希望透過街舞及屋邨籃球，為塑造社區出一分力，推動向上流動及性別平等等關鍵議題。但他們苦於欠缺空間與資源，只能在昂貴的物價與呎價下向現實低頭，放下籃球，立地從商。幸運的，可當某大企業的管理見習生（Management Trainee）。沒那麼幸運的，可能一生都是徘徊在僧多粥少的低端白領階層中，把自己的潛力與夢想埋葬。

港產電影、本土文化、香港獨有的手工藝，這些都是我們城市的共同出品，也是一代又一代香港人的集體回憶。《歲月神偷》，偷的不只是任達華或李治廷的生命，而是香港電影圈投放在新人及少數聲音的資源。《樹大招風》，是香港當年鶴立雞群的拿手好戲，如今卻淪為荷里活的淘汰品。年輕人熱愛本土文化、本地旅遊、本地生態保育，不是因為他們固步自封，樂於被困在擠擁的寸金尺土上，而是因為他們嘗試在這個亂世中疏理出一套自己能明白的邏輯而已。

但可惜光陰不會為一廂情願的羅曼蒂克放慢腳步，而是會將沒有資源、沒有人脈、沒有關係的聲音及價值觀取代，汰弱留強。甚至有聲音表示，香港若要融入國內，便必須放棄自身文化，「擁抱」國家的文化，將香港文化埋沒在「政治正確」的旗幟下。

說實話，這些思維，對中港融合來說，並非一件好事。若你假日到西九文化區一逛，不難看到一家大小、一群青年夥伴樂也融融地玩在一起。尖沙咀碼頭8點半後，是廟街音樂和謝安琪翻唱的熱點。尹光曾在旺角街頭上與年輕人夾band，獻唱《荷李活》與《雪姑七友》。

這些跨越年代、超越政見的純藝術交流，本應是修補社會裂痕及文化代溝不可多得的要素。音樂是共通的語言、藝術是共融的媒介、尊重是共融的前提。

香港認清楚國家所需，與國內其他城市繼續增強聯繫合作，此乃香港作為國家一部分的份內事。港人不能忘宗忘祖，這也是理所當然的道德義務，但這是否等於要港人完全摒棄自己的文化，矯枉過正地遺忘自己城市的過去、現在與將來呢？

國家與本土、國與家，從來都不應是一種二元對立。

上海有沒有文化？從綻放歷史的上海灘到後現代化的陸家嘴、從華山路古色古香的租界建築物到萬家燈火的豫園，這些難道不是文化嗎？

北京有沒有文化？從延綿不絕的八達嶺到曾經譽滿京城的全聚德、從後海酒吧街到朝陽區的奧運會主場館，這些都是文化，都是一國之下，北京土生土長的文化。

甚至曾被稱為文化沙漠的深圳，近年也漸變成「文化綠洲」。北上去看看，也許你會感到很驚奇，二十一世紀中國的現代新文化竟然遠在天邊，近在眼前。

周末會北上消遣、喜歡喝喜茶，但同時是泛民支持者的年輕人，在想什麼？

口裏說很愛國，要香港向國家文化「取經」，心裏卻很不愛國的政客，又在想什麼？

***

年輕人想善治，想要一個以民為本的政府。

此時此刻，有不少讀者可能會問我，你為何將房間中的大象視若無睹？難道港青追求的「民主自由」、「政改普選」等價值觀，這些都不重要嗎？

把這些議題放到最後，不是因為他們不重要，而是因為筆者並不認為，把所有香港年輕人的訴求皆歸納為「落實普選」是一種負責任的做法。同時，作為一名一直都支持，現在仍然支持在合乎各方利益的政治現實框架下落實真普選的「真心膠」，我不想以惹火而多方不討好的立場作為開頭。

但不得不反思的是，在不少問卷調查中高踞八九成年輕人支持的「落實普選」要求背後，究竟反映着年輕人什麼樣的心態？到底港青要的，是否便能以「無樓住所以唔開心」蓋棺定論、又或是否一句半句「民主自由」便能妥善地概括？支持落實民主，是否便是等同於反對中央、反對中國、反對「一國兩制」？這些問題中，實在有太多錯誤的假設及誤解、太多的情感勒索及政治騎劫，當中的謬誤罄竹難書。

據筆者所見，港青之所以想要民主，乃是對回歸以來特區政府管治乏善可陳、脫離民情民意的一種回應。須知道，從政不容易，施政更不容易。港府在太平盛世當中，平心而論，也許不算是過於惡劣。但一來，在面臨財富不平等、環球經濟危機、新冠疫情、政治漩渦等一次又一次的危機當中，管治者並沒有呈現出管治者應有的承擔，而施政者也因着種種既有規條與教條而墨守成規，以官僚主義壓到一切，甚至壓倒民生；二來，體制整體分工毫無效率可言。本應為政府提供政治援助及理性支持的部分建制派，只會依賴着中央的信任而在港「自立山頭」，以中央之名行有違中央利益之實的「高級黑、低級紅」；三來，本應具備與市民對話，與反對聲音力爭己見、知所進退而在大是大非之時堅守政治底線的進諫議政者，卻在政治風暴中袖手旁觀，為香港與國家添煩添亂。

有的說，我們不能太個人主義，只看個人處境及感受，而忽略了香港整體仍然存有的欣欣向榮。中港融合下，香港機遇處處，只待有心有力的港人去把握。

但事實上，不是所有北上發展的港人，都能成功融入當地工作文化。長年累月，只懂盲目吹奏口號式「北上愛國」的投機分子，也沒有嘗試好好去了解，為什麼普遍港青對回國發展抱有疑慮。現在香港回歸已經接近24年，也是不是該好好反思一下，為什麼一河之隔之地——也是我們自己的國家——對那麼多港青來說是陌生之土？為何民心回歸談了這麼多年，管治班子卻在培育國家歸屬感層面上不進反退？

解鈴還須繫鈴人。經常往返內地工作的港人，對國家的判斷，往往會與從來沒有到過內地的港人有着天淵之別。北上回國走一趟，你會發現我們這個國家固然有其弊端陋處，但也會發現我們對其存有的固有偏見，其實很多都是子虛烏有，或是與時脫節地與事實不符。有人說，大陸人常常被人「洗腦」，但我所認識的內地頂尖大學畢業生，往往都是努力不懈。其擁有的思想也許與「西方思想」有所不同，但獨立思辨能力卻是肯定存在的。

當然，我對國家自然有自己的看法，而這些樂觀或正面的看法未必與香港主流港青意旨重疊。我們必須以道理來說服人，而不能掩耳盜鈴；也不應單純怪責沒有北上看國情的年輕人，而忽略了政治體制在當中本來可以擔任的角色。香港的年輕人、香港人、從來都不應是跟自己的國家、跟中央，站在對立面上——更不應當成為外國列強針對自身國家的工具。但在欠缺與內地接觸、面對港府及本地政客長年施政不善的情況下，試問普遍港青又怎會對中國崛起，或中港融合抱有絲毫樂觀態度？

***

曾有人跟我戲言，說經歷了2019年的香港，「年輕人」三個字堪比洪水猛獸，確實難以想像如何跟他們交談。香港幾許風雨，我發現媒體及輿論中所引述描繪的「年輕人」，來來去去總是重複着兩三種刻板印象。有聲音說，香港的年輕人全是暴徒、無可救藥。也有的說，所有年輕人都對香港前程死心，走的走，走不了就只好留下來，持續走所謂的「抗爭路線」。更有人認為，與其繼續糾纏於香港本地出產的年輕人，倒不如輸入優秀人才，直接將本地出生的年輕人掃走、去蕪存菁。

但我總是覺得，年輕人其實沒有媒體或輿論所刻劃的那麼簡單或複雜、那麼單一或直接、那麼一體化而欠缺多元。我也不認為中央與香港年輕人乃是水火不容，並且只能以最簡單的敵我思維去推演。我沒有放棄過捍衛自己的立場，但我更要因此去了解並找出和我不同立場的人，到底是從哪裏出發、他們痛在哪裏、他們與我和而不同之處在哪裏。

有不少年輕人在想，你們為什麼不問問他們想什麼？

3.4

一國兩制下的新本土主義

【前言：此章節原稿2020年3月刊登於《信報》，是基於我在《時代雜誌》的一篇英文文章基礎上所著，及後我再將其修改。此章盡量保留文章的時事性。本土主義本來是一個時代的「禁詞」。有不少聲音認為當時社會浮現的一種特定本土主義乃是香港的出路，但卻忽略了其呈現的浮躁及內向性固步自封。過去香港多年以來演變而生的本土主義、往往荒謬地將國家與香港描繪為水火不容的敵人，乃是對本土主義的一種扭曲。我認為溫和、理性、不忘本的本土主義，反而更能成為香港順利融入一國內的柔順劑，讓港人看到「一國」下「兩制」的文化生存空間，讓民心最終歸順我國。任何將本土利益與國家利益形容成走上對立面的評論，其實皆是陷國家及港人於不義。香港本土本為國家一部分，又何來對立之說？】

一、 引言

過去10年香港的社會運動當中，毋庸置疑地存在一股非常旗幟鮮明的思潮——香港本土思潮。此思潮由一連串大致相關但又並非完全重疊的意識形態所支配，當中包括色彩鮮明的反中央激進主義、反內地主義（anti-Mainlander sentiments），以至從極左至極右皆呈現的「香港人優先」主義。後者當中，包括帶有濃厚「種族色彩」而自認為繼承英國貴族傳統的個別輿論人士及其支持者，同時也包括一些認為香港應當反璞歸真地以務農等基本產業為生的「鄉土自決派」。

不得不承認的事，這些本土思潮當中蘊含令人非常不安的強烈排外（xenophobic）論述，而排斥的「外」，在這些人眼中，毫無疑問便是以中國大陸為代表，並與香港形成強烈對比的「大陸文化」或「大陸人」。在其最醜陋的一面，本土優先思維往往導致「類種族歧視」（quasi-racism）滋生，間接煽動香港針對內地同胞的仇視及排斥。

從對新冠肺炎病人及醫護人員的幸災樂禍，到例如「蝗蟲」、「內地雞」、「吃野味的蠻人」等的操演形象（controlling images，詳見社會學家柯林斯（Patricia Hill Collins）在 *Black Feminist Thought* 當中所探討有關黑人女性在白人社會所承受的歧視），以至對英治殖民統治毫無保留的眷戀，這些種種因素所反應出的非人化（dehumanisation）及去人性化（anti-humanisation）固然令人不齒，更令大多數港人被綁上了與內地勢不兩立的戰車上。

當然，歧視及排斥乃雙向的。與此同時，一河之隔的內地，只見全國大多數民眾（尤其網民及所謂的「憤青」）對香港充滿深深的不滿及鄙視。在他們眼中，港人如此傲慢荒誕的戀殖情意結及種族主義，與他們被「西方媒體」的洗腦及渲染息息相關，間接印證了不少人相信的「外國黑手論」。

但須知道大多數支持本地政治改革及民主進步的港人，其實內心並非真心信奉這些偏激而具體針對性的思維。對於不少立場泛黃或反建制的港人來說，本土主義（撇除最為偏激而有違基本倫理的「港獨」論而言），只不過是他們視為抒發對香港特區政府管治失誤及失策的一種表達模式。本土主義反映着社會深層次矛盾與恐共情意結交織所致的情感渲染，而並非一套完整的政治原則論述。

有不少港人視北京的政治取態為「步步進逼」，而另一邊廂，北京卻對香港回歸20年來民心未能回歸祖國所構成的國家安全及底線問題感到不快。雙方在過去10年來的互信及溝通大幅下滑，香港新一代認為北京想把自己的文化及思維強加於他們身上，而北京則覺得任由香港「無為而治」，只會為國家14億人的經濟及政治進程添上不穩定。雙方之間的互信近年墮入谷底，死結愈結愈深，令任何對話或改革都變得舉步維艱。而在本土主義層面來說，其往往缺乏一套可行而能夠平衡各方利益的論述，因而變成固步自封的消極負面思潮（reactionary ideology）。

但這其實並非一個必然。本土並不一定與國家勢成水火，反而能成為香港融入中國大局的一個契機。

二、　香港的新本土主義

設想一下一種另類的本土主義。這種主義可以同時反映出普世（cosmopolitan）及關愛（compassionate）價值觀的道德標準，對「一國兩制」下的內地及香港雙方有利無害。這種本土主義除了能夠重振中港關係，更能增加香港對國家作出的貢獻，促進在這風雨飄搖之時的民心回歸。符合這種本土主義論述的管治模式必須具備三大原則性條件：

甲、　以本土市民利益為依歸（以民為本）

香港管治者必須對香港絕大多數民眾負責。

民眾的問責要求驅使政府必須摒棄單向性或受官僚主義所限的「少做少錯」思維，集中在大眾實際利益及大眾輿論民情之間作出抉擇及平衡。行政班子不可能讓公務員系統與問責系統之間存在隔膜成為新常態。如果香港官員真想為國家分憂，真想在符合國情下「港人治港」，首先必須要提升自身的管治水平。按着本土文化及特色或優勢而治，是內地大部分一線城市高官的主導思維，甚至在「父母官」中顯然可見，這樣的慣性行為，根本不足以為額外形容或表述。

特區政府及治港者在掌握及尊重北京底線的同時，必須認清楚及了解香港的核心價值、傳統，以至根深柢固的法治精神。在與內地沒有直接利益相牴或衝突的範疇裏，政客有義務及需要摒棄為了政治正確而無端獻媚的壞習慣，從而在一個非完美的政治制度下集中服務港人。港人需要的並不止於化解社會經濟的深層次不平等，更包括一個能夠反映他們有關管治或社會文化價值觀的政府。更重要的是，假若施政牽涉到與內地利益有牴觸的範圍，當權者起碼需要把港人的底線及隱憂直接向中央反映，絕對不能掩耳盜鈴，欺上瞞下。以民為本，便是對中央負責的第一門檻。

乙、 以國際社會及視野為標準

香港管治必須以國際社會及香港在一個理想情況下可發揮的角色做標準，以衡量及調整其在「新冷戰」下的自我定位。對比起其他「國際大都會」，香港的管治思維及模式現時離奇地落伍。筆者曾經探討過新加坡的成功之處，當中不難發現執政人民行動黨成員除了國際教育背景以外，對環球趨勢及國際關係的認知，幾乎遍及每一個局每一個部門。正正因為當地政客往往出身自非政治背景，加上頻密的輪替制度，驅使他們必須駕馭獅城周邊重大國家的國策，一邊以此為鑑，另一邊則時刻警惕有可能影響新加坡的威脅。

真正的香港本土主義，應當秉持中西交融的歷史優勢，在國際政治及經濟舞台中尋找香港的獨立地位。無論是向東南亞國家輸出優質管治及制度文化，或是利用國際法律及金融中心的地位構建獨特的香港政治聯盟，從而為港人以及中國內地帶來利潤及盟友，香港人都應該「dream big, think bigger」(敢想敢思)。能讓此城蓬勃的並不是內向而狹隘的「回歸樸實」，而是積極進取的對外發展。香港人要走出去，才能真正的回家。

丙、對國家抱有正面關懷感

港人絕對有必要充分了解國情。「充分了解」在此指的並不是讀完某些具有既定立場的傳媒報道(無論是反中或支持中央也好)便蓋棺定論。「充分了解」更不是按着外國或內地某些網民或「大師」的片言隻語，便對一個在70年來令中國大部分地區脫貧而成為全球第二大經濟體系(2021年)的思想共同體作出陳腔濫調的負面判斷。

當然，這也並不代表港人應當避開所有對國家種種問題的批評。但批評必然是要有根有據，以化解及游說各持份者為目標及模式。須知道，從地方政府至關鍵的「條塊」政治，從核心外圍至中央內圍，港人應當一一去了解，而非曲解。14億人口當中，必然樹大有枯枝。同時，指鹿為馬的拍馬屁到頭來只會害了國家的根本利益及長遠政治發展。在一種溫和的本土意識下，筆者認為普遍港人可以視國家為一個也許在文化及價值觀上有代溝，但仍然值得港人關愛關懷的類重疊思想共同體(quasi-overlapping imagined community)。此共同體維繫的，正是一個能容納「兩制」的「國」之情懷。同時，一個理想的香港本土主義，不會受自卑感所支配，但也不會受矯枉過正的地域優先感(parochialism)所主導。

進一步來說，香港民眾必須了解中央在國家安全、經濟發展、國際地位及對外關係等核心利益，從而找出香港對比內地最大的比較優勢及長處。香港培訓出來的領袖有沒有對國情、國家的需要及不足充分掌握，絕對能夠定奪香港未來30年是否淪為國家發展「用完即棄」的工具，或是透過其獨立系統維持對國家的貢獻，這一點，對港人有利，也相信是中央樂於看見的。

若要「一國兩制」持續地走下去，內地與香港的政治關係必須是雙向性的。為何港人不能投身內地政治，嘗試在現有的框架內外進諫？現實是原因很簡單，因為有不少(當然並非全部)港區政協及人大代表懼怕「講錯嘢」，故偏向以意識形態及政治正確主導言論，而未能發揮是其是、非其非的功能。

要促進大部分港人的有機歸屬感，在香港於全球政治格局藕斷絲連的國際社會裏，需要的必然是懷柔而非強硬的手法。港人向來受軟不受硬。中央需要一群掌握港人脈搏而能夠化解港人與內地矛盾的「真．港人」來治港，而並非單純以中央之名行有違中央意思的有心分子。

三、 應用與實例

新本土主義對促進中央與香港關係有何實際作用？且看幾個實例。

先讓我們談一下新型冠狀病毒疫情。香港公立醫院向來床位短缺，急診室輪候時間過長，求過於供。公立醫院人手不足，應對傳染病疫情的設備缺乏，高級官員的醫療危機感也嚴重不足。2020年3月要求政府封關的呼聲當中，或多或少有一定成分是意圖騎劫此議題去推動激進的本土反中思維。然而，當時絕大多數香港人要求封關，並不是出於「政治訴求」，而是希望政府能夠及時阻止社區爆發，同時避免香港墮入恐慌性循環。

自1997年回歸以來，儘管香港與內地在經濟及金融上的融合進展頗為迅速，可是有不少香港人，尤其是低下階層，以及表面風光，內裏捉襟見肘、「中空」的中產階層，並未能在兩地經濟合作下獲得明顯利益。樓價高企、產業過度集中、向上流動停滯不前，試問在這種種問題下，不少港人又怎會對「一國兩制」的持續運行感到信心？

而自2008年開始，這些經濟矛盾更漸漸演變成港人對香港政治體制，以及「一國兩制」如何處理港人獨特利益及身份認同等更深層次的一種批判。2019年的反修例社會事件和新冠肺炎皆令政府出現連番公關災難及溝通失敗，導致不少政治冷感或溫和派覺得「與內地加速融合」等同「香港管治下滑」。姑勿論事實是否如此，如果港人看不到或感受不到「一國兩制」對他們的重視，自然也會對此制度失去信心。

關懷國家但聚焦我城的香港本土主義，不但意指把勞工及貧苦階層利益置於首位的思維，更需要香港政治領導重新確保及反映他們對港人自身利益的重視。極端分離主義不會無緣無故突然消失，只有透過積極的內部改革，才能將真正的港獨苗頭——港人對現況（也許非理性，也許是情感主導）的不滿——徹底消滅，從而維持香港繼續融入中國內地的進程。

最令港人感到自豪的，應是獨一無二的國際金融中心及冠絕全球的法治傳統。這些優勢能補充內地的相對不足。同時，只要港人尤其是年輕人，看到「一國兩制」下也能成功反映他們的訴求及期望，並能保存他們最為珍而重之的核心價值，相信港獨主義自能消退。相反，若香港的領導班子繼續在觀感或現實層面上偏離這些價值，只會導致中港關係更趨惡劣，把內地及香港捲進兩敗俱傷的惡性循環，並讓極端思維繼續在重典之下繼續萌芽蓬勃。只有適當地放權於民，放眼本土，特區政府才能消滅極端消極的本土主義，令大部分骨子裏依然溫和的港人欣然接納及參與在「一國」之中。

其實本土主義並非異類。內地有不少城市也存在鮮明的本土主義，從上海到成都，由深圳至北京，這些大城市的管治者及政治精英深諳「貼地」管治的重要性。如果香港政府能夠把本土價值及主義融入管治，相信必能啟發香港在創科、科研、文化產業等未被開發的潛力，讓中國發展如虎添翼。香港的獨特地位暫時難以取代，港人必須把握機會，認清內地並非敵人，在國際博弈之間找出最能夠維持及改善香港現況的出路。本土與國家，本為同根生，相煎何太急？香港值得一個對得住國家，同樣對得住港人的本土論述，而不是一種消極而負面的批鬥主義，更不是一種壓抑本地為實的政治投機主義，將香港本身價值觀及文化連根拔起。這相信不是任何愛護香港或國家的人，想看見的事。

第4章

破繭而出

4.1

青年人政策改革

（廣納賢能、賦予年輕人體制內外的發揮空間）

青年參與管治，或在社會中找到往上流及建設的渠道，本應是一個文明社會理所當然的基礎事實。作為社會未來的主人翁，青年人固然不應僭越或忽略老年人及中年持份者的價值觀及立場，但管治體制中絕對應當為他們預留席位空間，以讓他們能妥善進諫參政。

一、 溝通失衡下的世代之爭

在2019年發生的種種前，有不少政客——包括建制中人、特區政府班子，甚至老一輩的泛民及反對聲音——皆表示他們非常重視年輕人的聲音，希望能跟年輕人打好關係，建立好溝通橋樑。

然而，2019年將不少年輕人與體制的關係徹底扳倒，將為數不多的溝通橋樑銷毀破壞，剩下的，只是一個嚴重撕裂的分裂之城。有政治智慧的建制派想要接觸年輕人以了解實際情況、社運圈子想要年輕人的加持去延續運動、中央也深諳管治香港不能沒有了年輕人的參與及理性對話。但知道是一件事，成功實行卻是另一件事。即使雙方皆是有基本興趣去溝通，但箇中的困難，則令溝通過程根本難以開展。

社會權力結構與年輕人之間的信任鴻溝，並非一日之寒。社會運動乃是建基於激進而情感主導的意識形態「意氣之爭」，故當追求所謂的「民主自由」的年輕人大開中門，讓他們能夠以自我認同及虛擬社會構建等形式參與其中，他們便會尋覓自身的價值觀及自我肯定。同時，社會運動在鞏固自身團結的考慮下，他們也必須將所有政見「不夠黃」的人誅九族，以求能維繫政治純度，維持運動熱度。

同樣地，在不少建制派眼中，持「敵對」態度的年輕人，不可信，更不可用。他們對時事的研判、對建制及核心價值觀的反感，以至可能對國家安全構成的威脅，讓任何體制內的高層公開對與社運中人接觸，皆抱有很大的保留。在政治正確大於一切的情況下，冒着政治風險與年輕人聯絡，更有可能是一種政治錯誤，僭越了自己心目中所擬定(但卻在中央眼中實際上未必存在)的所謂政治界線。

二來，撇除基本的信任危機以外，溝通並沒有可能在一個雙方皆認定對方是不懷好意的前提下發生。在大時代中，「意識形態」及「立場」成為標籤及判斷他人是否可用可聽的關鍵指標。有不少激進建制人士視所有「反對派」為針對政權政府的聲音，所持意見甚至比中央對香港存有賢能多元化的期望更為保守。理性的溫和年輕民主派、未必支持現有建制派人士的政治素人，在一面「不知道是否自己人」的牌匾下被排除在忠誠論述以外，說他們不過是「另類」的「亂黨」。在這種氛圍下，又怎能進行跨光譜溝通？當所有事皆要上綱上線、政治渲染，試問這種氛圍下，又怎能由亂到治，讓港青重拾對政府的信心？

固然，反對聲音也並無其本身的盲點。比方說，對體制猛烈抨擊的青年人，將任何從體制走出來的溝通聲音皆描繪成「分化」或「維穩」，認定所有支持對話或溝通的人便是「鬼」。在一個意識形態大於一切、主宰一切決定及公開言論的氛圍裏，圍毆支持溝通的他者會為自己帶來一時三刻的光環，卻也一次又一次地斷送了和平解決問題的機會及空間。

三來，從一個較為唯物主義(materialist)角度來說，須知道能夠進入體制的精英往往非富則貴，不是經濟精英或大財團代表，便是政治背景和資源十分充沛的社會「名流」。建制之人除非(不是沒有)真的有心有意地嘗試接觸在自己圈子以外的年輕人，否則能夠與本地政壇精英溝通攀談的，恐怕就算本身不是出自精英階層，都要刻意地自我審查，把他們納入或推進到現有建制各派系的門下，以奉合權貴的口味。而在迎合複雜多變的各大建制山頭個別口味之時，此過程必然會令進入體制的年輕人避諱，甚至最終在建制面前知情不報、自我噤聲、欺上瞞下、讓體制與民意愈走愈遠。

同樣地，反對聲音中的激進中堅分子對任何嘗試達致溝通中央與民間的聲音窮追猛打(即能夠進入所謂的「黃營關鍵輿論及權力圈子」的)，無不是懷着極其鮮明濃烈的己見及固執。這也解釋了民主黨為何難以自行轉型，其黨內有不少聲音都將政治上的妥協者或參與者描繪為「投誠」及「投降」。這不能單純地怪責是體制的收窄，也是民主黨從一而終對在體制內參與，而必然要接受的底線的厭惡及心魔。綜上所述，香港出現不同「陣營」及背景的年輕人，與他們所屬陣營的元老前輩「圍爐取暖」，這絕不是一種歷史下的偶然巧合，而是種種結構性因素的惡果。

當然，作為管治香港一方，政府有必要拿出從政者的勇氣去踏出第一步，重啟與民間 ——尤其是年輕人——的溝通對話。只有這樣，才能充分彰顯年輕人如何在對抗及盲從之間，可以有，也值得擁有的另一條建設性出路。此條出路固然必然要符合政治底線及框架要求，並需與中央的治港方針相輔相成，但也必須將消極而絕望的聲音重新引導上正軌。須知道，確立及維持底線，仍需政府與公民社會的共同努力。要善治能夠行穩致遠，必先讓年輕人看到善治內他們所擁有的一席，也同時讓理性愛港的聲音得以發出，讓青年人看到愛國的價值及合理性。若不正面面對以上的三大障礙，將重啟對話及溝通一拖再拖，恐怕香港民心只會愈趨偏激，體制與年輕人的距離將愈走愈遠。

二、 增加年輕人競爭力、促進真正的向上流機會

坊間常常有不少評論表示，青年首要難題乃是「上樓」。確實，在一個樓價高企而可負擔住宅供應有限的大都市裏，「上樓」乃是一大難題。可是30歲前能上樓，未必是一個必然——平心而論，反觀其他國際大城市，除了倫敦城郊價格較為合理以外，紐約、東京等城市的樓價也是難以令人負擔。這些城市的周邊地區固然可為年輕人提供價錢較為便宜的「緩衝區」；但在香港層面來說，若明日大嶼工程遲遲未能展開，而普遍青年人對大灣區居住區又有如斯強烈的反對(須知道，其實一小時生活圈固然並非人人適合，但絕對能為港人提供較為便宜的住宅供應)，在種種可觀不利環境下，我們未必能在短期內確保如新加坡一樣，使絕大部分人在30歲便能自購自住物業。

雖然現實限制下，年輕人未必能在30歲前人人上樓，但他們擁有着往上流的權利。當然，懶惰者、浪費自身機會者，並不值得社會同情或協助。但筆者深信，無論現實社會是如何「殘酷」，政府及當權者都應當確保有能者、有潛能者或願意努力者，能獲得機會去發揮或發展他們的所長。大內(William Ouchi)於《M形社會：美國團隊如何奪回競爭優勢》一書中提到，社會收入趨向兩極化，高官厚祿的乃是社會上的一小撮人，過去的收入(包括在金融海嘯下)只會有增無減。相反，絕大部分「基礎入職者」，包括無論學歷如何地高的年輕人，必須面臨薪金往下調或停滯的現實。如何能夠創造「橋樑」

將這兩極打通？這需要的不只是單一性的薪酬津貼及最低工資調升——因為這些措施乃是一時的止痛藥，止痛而止不了血。

政府必須多管齊下，先在公營機構及公務員系統裏，重新審視其晉升梯隊及途徑，以至在半官方及合作夥伴機構入手，進而推動商界的職位創造及轉型。大企業固然有其自身的升遷軌道及邏輯，但政府也有必要鼓勵及資助中小企提供更有系統性及認受性的在職培訓：一來能夠提升自身競爭力，二來也能確保其僱員可更有效地投身於工作當中。從職位創造來說，政府固然無權監管公司資薪的運作，但應當與企業建立良心夥伴關係，鼓勵他們在中低層「去金字塔化」。

與此同時，單從公司層面入手，也有空間可以推動改革。向上流動其實與「向外流動」息息相關。「香港青年競爭力指標系統」於2013年10月至2014年2月期間對青年做出的評核，發現香港青年——尤其對比起內地同胞——在恒常軟實力（67.5）、工作經歷（61.2）、抗逆能力（62.1）上最為欠缺。問題並不純粹在於教育制度的食古不化，更多的是與這些年輕人欠缺生活經驗有關。香港青年最欠缺的乃是國際、地區性，及國內等「另類體現」。然而，只有「出國」歷練，才能讓年輕人浴火重生。政府有必要加強與東南亞各國，以至世界各地的全球企業合作關係，讓年輕人能夠在求職方面多一個選擇，更能在中短期培育真正的國際視野，讓他們出國數年後回港，再為香港未來出一分力。

三、 拓展現有及新產業　改善營商環境

管治者也有必要拓展產業及經濟體制，以改善年輕人創業及營商環境。新冠肺炎疫情下，全球興起一股有關「斜槓族」（Slasher）的討論，指的，乃是一身同時兼有多職的人士，當中尤以年輕人居多（詳見鄺世典（Susan Kuang）2017年的《斜槓青年：全球職涯新趨勢》一

書）。斜槓工作，除了能為當事人帶來更大的靈活度及多元化生活方式外，更蘊含透過擴展個人的生活社交圈去增加社交資本、改善溝通能力等的額外優勢；這既有助年輕人找到自身身份，也能同時確保青年能夠應對單一產業走下坡（downturn）之可能性。當然，斜槓未必是普羅企業短期內能夠接納到的工作方式，現在通常只適用於自由身工作或兼職人士。

但企業的存在、行業的構成也並非一成不變的。政府應考慮資助及發展能夠容納彈性工作安排的產業，當中包括教育科技、金融科技等尖端產業，也同時包括各式各樣的文化創意及媒體（及電子媒體）產業。願意投身這些產業的大有人在：當中不少產業更能吸納各式各樣的創投資金及外來專業人士來參與其中，更能增強這些產業的長遠持續性。再工業化需要的不只是資金，更需要靈活而具彈性的人力資源及勞工。人力資源是需要培養的，並非「從天上掉下來」的。活學活用乃是栽培人才的最佳方法：與其讓港青讀萬卷書，倒不如讓他們親身走萬里路？

說到創科，其實年輕人創業容易，守業困難。由「創」到「守」，當中需要政府提供一定的安全網支援，更需要強大的資金及資源後援。可是香港普遍風險投資（Venture Capital）市場與有意創業的年輕人之間存有一道頗深的鴻溝。有關投資及資本資訊欠缺透明流暢度，令不少有意進行生化科技等高風險創業者，或是「北漂」，被吸引到深圳或內地其他一線城市，或外流至美國矽谷、印度孟買等地發展。願意並能夠留在香港順利發展的創業家，少之又少，也堵塞了本來可以自然培養人才的管道（pipeline），扼殺本地的創意思維。

科學園現在有不少尖端科技公司，皆因為政府當年放鬆生物股融資條件，而選擇移師至香港。其實電子科技、生化科技、醫療科技，在「香港地」絕對有市場，也絕對有發展空間。這些行業並不涉及敏感政治，同時能讓香港拓展房地產及金融業以外的「第三產業」，更能從下至上地推進產業多元化。政府與其撥巨額資金於似乎是用作發展新產業的空頭支票，倒不如強化現有欲創業的年輕人與私企、中小企、風險投資、社會影響投資（social impact investment）的聯繫，讓更多的年輕才俊能在香港看到曙光、希望，留港或從國內到港發展。若能透過教育年輕人的過程當中建立可持久的人力資本，從而推動香港再工業化，這也是對整體香港社會來說的一大良策，何樂而不為？

四、　推動教育改革及重塑　乃事不宜遲

香港現時教育制度強調的，往往是「what」、「when」、「where」等較為直接層面上的知識。對於「how」、「why」等較深入的問題，則是以「知識主導」的思考模式，透過樣板「公式答案」做出撰述，讓考生能夠在考試中「得心應手」。這種思考模式，無疑栽培出不少能夠準確紀錄或將知識反覆呈現於大眾的學生。

但須知道，中學教育的最終本質未必是傳授知識。老實說，投身職場的年輕人，又有幾多需要知道「茴」字有多少種寫法？

所以教育有必要由知識主導轉化為技能主導。無論是2016年立法會選舉時有年輕候選人提出的強制編程（programming）課程，到設立正式的中英辯論課程，或是待人接物的「非認知能力」課程（non-cognitive skills）（英國也有一門PSHE，乃是「個人、社會及人文教育」），甚至是為了讓學生能夠有一技之長傍身而引入校內的「校外活動」，這些技能課程皆能讓學生更全面地發展自身潛能。多年來教授英語辯論的經驗，讓筆者看到辯論能夠改善學生的溝通能力、思考敏銳度，以及與群體同僚合作的能力。這些種種都不是一時三刻的校內「口頭評核」（oral assessment）所能涵蓋的。

可是不要忘記，時間是有限的。任何課程編排皆有取捨。引入這些技能課程，必須要跟外國大學入學要求接軌，以免學校本末倒置地要求學生同時兼顧這些課程及「官方考試」，徒增了他們所面對的壓力及老師的工作量。

英國學生修讀A-levels，很少超過四五科，而騰出來的時間讓他們能夠自發地投身如辯論等校外活動。況且，學校給予辯論的資源也不能與香港相提並論。

與此同時，技能入教並不局限於溝通能力等層面，也應包括常常被官員及議員掛在口邊的「國際視野」。所謂的國際視野，當然並不是付一萬元到外國吃喝玩樂便能發掘出來的一回事，更不是看幾個KOL的文章便能培養出來，而需要長期的言語及文化浸淫。同樣地，對國家的認識，不是幾本教科書或樣板答案便能栽培出來，更非生活在香港，看看香港報紙，便能突然對中國國情「茅塞頓開」。教育局在反思如何培養定期閱讀、廣泛閱讀等習慣的同時，必須了解到，語文能力及能接觸的新聞資源，也會對學生產生根深柢固的影響。

要讓港青真正有足夠的競爭力及技能去迎接這個新時代所帶來的挑戰，教育局必須放下既有的教條主義及墨守成規，尋覓能平衡創意及嚴謹思維的新道路，將「通識」本來應當樹立的批判性思維融入所有學科課程及教材之中，而不是將邏輯及思辨能力抽離並脫離於課程設計本身。只有這樣，港青才有能力和資格與世界接軌。

五、　創造參政機會　實現社會共治

內地有不少輿論提出了青年「獲得感」的重要性。但「獲得感」未必能充分反映港青的深層次躁動。港青恨的、怒的、欠缺的，除了是「獲得」的支援資源，更是「參與感」——因他們並不認為自身可以參與香港的政治體制，也正是這種思維讓當中不少人走上反建制、反政府之路。絕大多數港人，並不是骨子裏及由衷地反建制，但當他們看不見體制有容納他們的空間或可能性的時候，對最具煽動性的反體制論述的嚮往自然滋生。

無論政見如何，無論你是左中右、自由或保守，作為社會未來的主人翁，我們都有參與管治過程的權利——當然，此乃是建基於尊重底線及政治框架的前提。有不少年輕人對自己社區抱有一定的歸屬感，也對自己的公民參與有一定的抱負。香港的怨氣，或多或少皆因他們認為自身聲音未能反映在決策及施政層面上。不是所有年輕人都適合管治，但只要有心有能力，他們都應該獲得在體制內發展的機會。所以民間智庫、能夠影響政府施政的倡議團體等，更應該為有理念的年輕人提供平台及渠道去表達、討論、反省及探索不同的社區管治方案。

公共行政學中的「參與性管治」（participatory governance），原意正為此：透過自身感受及經歷地區管治的艱難，年輕人就能更準確地體現到政府的難處及機會，為香港現實問題認真把脈。重新塑造社區裏的「stake」，讓青少年看到在體制裏做出貢獻的渠道及方法，乃是讓普遍港人重拾希望的根治辦法。

4.2

推動管治改革

（情理兼備，為民及以民為本的治理）

常聽到不少聲音表示香港需要改善其管治，以更能準確掌握港人民心，落實真正令「一國」整體發展、「兩制」繁榮穩定的施政方針。香港要改善管治素質，必先要改革結構，以確保香港的權力架構及政治體制能培育出對國對港皆同樣有歸屬感及擔當的人才。須知道，管治改善不是一兩個人便能一夜變出來的。再厲害，再有心的人，也只不過是一個人。因此我城需要的是結構性的政制改革，讓管治能重新出發。

一、　管治須兼聽則明：重設「心戰室」讓政府能準確掌握民情

特區政府過去幾年最大的「致命傷」，也許是未能夠將反對聲音和批評落實於政策設計及執行過程當中。當然，不是每一把反對聲音都應被接納——這樣的話，施政只會自相矛盾、本末倒置，成何體統？違反重要底線的反對聲音，並沒有接納的餘地。但這並不代表具建設性的批評也應當被拒於門外；而甚至出於政治私利的惡意反對或批評，也必須正視，而不能掩耳盜鈴地以為民意會隨着時間慢慢逆轉。

政府有必要重設「心戰室」——但說的並不局限於重新設立「中策組」等表象或形式改動（雖然同樣重要），而是一個徹底的管治方針轉向。「心戰室」指的，乃是一個串連三司十三局的政治游說、民意收集，與政客及政黨聯絡的統一政治連線。每一個司、局或部門都不應各自為政，更應該有着對外一致而能夠清楚釋除坊間疑問的鮮明論述。

醜婦終須見家翁。我相信每一屆特首及特區班子都有為自己訂下一定的「關鍵表現指標」（Key Performance Indicators）。但若反對或批評聲音在諮詢階段只能被拒於門外，要他們在政策推行時「逆來順受」，根本是一個不可能的要求。反之，知己知彼，才能百戰百勝。要讓每一個部門的「心戰室」皆能容納及掌握代表反對聲音的異見，並不能單靠一個集中運作的「中策組」，而是需要每一個部門都將專家、理性社運人士、年輕人（各種五花八門的持份者及意見提倡者）以一個半官方形式招攬進體制裏，讓他們對政策的達成及落成皆感到能參與其中，重新尋找到久違的「stake in society」。

要解決香港如今面對的種種問題困境，親和力及民眾支持並非可有可無，而是攸關重要的先決條件。

在一個社交媒體當道的時代裏，溝通及表述往往與實際政策內容同樣重要。媒介就是訊息（The medium is the message），這句話是麥克盧漢（Marshall McLuhan）於1964年提出的。我則認為，表述方式就是訊息（The expression is the message）。無論是過去幾年的「一地兩檢」（基建、海關）、「明日大嶼」（土地、經濟）、「逃犯條例」（法律、政制）事件好，還是更久以前的政改方案及國民教育，政府一向皆是處於劣勢。這一點並不能怪責「擺明車馬」有既定立場的傳媒，而只能怪責政府官員為何沒有事先做好功課，在細節及表達上往往用了與大眾生活極為脫節的表達方式去撰述己見。過度的官腔、過度的「按規矩辦事」，只會誇大和放大了大眾對制度的不滿及疑惑，令人感到政府與市民脫節。

另外，現時所謂的「民意諮詢」有另一層弊端，便是「層層相疊」下，官僚架構對情報及民意的扭曲及隱蔽。就正如港人過往也許欠缺與北京進行持續對話的恒常機制，現時香港公務員系統主張「多做多錯、少做少錯」的精神，有不少中下層的公務員被投閒置散，而同時問責班子與公務員團隊的磨合往往有待改善。真正的「心戰室」管治，應該將政治調查及民意分析的成果充分呈現在行政會議中。同時，行政會議成員也必須廣納眾智，連結現有坊間智庫（包括與所謂「反對派」的智庫及政黨合作），進行能夠「落到地」的民意研調，不應選擇性地聆聽某些「政治正確」，肯定事先被「篩選」的民意代表。港府不應「一竹篙打一船人」，堅持要「抗爭到底」的政黨與政客，政府也許並未能令他們回心轉意，但相信絕大多數市民並非「死硬派」，他們希望見到的，只是政府願意洗耳恭聽的一線曙光。

溝通是能讓管治阻力減免，讓推動改革事半功倍的一個關鍵要素。但真正重要的溝通，並非單純的為溝通而溝通，而是有效地將溝通成果反映在施政過程中，也讓施政中的重重障礙變成溝通中大家可共商探討的議題之一。面對失實指控及荒謬傳言，政府有必要以民眾了解及聽得懂的語言澄清，以民眾能夠接受的態度與持份者及媒體周旋，在社會沒有共識之時去打造共識，並充分利用網絡及電子媒體去接觸平常不會接觸到或政府未曾聆聽過的另類聲音。一個真正善治的政府並不會被既得利益或現存偏見牽着鼻子走。

二、　回歸管治初心：鼓勵公民理性參政

當然，此時君可會反問，如何能夠確保官員熟悉政策、面對內外媒時不會出現「關公災難」（流行用詞）等情況？如何能夠讓官員真正體恤民情，而非單純地「口水多過茶」地高談闊論（或甚至連高談的能力也都缺乏）？「一國兩制」的基礎建基於香港能夠建立及經營一個持之以恒的管治人才供應鏈，如果供應鏈因為青黃不接或只會在象牙塔裏「圍爐取暖」而中斷，這對港人治港及「一國兩制」的實行，只會有弊無利，有違制度設立的原意。

老一輩的政壇前輩可能會說，官員要多點「落區」，多點接觸市民。可是純粹「落區」，根本遠遠不足。落區「掃樓」、拉幾個本身意見相投的壓力團體「交數」及造勢，非但有違「兼聽則明」的從政原則，更會淪為被反對政府聲音群起而攻的口實。事實上，對於籠屋居民來說的百物騰貴、新冠肺炎下中小企百業蕭條、地區設施日久失修、社區撕裂下鄰里關係蕩然無存、中小企跨境通行碼遲遲未能推行，這些都是官員應該聽到，也應該反映出「真係」聽到的燃眉之急。

法國總統馬克龍面對「黃背心運動」時，全國舉行了上千次「大辯論」，讓社會大眾訴求百花齊放。當香港的底線確立，正是百花齊放的最佳機會，讓絕大多數理性港人在上至政制，下至地區街道民生等議題上，能夠充分反映己見。將「辯論」及「對話」恒常化，要求各層次官員（包括政治助理、副局長、局長、司長、特首，也同時包括民政事務專員、各部門的常秘或副秘）每星期或每兩個星期舉行一次「裸落區」諮詢，在毫無特定篩選（如2019年林鄭月娥舉辦的那一場對話會一樣）的前提下，讓平民百姓能夠直接與「高官」對話。

對話成果由（重新設置的）中策組及官員專屬研究團隊（可以參考國內外皆有採用的「政治顧問」制，可聘請學者、行內資深老行家擔當此任）分析，再做整合，並以電子網媒及媒體形式公諸於世。有什麼政策做不了，有什麼具體難處，大可講出來。有什麼難言之隱，可讓專家及有能者做證，確保公眾不是不明不白。立法會官員答問大會早已受過度的兩極化政治渲染，所以執政班子應該直接走入社區，走到所謂的「敵營」媒體裏接受「挑機」。在解說及辯護政策的同時，官員更能夠痛定思痛，不能再躲在「這有違現有規則」等藉口背後。

新加坡政府與媒體合作無間，透過新媒體及電子媒體等渠道與年輕人直接溝通。我相信香港有不少年輕人對香港仍有熱忱、仍有抱負。內地有不少城市政府（尤在應對新冠肺炎疫情中可見）皆將電子科技及網上平台完善地融入施政過程當中，實例包括：地方政府善用社區微信群組，提醒及鼓勵居民自行量度體溫、照顧生病的鄰居及向政府報告患病獨居的朋友。上海市政府於2016年引進「市民雲」，讓當地居民能夠在一個高度統一及快捷的平台上查詢全方位有關於政府的資訊，並將意見向市政府反映。作為一個國際大都市，香港在智能城市設計及官方公眾政治參與等層面上皆遠遠落後其內地競爭對手，故有必要進行全方位提升。

較為實際來說，讓管治趨向公開參與，能有效降低有意成為代議士或從政者的資訊門檻，防止長年壟斷政壇或盤踞議會的政黨坐大，更能同時監督議員，確保議會能準確地反映民意民利。新加坡5年前推出「一聯通」，讓市民能根據詳細的市政問題提交意見，上傳如照片等多媒體資料，以供政府部門跟進。美國更設有官方平台，由聯邦政府提出各種政府施政時面對的困難及難題，廣納市民意見及建議。

學者貝丹寧（Daniel Bell）於《中國模式》一書中提出「下層民主、中層試驗、高層尚賢」的管治架構。香港大可參考此「中國模式」，於基層推出具素質及有效的民主管治，在行政主導的香港政治架構裏規劃出一部分由民眾主導的議題或倡議主題。此外，電子平台更有助於推動「中層」實驗，讓官員可以提出試驗性提議，再在市民意見反饋基礎上作出調整及修訂。所謂的「試」，即將具風險的倡議限制於容易操作及監管的網上平台裏，並以民眾意見及大數據綜合分析作「驗」，篩選出對大眾有利而符合政府施政理念的管治方案。

三、 落實地區以民為本的實政：建立恒久的地區治理梯隊

香港有不少地區問題亟待政府解決，我們不妨參考一下國內的管治梯隊培訓。國內公務員「條塊」系統以「條」為專研之所、以「塊」為累積整體管治經驗之場。前者確保官員得有一技之長，以專業來輔助執政；後者讓幹部能夠訓練其兼顧各方的管治全面性。

「條塊」模式也大可適當融入香港公務員系統裏。本港現時公務員體制強調「通才」，自然有其一定優勢，尤其在栽培八面玲瓏、謹小慎微的有力執行者。可是部分位置確實只能讓「專才」所擔任。現時固然有把不少對相關範疇較為熟悉的公務員分配至該局該處的做法，可是港府更應考慮重啟「高級公務員招聘計劃」，直接吸納各行各業的專業人才加入政府中高層。此乃是「條」型政治改革。

與此同時，政府也應當將「民政事務專員」此位置從公務員系統裏分割出去。要讓各區市民及群體能夠參與在選擇或任命專員的過程當中，但也同時確保各個部門能與被任命者妥善合作，乃是一件不容易做到的事，卻必須進行，以確保地區管治能真正地反映當地當區實況，而不是由官僚或政治分餅仔的架構壟斷。政府現時將地區管

理重任交託予行政或政務主任手中，一來是為他們增添不必要的壓力，二來則會導致區議會與政府之間出現嚴重膠着。反之，透過一個半挑選、半競選的混合型模式推舉出來的地區專員，必須具備於該區多年的實際工作經驗，以及有關的行政和專業履歷，但同時要能說服及獲得地區團體及個人（不被納入團體）的支持。在處理如地區事務等的關鍵實際議題層面上，只有因才適用，才能事半功倍。某程度上，此制度下的地區專員所做正是管治全港的「熱身工作」，為香港真正培育出一部分的政治領袖。此乃是「塊」系政治改革。

筆者雖不認為地區管治經驗是從政的先決條件，但這是非常重要的。「塊」系出身的從政者也必須有「條」系所帶來的良性競爭。兩系應當相輔相成，為香港的未來供應真正的領袖。「條」指的不只是「科學」研究等範疇的專才，更包括對政治溝通、理論、游說等擁有豐富經驗的「軟實力者」。無論是外國回流還是本地精英，一個有為而治的特區政府都應該海納百川，讓他們對管治香港不會卻步。

四、 從形式主義走向務實求變的官僚文化：將公務員制度優勢至大化

官僚主義本身並非一定是問題。公務員對程序公義及既定規矩的遵守，也不一定是所謂的惡性固步自封。既定程序及條文，有助於將任何僭越權位及有違道德倫理的行為所帶來的代價減至最少。同時，任何成熟的管治架構皆骨子裏有其獨特的官僚文化（詳可見韋伯（Max Weber）就官僚主義的研究）執着。主要執行官員政治中立而不受個人主觀意見所影響、技術官員對專業的尊重追求，這些都是成功政治架構的必要條件。

但單靠官僚主義，並不足以讓管治體貼民情和解決社會真正的深層次問題。同時，過度看重形式主義的官僚文化，只會令推進改革難

以開展。香港公務員系統制度歷史悠長，固然有其多年累積下來的根本性制度優勢及經驗。但如何將人才及架構去蕪存菁，在過度政治正確而矯枉過正，以及放任不管之間拿捏到一個平衡——此乃是執政者必須反思的主要問題。

以下乃是幾點有關官僚文化的改革倡議，僅在此拋磚引玉，望能帶起大家反思及討論。

第一，如何帶動跨部門的協調及積極互動？有不少聲音認為，政府應當嘗試成立跨部門的「委員會」或「統籌會」，以打破部門官僚僵化（cut the red tape）及各大政府部門山頭主義下的「各家自掃門前雪」。但無數的委員會及諮詢架構，到頭來也並不是解決問題的良藥，因為他們本身充斥着職能重疊、「架床疊屋」等的問題，最終令座上客將解決問題的球「拋來拋去」，讓生活在管治象牙塔裏的高級公務員與真正民情徹底脫節。

要解決架床疊屋而缺乏實權等結構性問題，政府應當盡量化繁為簡，將委員會及協調工作部門數量減少，增加統籌的資源。退一步來說，管治團隊必須先以因應解決問題所訂立的具體目標入手，賦予成立的跨部門小組及團隊絕對的話語權及權力，而不是在問責官員與基層公務員之間停滯打轉。長遠來說，政府有必要鼓勵跨部門溝通協調，提供正面誘因「刺激」公務員團隊去尋找能讓他們超越自身本身基本職責（going above and beyond）的機會。

第二，如何培育理性的國情認知及了解？作為管治中國一大城市的中流砥柱，公務員需要了解國內實情及模式，並對國家發展歷史及未來有深層次的反思及借鑑。30年前，港人也許會笑國內落後貧窮；20年前還可以自認為文化優越過人，毋須跟國內官員幹部交流；10年前還有不少夏蟲語冰的聲音指出國內管治錯漏百出，我們毋須吹捧他們。那2021年呢？大陸發展速度日新月異，當中固然仍存有不少嚴重的深層次問題及矛盾，而香港公務員也不應「硬吃」中國那一套。但若我們仍然堅持不聽不聞，對國內體制的完善不瞅不睬，這只會令香港坐吃山崩，非常危險。

當然，所謂的「愛國」主義也不能停留於表面而膚淺的表態主義。口說自己很愛國，但身體卻很誠實地「不愛國」，這不叫愛國，叫做投機。香港公務員需要認可及接受自己乃是服務「一國兩制」，但服務總不能等同於對所有自以為是的命令盲目服從。香港最怕的不是無能無權者，而是個別人士，為了表忠上位而將忠誠之言時常掛在口邊，結果本末倒置，不但未能讓香港老百姓安安穩穩地生活，反而令香港社會時局愈弄愈亂。真正愛國，不等於表示愛國。

第三，作為大灣區及國家發展規劃的核心一員，香港應當如何確保我們的管治體制能與大灣區的系統有機結合，達至所謂的「政通人和」？本港公務員與內地對口單位應當增加互動及交流，並容許更多的本港公務員到內地各機構、或代表香港及內地以中國身份參與國際組織。同時，這些人回流香港之際，政府有必要就着他們進行行政吸納，讓他們能夠在制度以內得到晉升及自我實踐的機會。

港人一直以來的強項，從來都是其貫通中西、遊走各方的智慧及技能。但回歸以來，在多年的政治糾紛及惡性循環、內鬥內耗及排斥針對下，以上這點似乎並沒有得到太大發揮，而港人也逐漸被國內其他一線城市的同胞過頭。這固然令人唏嘘，但絕非必然的事。我們的官僚幕僚學術出身優異，有不少皆對香港未來進程發展抱有期望憧憬。如何能確保他們可以為國家在國際舞台上出一分力，這也是我們善用及栽培管治人才的關鍵一環。

五、　結語

改革。

言簡意賅。這兩字帶出來的含義，乃是指在現有制度及權衡各方輕重利益後，找出出路的一種處事方式；亦可以借代着將一個制度在其持續運作為前提下，以「改變」來維持其基礎「不變」，同時把舊有的瘀血「革」走，讓新血來填充及疏通血管。把舊有的壞酒倒掉，再將新酒倒進現有的酒瓶裏，這是改革。

改革，並非革命，甚至是革命的剋星。

革命講究的是將一切制度推翻、破壞、一切推倒重來。卻似乎不知道有些東西，破壞了便一發不可收拾，是沒有所謂的「回頭路」。革命要挾着成千上萬的人之性命，企圖以所謂恰當的手段達至「革命者」的所謂願景。但到底是什麼願景、到底是為何人去「革」這個命、「革」完之後又如何？這些問題，似乎絕大多數暴力革命者根本沒有答案。改革講究的是和而不同，包羅萬有；革命追求的是異者必然毀之，直至你死我活為止。

惟改革並不等同固步自封的犬儒及保守主義。要讓一個體制延續下去，就必須找到體制的問題癥結，對症下藥。一個史無前例的政制，服務的不只是740萬人，而是包括全國14億人。港人不應那麼自我中心，以為全國及全世界都是圍繞着自己轉，但也同時不能妄自菲薄。在這彈丸之地裏，有很多政制重組、改革，香港政府都可以去做，也必須去做——這也是對香港市民，對中央負責人的最佳做法。

4.3

落實社會經濟改革

（人人皆能機會平等、在群體中尋覓自我）

困擾香港多年的深層次矛盾，乃是一個跨越政黨背景皆知道需要解決的問題。無論是建制派所說的回歸民生，或是泛民回歸初中期所反對的「官商勾結」及「利益輸送」，還是中央近日對香港亟待解決的房屋問題的表態，其實香港如今存有一股理論上頗為團結的政治動力，可以推動政府進行大刀闊斧的社經改革。但正所謂理論，並不等同於實際。今時今日香港社經問題之所以久久未能解決，問題有二。 一方面，乃是扎根香港多年的財富影響政治，甚至有財富壟斷政治（plutocracy）之嫌，讓既得利益者在政府及立法會等各組織機構中加插對自己有利的政治僱傭及酬庸，以鞏固自身政治影響力，擴大整體對施政措施的推進力及阻力。

但以上這些現象，其實並非香港獨有。世界各地，任何成熟的政治體制，皆必然有一定程度的商界在政界中的參與。無論是米爾斯（C. W. Mills）對美國新權貴（new power elite）中的離離合合，還是皮克提（Thomas Piketty）在《資本與意識形態》（*Capitalism and Ideology*）中所提倡，現代社會中的意識形態為經濟權貴服務的情況，政治權力壟斷與經濟資本壟斷，本身必然有一定的掛鈎。但這事實是否代表在一個理想社會中，我們必然應該有這種掛鈎，則當然另計。

退一步來說，我認為香港社經不平等失衡，其實還有一層內在因素——那便是，香港並沒有一個完整的論述理論框架，讓我們去思考，究竟社會經濟改革，乃是為了什麼？若我們純粹是為了「鬥地主」而將商界批鬥，鼓吹一種寧左勿右的政治正確風氣，這並不是解決社會問題的辦法。因為這一來乃是破壞着香港依靠多年的理性經濟（rational economics）體制根基，而二來只會令商界視任何資產再分配為一種權益剝削。商界必須是再分配工程中的一個合作夥伴，而不是必然的敵人。同樣地，若我們走去另一個極端，為了所謂的「小政府、大市場」而盲目跟風，拒絕一切的政府介入，這正正是為何香港多年以來房屋、社會向上流滯停、醫療系統過負等問題仍未解決的原因。在推動改革之前，我們必須先疏理清楚，究竟社經改革是為了何物，想要達至什麼？

甲、 社經改革的初心：平等機會

人人生而並不平等，但這並不代表我們應當接受這個事實。生活在深水埗籠屋裏的居民，並不因為他們父母為誰而因此值得比住在山頂的人獲得較少的關注。若我們假設每一個人皆是一個道德上具備自主權及邏輯論證能力的獨立個體，那我們對個體A或B或C，並不應受他們自主選擇以外的或然（arbitrary）外在性因素所影響，而導致我們對待他們有任何不同。貼地點來說，一個人應該過的人生，不應受自己選擇以外的非道德因素（例如，今天天氣為何、他出生的社區文化風俗為何）所（過度）影響。

為什麼這樣說？正如柯恩（Gerald Cohen）所說，我們必須視道德或政治倫理論證為一個向他人論證的過程（justificatory exercise）。假若有人問我們，「為什麼你出生在這個富庶家庭中，但我卻只能在貧民窟中長大」，將心比己，我們沒可能欣然地說，「啊，這是因為你我父母不同！」我們父母不同是一件「實然」的事實，但這並沒有任何「應然」的約束力。你是人，我也是人，為何作為一個同樣是人的個體，我卻享有比你更多，更佳的福利？這並不合乎道德邏輯。我們必須要以一個每一個人應當為平等的出發點出發，再找出可以接受的偏差（acceptable deviation）的空間及緣由。

此時讀者可能會說，難道我們要接受一個毫無差異，「人人平等」的共產社會？難道我們真的要將我們的政治未來建基於一個由妒忌（envy）所構成的道德邏輯，將任何人之間存有的偏差落差消滅，從而達至人人理論上平等，但卻生活在一個毫無自由或個人自主權可言的社會中？這跟北韓，又有何分別（註：其實北韓的貧富懸殊，絕對不比美國來的為少，甚至金正恩與社會最底層的貧窮戶差距，比美國最富有的1%及最貧窮的10%差異更甚）？

這種反駁，某程度上並沒有錯。在設計一個理想社會之時，我們必須考慮到個人的自主權和選擇權。我們每一個人都要為自己做過的決定及選擇負上一定責任。這也是為何我們並不可以單純地為追求「平等」而罔顧了市場自由、個人責任、公民權利等關鍵的非平等關聯（non-equality-related）價值觀。有一些選擇，我們必須承擔所能承受的風險或後果。但也有一些選擇，我們不得不做出，卻不應該因此而被社會所怪罪。怎麼說呢？

此時，我們大可參考柯恩所提出的「運氣」二分法。柯恩把天氣、出生於哪個社會、父母的家庭背景、疾病等，這些難以預測而不為人所控制的因素歸納為「偶然運氣」（brute luck）例子，其有別於「機會運氣」（option luck）。機會運氣，我們是可以選擇或預知結果的；偶然運氣，我們是無法選擇或預知結果的。機會運氣的例子包括，買六合彩或者為自己買保險。雖然這些決定也是有一定不確定性，但是參與的人是能夠自願選擇及接受所產生的風險，此與偶然運氣裏所影響的人不同。柯恩的說法便是，只要我們與他人之間的距離差異起因於機會運氣，或（換一個角度來說）是我們可以控制的，那我們應當欣然接受所導致的差距。比方說，我比你讀書更努力，進了某間大學，這一定程度來自於我個人的努力，政府無權褫奪我享用教育成果的權利。反之，若我進了大學，是因為我爸爸為我提供了最佳的師資輔導，讓我的能力比同齡人更優勝，這自當另計。就算我不放棄這個學位，我都有必要回饋社會，以協助他人成功往上流。

所以不要誤會，我不是說所有人皆毋須為自身的選擇、決定、想法或行為負責任。正正相反，正因為我們會將個人真正自主做出的選擇，歸納為他們應當為其負上責任的「框架」下的對象（we would treat as subjects of moral appraisal, choices that individuals autonomously make）；也同時正因為在一個人類行為受社群主導的前提下，世上並沒有所謂絕對自由的選擇（there is no such thing as absolutely autonomous choices），所以我並不主張徹底地將道德觀萎縮到所謂的「責任虛無主義」（moral nihilism）。當然，現實也其實並沒有如上所述如此簡單。假設一名很努力、很努力往上流的年輕學生，出生在一個因為政府多年疏忽而導致品流複雜的社群中，他最終「學壞」，走上犯罪不歸路，怪的除了是他或他父母所做出的自主選擇之外，更要怪政府的管治不善，令他受到外在因素所侵入、改變。政府和個人都要在此負上責任。

社經改革的本心，由此可見，應當是要確保每一個人皆有實踐及達至與他人平等的機會（註：我在此運用的「機會」概念，廣泛地包括整體而言的能力、在達至結果之時個人必須付出的代價，以及個人與他人之間的互動關係，與傳統政治哲學中的「機會」有所分別。至於機會平等主義與運氣平等主義之爭，可見德沃金（Dworkin）與柯恩（Cohen）之爭辯，但此書不宜詳述）。我們並不追求人人平等，但每一個人都應當在同一個起跑線出發，而跌倒、絆倒、失敗的原因並不應有任何「外來勢力」的干預，而是出於他們自身的條件、選擇、自主權。

乙、 推動社經改革的四大主軸

若要在香港實踐機會平等化（equalisation of opportunities），我們大可將改革劃分為四道主軸。第一道，乃是有不少現存輿論所提倡的獲得感（sense of possession）；第二道，則是自主感（sense of agency）；第三道，乃是安穩感（sense of security）。最後，便是公義感（sense of justice）。

四者缺一不可。作為公民社會的成員，我們所關注的機會，不只是讓我們能獲得資源或安穩生活的「獲得感」，更必須包含「自主感」，讓我們感受到自身可以在社會結構中出一分力，影響或參與實體政治。最後，更需要「公義感」，讓我們有機會及能力體會到這社會對我們個人成就和能力的開放及包容。沒有公義、沒有自主，就算有再多的獲得，我們都不會因而滿足。這當然並不代表對於所有人來說，這數道主軸同樣重要。對於生活在香港貧窮線下接近100萬的港人（根據政府2019年數字），有不少肯定是亟待期盼能盡早上樓（獲得感），但也有不少期望能早日找到安穩工作，讓自己有機會往上爬（自主感）。最後，眼見貧者愈貧、富者愈富，在這前提下，又怎能讓公民感受到對此城市的歸屬感？曾有著名「學者」表示，香港2019年發生的所有事情都是反映一種「後物質」（post-materialist）追求。我不排除這說法的可能性，但試問這樣的講法，對於長年累月生活在極端資本主義所壓榨下的小市民，又是否公道？

一、　獲得感為主的社福改革

香港現時若要提高獲得感，必須反思自身的社福制度。人口老化、N無人士、M字型社會、社會機構肥上瘦下，其實這些問題的種種，反映着一個更為根本的問題——我們欠缺一個安穩而全面的安全網，才令貧者離極度貧窮（absolute poverty）愈走愈近，離社會往上流愈走愈遠。

要解決貧困問題，不只是要協助民眾上樓，或每年每月發放多點所謂的「直接援助」，而是需要一個全面的基本網，能確保貧苦大眾不會因為官僚主義、僵化的經濟結構或停滯不前的就業市場狀況，而被排除在上升軌道及通道以外。扶貧濟困，說很容易，但需要的乃是深層次的結構性調整，讓窮人可以找到機會，裝備自己，並同時不需要為繁瑣非常的柴米油鹽，虛耗了寶貴的光陰、失去了自我進修或往上走的時間或空間。無論是教育重組、就業創造、住屋上樓，政府都有必要將現時的政策重新往基層「傾斜」，以平衡過往多年側重中高產及商界的政策。

但再進一步來說，除了基層人士以外，其實香港的夾心及中產階層，生活得也並不美滿。不少夾心或小康之家，「比上不足」，難以進入以資本「利疊利」的圈子或空間，卻同時「比下不餘」，欠缺接觸及享用福利綜援的資格。這兩者之間，雖然造就了香港平均人口收入乃是世界上數一數二（排名首十到二十位），但支撐着社會的中流砥柱者，卻永遠感受不到社會發展所帶來的機遇及空間。40年前的香港，機遇處處，乃是因為當時經濟剛剛起飛，就業市場尚未飽和，香港更能得益於中國經濟改革開放所帶來的「國際水」及「北水」。當香港的社福制度被政府認定為只能是服務貧苦大眾，但同時卻欠缺官方措施讓中產可以更上一層樓，故造成了一個很嚴重的懸殊問題，叫港人又如何能夠認同或支持政府在港的施政？

重塑獲得感，需要一種深層次調整，將香港經濟發展的空間及機遇重新分配予我城上百萬以上的中產人士。作為一座非常發達的城市，香港有責任拓展產業多元化及優化就業就職條件，以堵塞經濟往下滑，也為中產人士鋪墊一道「安全網」，防止我城走上難以逆轉的回頭路。資本主義大可是促進「獲得感」的關鍵橋樑，問題是，我們應當如何去駕馭它，而不是成為資本的奴隸。

二、　自主感為主的經濟改革

香港有一個很嚴重的房屋問題。這裏並不是解決或解答這個問題之處，因為任何「簡單直接」的答案，都必然是一個只能片面解答問題的說法，並不能公允地論證我們應當如何去拆解這個香港最大計時炸彈。不過從一個自主感角度出發，房屋問題，除了是一個福利問題，更是一個自主問題。擁有一間能被自己所售賣或(毋須補地價，現時政府政策有一定問題)轉售的房屋，除了讓人能感受到最基本的尊嚴，更是讓其能夠進行按揭(借錢)、申請資產審查後的津貼及經濟計劃，以及為下一代提供穩定教育環境等的首要條件。沒有一間能讓自己安穩的居所，又怎能讓人感受到有在風大浪大的經濟市場下生存，以至往上流的本錢？

所以無論是王于漸教授多年來提出的「改革租置計畫」，還是由周永新教授所提出的公屋供應改革，兩者雖然本質及經濟邏輯不同(王教授看重個人將房屋轉化為可流動、可增值的財產；周教授則認為增加住屋供應，不能解決價格高昂等結構性問題及挑戰)，其實都有一定程度的殊途同歸。港人需要更多，更容易負擔的房屋——無論是公屋、居屋，還是中轉型房屋。居屋政策除了要滿足港人對「居有定所」的基本要求，更應為港人創造「力爭上游」的有利條件。正如《香港經濟政策綠皮書2021》所指出，七十年代時，港人就算一開始住在分間樓宇單位(板間房及劏房)，但他仍能透過公屋及居屋，逐級「往上走」，直至達至私人房屋的「最終目的」。當私人樓市樓價高企、可負擔的房屋供應不足的情況下，根本再也沒有這種自然推進演變。要讓港人對社會制度重拾信心，必先讓他們看到在一個合情合理的社會秩序下，有換樓轉樓的可能性及空間。這乃是最為關鍵的房屋政策調整。

此外，推動往上流所需的不止於房屋改革。無論是對創業還是中小企的資助，政府一直以來都是欠缺透明渠道及明確指引，以供缺乏關係或現有知識的人士可以順利申請及爭取資源去開拓自身的事業夢。香港不應當是一個單純法律、金融行業當道的金字塔社會，就算是有金字塔，也不應當是只有一兩種單一的金字塔。雖然我們沒有可能一年之間成為大灣區的創科引擎，但我們絕對有必要拓展產業多元化，為中產及基層人士開拓更多機會。同時，也必須為他們提供技能訓練及轉型的培訓，以確保在機械化及智能化的雙重衝擊下，我們的人口及人力資源足以應對未來所帶來的挑戰。

最後，要港人真正感受到自主權，政府有必要視他們，視我們為值得擁有選擇的自由個體（moral agents），而不需要無時無刻「監控、操控」的對象。香港政府從來都不是一個奶媽政權（nanny state），而必須給予公民足夠的空間去自我發掘或運用資源。強積金有必要改革，讓更多的人可以在退休之前騰出資金來做自己想做的事，包括置業、進行短中期投資、應對不時之需。同樣道理，提升最低工資、設立標準工時、引入較為全面的僱員福利保障，這些都是增加勞工尊嚴及維護根本利益的必要措施。若我們的經濟架構連這些最為基本的尊嚴及自主需求也不能滿足，我們則根本不能與時並進，只會讓施政繼續與民情脫節脫鈎，令政府高官和港人愈走愈遠。

三、　安穩感為主的住屋房屋改革

香港要解決房屋問題。回歸二十多年以來，雖然也有個別特區班子任內曾經嘗試推動增加房屋供應及壓制房屋市場價錢等紓緩性措施，卻並沒看到問題有任何紓緩之趨勢。一名港人，要花光平均20年的積儲，不食不喝，才能首次上樓，購買一個60平方米的「蝸居」。港人一生花在上樓、供樓、在租樓與自住樓之間遊走，可能需時超過數十年。人生有多少個10年？香港又有多少個10年，可供政府來拖延民眾訴求，讓既得利益者持續現況地敗壞任何一個正常政府最為基本的道德承諾，不讓市民可以安居樂業？

房屋問題，並不能三言兩語地以「鬥爭」精神來草草解決，而需要一種對香港深層次利益架構及糾纏的透徹認知。根據《香港01》作者「石中堅」的一篇文章所指，2019年時《香港01》曾經就着政府透過《收回土地條例》收回的土地做出預算，發現政府總共收回約315.4公頃左右的土地，當中尤以北區（57.46%）、元朗（27.82%）、離島（4.61%）為甚，佔了總數超過八成四。315.4公頃的土地，固然有其配套、周邊發展、土壤適合度等因素的影響，但就算是只集中在新界北區的181.23公頃，也足以為20萬到30萬人口提供房屋供應。

發展新界北固然是一種可行的方案，但本身並未能化解土地房屋問題的根本所在。同時，若未能化解居工分離、繼續拒絕或罔顧原區就業的關鍵重要性，只會導致新界入九龍的交通擠塞和人口過密等隱憂持續惡化，更未能化解香港的房屋問題。問題的癥結有很多。在房屋供應的層面來說，從政府佔用而不願意動用不少現有的土地儲備，到收地的實際操作困難（比方說，在一塊應當發展的土地旁邊，現存的一些低密度建築（包括農場，或是漁地，或是動物權益組織的用地），便已經能扼殺整片土地的可用性），再到規劃及政府審批土地發展當中的種種操作性障礙，這些都已經足以讓香港房屋供應在未來數年至十年非常緊繃，難以「遠水」來化解近火。

政府應當拿出勇氣及承擔來，在香港新界北投放資源及資金進行大規模收地及造地，與新界當地各利益集團及派系談判，尋覓一個能符合各方需要的折衷(例如在賠償、對土地發展成高樓大廈將來的使用權，以及地區規劃權益)方案，方案宗旨並非是要削權、鬥地主，而是要成為香港市民與地產商、新界原居民與整體城市規劃之間的關鍵平衡劑。這才是我們政府的應有之義。

香港的房屋問題也是規劃及基建設計的問題。就拿個具體例子來說，每日每夜，由新界往返九龍及港島市區上班的打工一族，數以萬計。這些人每天花在交通及堵塞的時間，不知浪費了多少個小時。在發展新界北作為房屋用途之時，其實政府更應該深思，如何能夠充分利用新界臨近深圳這個地理特點，為此城進行妥善的人口分流，讓願意及經常需要到新界及內地工作的人，優先在新界北新發展市鎮內居住，同時讓市區能騰空出既有的舊有樓宇及居住空間，讓政府得以重新發展。以上此倡議，實際詳情其實並不重要，關鍵的是，香港市民必須要有選擇的權利，並能享受任何一個自主性個人應當擁有的基本權利——能夠每天晚上，下班時，回到一個他們想居住的地方，而不是一個令人難堪難耐的囚籠。這要求，不過分，對吧？

四、　公義感為主的權益改革

香港要公平。我們需要一個公義的社會，讓人感受到這個遊戲不是天生設定下來便是扭曲而被壟斷的。反壟斷，不但是要反控制着我們衣食住行、一舉一動的政治利益集團及經濟財團，更是要反對主流文化、社會規範(social norms)所交織的身份及文化壟斷(identity-cultural hegemony)。很多人寫過為何香港經濟對勞工或基層不足夠地「開放」，但似乎較少人探討文明社會同時所需的身份認同公義，在此，且容我略說一二。

香港的弱勢社群一直以來，並沒有在主流媒體中獲得關注或重視。性小眾、殘疾人士、宗教及少數族裔，以及在精神健康出現問題的人士，一便是被媒體所忽視，二便是被他們所排斥及污名化。平權之路，談了20年有多，至今在法律層面上仍然一籌莫展。性傾向歧視立法遲遲未能推進，政府卻推搪說是因為社會並沒有「大多數共識」。少數族裔融入社會教育及主流經濟系統，面臨種種困難。移民（包括從內地來的「新移民」）連獲社會大眾接納或最基本的權益保障，亦都在種種的「假難民」及「香港優先」的呼聲下被淹沒。

一個社會如何對待其最為弱勢無聲的社群，反映其公民本身的質素，更反映其施政者、管治者的所謂倫理素質。沒有共識，不是什麼都不做的藉口。欠缺政治資本，不是一拖再拖，萬事成蹉跎的理由。香港亟需要有人為這些人士在體制內發聲，但這麼多年來，願意發聲者，要不是因為政治立場及取態緣故而被邊緣化及孤立，便是在主流封建而保守的香港政壇中，不受重視或支持。

再進一步來說，其實香港似乎從來都沒有想像過在漢族儒家思想和西方基督教保守主義兩者的影響下，究竟「香港人」這個身份，在堂而皇之的外貌及包裝背後，究竟蘊含着什麼？一個膚色與漢族人不同的南亞人，生於斯長於斯，難道就不是香港人？一個價值觀與港人相近，但操普通話的內地新移民，難道就不是香港人？難道香港的身份想像，永遠都只能狹隘地局限於在港出生，能操流利廣東話及英語的一類人，而不能包括在這主流想像以外的「少數」真·香港人？確立身份認同固然有其價值及重要性，但港人這個身份，並不應該建基於一個或然（arbitrary, see above）的道德基礎，而必須具備一定程度的靈活性和包容性。作為一座國際（或我們希望是國際）大都市，我們必須達至身份公義（identity justice），讓任何人、所有人，都能視香港為自己的家、自己的根，找到自己的故事和一席之位。這是你我、大家的家。大家的定義裏面，難道只能容納下一種膚色、一個族裔，而忽略了香港自開埠以來、文化多元的優良傳統？

丙、 社經改革，乃是為了重塑社區情懷，重建你我我們共同的家

個人與社群之間的互動，攸關重要。正如桑德爾在《成功的反思》(*Tyranny of Merit*)及早年有關社群主義(communitarianism)的著作所指出，任何成功的政治體制，並不能欠缺一個成熟而包容異見及多元聲音的社群作為其主心骨。個人個體固然屬於群體及社群，但社群的本質乃是情，正如家一樣。

香港走到這個地步，反映的正正是這個家的撕裂，演變成兩個或更多的分裂思想共同體：一邊是所謂的「藍」，另一邊是所謂的「黃」。然後黃藍內部存有更多的矛盾，乃是以一種壓根兒不能共存的排斥主義作為根基。改革一個社會，糾正其不公義和不公平，需要的乃是能團結各方各面的凝聚力及歸屬感，而不是單打獨鬥的相互憎恨。若只從表象表徵上作改進，且當我們能順利移除盤踞多年的不平等及資源傾斜，這也不足以讓香港重新上路，找回自信和魅力。香港需要一個能夠跨越政治立場及政見的家園感覺。只有這樣，才能為社會鋪墊出一條未來之路。

4.4

香港要普選

（促進循序漸進的普選，完善一國之下的賢能管治）

時至今天（2021年），我仍然相信，港人有權及有理由在一個最終達至民主的制度中，主宰我城的社經政策及管治原則。但有關香港民主發展的討論，在過去十多年被兩種思潮騎劫，以致本末倒置，失諸交臂。第一種，乃是將香港民主與中港融合兩者之間設置一個偽兩難（false dichotomy），強迫普遍港人在回歸國家及所謂的「民主自由」之間做出抉擇。當中有兩種極端聲音，一便是說「要國家，就不能有民主。」，或便是說，「要民主，就要反國家」。這所謂的「兩難」是荒謬的。

第二種，則是將在港推動民主的過程過度理想化，描繪成一個能夠一步登天的不切實際進程，而忽略了背後波譎雲詭的政治糾紛及國際勢力博弈，同時也忽略了作為重中之重的持份者，中央乃具備對於香港民主化中過程的關鍵影響力，而中央利益也是我們必須考慮及尊重的。

再退一步來說，現時絕大部分圍繞香港政制的討論，皆缺乏了兩種基本認知。

第一，便是對管治及民主等政治學原則的立體了解。第二，則是對香港獨有的政治現實的透徹掌握。

以下討論，我們以政治哲學為本位，嘗試以盡量客觀（不過絕對並不代表中立）的理論框架，探討選舉和管治，以及管治本質與實體應用之間的互動關係。最終我們的結論，將會呼應以上有關普選必要性的簡介。香港要落實真正改革，必先反映出適當的公民參政，以服務大眾為本位的務實民主思維。

一、　為何要管治？ 論政府的正當性

一個政府，手握其公民法律上的生死大權，同時也是民眾權利的最後把關者。有的人認為政府應當放任公民自行定奪政策及生命路向，並盡其所能地自我抑制政府對人民生活所做出的干涉。有的則認為一個缺乏政府監管或介入的自由社會，只會締造更為不公不平等的「假自由社會」。這些問題具備爭議性，乃是因為政府本身的正當性（legitimacy）是一個所有公民及管治者皆需要面對的問題：一個沒有正當性的政府，並不能在現存的道德原因及顧慮之上，給予公民額外的應然理由去遵守其法規。依法而治（rule by law）與法治（rule of law）兩者之間，最根本的差異，便是政府是否具備足夠的道德權威，去讓公民義務權責上必須接受其管治及所施行的法律。

正當性此概念，歷史悠長，跨越中西。從柏拉圖對哲學家皇帝（Philosopher-King）的情有獨鍾，到阿奎那（Thomas Aquinas）對公民利益與管治家意志的必然重疊，從儒家思想對管治者的德行及由既有關係倫理推衍出來的管治藝術，再到現代西方法學對法律的規範性根基追溯，正當性，當之無愧地是古今中西政治哲學的主要支柱之一。我們這裏沒有空間，去一一詳細探討以上眾觀點。我反而倒想提出一個原創性的框架，對以上做出綜合概括。

一個正當的政府，必須具備以下三大元素。某些政權（或政府模式）可能在個別維度上表現較優，但整體的正當性，任何政權都需要且

必須在這三大範疇裏滿足到最低限度條件(minimum conditions)才可。也即是說，一個政權並不能因自身滿足到其一條件，就忽略其餘兩個條件。舉個類比來說，弄一個羊腩煲需要羊肉、醬汁、枝竹，哪怕你的羊肉是多麼高質素(甚至是沒有瘦肉精的天然羊肉)，若沒有醬汁或枝竹，就不能稱得上為羊腩煲。

第一，任何正當(legitimate)政權必須具備**結果正當性**(outcome legitimacy)。一個可參考的具體測試如下：若個別人民A、B、C的生活質素在現有政權X下並未能達至最為基本的「足夠門檻」(sufficientarian threshold)，而且假設他們相比起生活在另外一個平行時空裏的近似政權Y，核心利益的保障遠遠來得遜色(核心利益包括實際需求、溫飽安暖、情感需求，以及感受到政府對人民最為基本的尊重及包容等)，那政權X便能被視為對於這些人來說，乃是結果不正當。

太抽象？就拿全球新冠疫情下死傷枕藉的、或戰亂頻頻而居無定所的民眾、或因政見及身份認同而不被社會接納的國家的國民來說，這些人或是政權的直接受害者，或是政權失職所導致的間接受害者。統治他們的政權，對於這些人士來說，絕非結果正當，這乃是因為政權的存在正在威脅着這些人的核心利益。管治者並未能「為民」而「愛民」，而是「害民」而「反民」。

當然，有人會說，什麼叫做核心利益？核心利益誰來定奪？但我則反問，若三餐不得溫飽、每天飽受饑荒及戰亂所困擾、顛沛流離，這些人的核心利益還不算是受到侵害，那究竟人存在是為何，權利這道德觀念的構建又是為何？坦白說，我並不相信徹底的道德相對論。免於瘟疫或壓迫的自由，相信是一個綜觀全球各地，所有人民皆有的共同需要和渴望。

第二，此政權必須滿足**程序正當性**(procedural legitimacy)。舉個具創意的例子：假設地球某天被(進擊的)巨人侵略霸佔。若一名善良的巨人君主，因為其一時三刻對人類的喜好，而決定不將任何人類殺戮，甚至為該區人民謀良好福祉，我們大可認為他滿足以上結果正當的要求。

但若此巨人君主某一天忽然改變主意，要將人類趕盡殺絕，此決定絕非任何人能夠改變或逆轉的事實。在此情況下，我們顯然可見，這巨人管治下的國度並沒有合適的程序或制衡，可限制巨人的權力。政權必須具備並能夠順利應用持之以恒(stable)而受公民接納(public acceptability)的篩選及管治程序，才能避免儼如以上進擊巨人的情況出現。詳可見哲學家巴提(Philip Pettit)所提倡的新共和主義(neo-Republicanism)。

這是否代表選舉民主是唯一程序正當的制度？筆者並不認為我們，就着任何政制討論，應當如斯武斷地蓋棺定論。但須知道，任何管治系統皆需要合理合情的篩選遴選程序，以確保管治成功的基礎並非或然(random)。任何成熟的政治體制，並不能取決於一名單一個體(個人或群體)，以及不受規矩約束或主導的行為。換句話說，管治成功不能靠「撞彩」，而必須出於能維持穩定善治的程序。賢能政治又好，民主制度又好，參與式管治也好，世上沒有唯一的成功政治體制，但肯定有程序塌陷的失敗體制。

第三，此政權必須具有**觀感正當性**(perceptual legitimacy)。政府若要推行有為有能的管治，需要一定的民意及民心基礎。無論是選舉性民主或非選舉性民主，非民主制度還是民主制度的國家，若沒有了民眾對政權最基本的感官肯定，任何政策法律推行，也只能是紙上談兵。政治本身便是一門與觀感及情緒密不可分的藝術，若民眾主觀地生活在誠惶誠恐、朝不保夕的心理下，就算他們擁有着客觀條件上最為優渥的生活，也不能說是活在善治之下。民眾心理、價值觀、文化因社會而異，並從而衍生出不同的主觀認可標準。

為何歐洲大部分國家皆認為歐盟成立確實對自身自治形成限制，但不同政權及民眾卻對此限制的反應如此南轅北轍？原因除了是因為不同國家在歐盟融合下得益各異，也源自民眾對「歐洲命運共同體」的主觀認同。若民眾確實對「跨歐洲」（Pan-Europeanism）此願景抱有正面憧憬的話，那歐盟所加於其國家的限制，自然會被合理化為理所當然的妥協及讓步。反之，若民眾本身對歐盟的想像共同體毫無歸屬感的話，歐盟的所作所為，只會被視為對主權及民權的踐踏。不信我？可對比一下，英國、荷蘭、西班牙、匈牙利等地曾興起的反歐思潮，以及德國、法國、比利時等較為親歐的國家的公民態度。

結果、程序、觀感，三者缺一不可。

二、 為何要投票式選舉？協商與選舉之爭

在此理論框架下，我們又應當如何了解近年來，香港有關香港行政長官篩選及任命方法的爭議？

有個別人士認為，香港特首應當以協商形式產生，以解決現時香港出現的種種問題。也有人認為現時的選舉系統不宜任意更改，必須慎重行事。當然，也有人認為香港政制缺乏內部競爭及制衡，更缺乏根本的正當性。若連現時有限的民主元素也剝奪，相信只會令香港政局進一步不穩，令深層次矛盾全面升溫。

箇中有前輩將此討論追溯至基本法當初磋商及制訂之時的過程，雖然當時的考慮未必完全適用於現有政治實況，卻絕對有參考價值。

也有人將香港與內地做比較，不過這樣的比較，似乎明顯忽略了香港獨一無二的歷史軌跡及社會價值觀。

退一步來說，故勿論是直接選舉還是現時香港的1,500人委員會選舉，賢能協商還是民主選舉，我們都必須從以上的三條主軸作為論政及衡量基礎，才能疏理出一套基本邏輯倫理來。

再談協商。理論上，協商管治制度所包含的範圍，可以大至全城「共商」，小至一人「自商」，所以，與其說協商是一套既定綑綁的制度，倒不如看清楚其本身模稜兩可的本質。同時，能制定協商規則及程序者，能對協商制產生根本性影響。我先撇除最壞的盤算——我假設協商者具備一定程度的代表性，能夠大致反映市民大眾的廣泛利益。我甚至假設協商所沿用的程序乃是，由一眾人士在公平公正的條件下辯論、討論、批判議題，實事求是地找尋一個最少人反對的議案或某一個候選人。最後，我也不妨再「鬆章」，再假設協商倡議下仍有一定程度的競爭性。如果只有一個候選人入閘，而對於候選人，協商者連最基本的審視及討論也沒有的話，這不叫協商，而是推舉、委任、挑選。挑選是否有利於政局穩定及整體政權正當性，此須另計。

在這些前提下，我不排除協商制度也許能夠在某些特定情況下，遴選出對大多數民眾具備實際了解及關懷的「賢能」，達至結果正當性。類比來說，一間大企業的主席，可能會諮詢其管理層及與高層商討，並從內部遴選合適的接班人。選出來的候選人，儘管沒有經歷公司上下員工及顧客洗禮，卻理應能達至理想效果，將公司利益最大化。

但政治管治不同於企業管理。民眾間的利益會有交錯及衝突，政治領袖權力過大對受影響民眾所帶來的衝擊也遠比公司主席對社會來的為甚（Facebook、Twitter，這些大企業可能例外，也可參考龐大對沖基金與公民在r/wallstreetbets的對抗）。而協商者能否知道民眾實際所急所需，這些都是未知之數。更何況，在任何地方推動成功的協商制，前提是協商者能夠代表廣泛市民心聲，而非單純的權貴及既得利益集團。這更需要協商者能夠對公民利益負責任。這些重重問題下，協商能否維持結果正當性，絕對值得商榷。

那程序公義呢？理論上，協商制並不等同於獨裁制，也不等同於威權制。協商與會者只要能持續而透明地代表公民利益及權利，將他們聲音帶進政策釐定及「挑選」候選人過程當中，則遠比受金錢或其他外在性因素影響的民主選舉為佳。同時，以尋覓共識及解決辦法（而非單純勝出選舉）作為協商目標的體制，也可在關鍵時刻將分歧減至最少，讓參選者投放更多時間在做實事上，而不是贏選舉的「門面功夫」過程中。

但理論並非現實，而協商制是否合乎程序公義，仍然取決於三大次要條件：第一，協商者能否代表及表述絕大多數人的心聲及價值觀？第二，協商者若貪腐濫權、弄權為樂、中飽私囊、是非顛倒，有沒有適度的制衡或制裁機制？第三，協商者有沒有實際原因或誘因去捍衛民利？若協商制未能滿足以上條件，則只會淪為「圍爐取暖」，甚至助長貪腐滋生。須知道，問題並非出於協商制本身所蘊含的原則，而是制度設計及利用者的利益關係及政治分贓。

如何滿足以上三大次要條件？有幾點實際措施可以考慮。首先，協商制有沒有適當的任期限制，從而防止利益集團滋生、繁衍出與民眾利益脫節的山頭政治？再說，協商過程當中，會否對少數權益及權利者有基本保障，確保他們有發言權、否決權，以及程序制訂權？最後，若協商團體缺乏輪替，或是出現嚴重的跨代利益輸送，協商則只會淪為被人詬病的橡皮圖章過程——那麼協商者的薪酬，會否考慮與大眾利益指標（例如：人均中位數收入、社會平等、公民權利等情況）掛鈎？

最後說到觀感層面。政府在民眾眼中觀感正面與否，與政府是否具備管治威信、能否撼動不公不平架構、可否將理性溫和的異見擺平而將之招攬進管治體制內、可否推動長遠變革及短中期政策調整，皆是息息相關。若在一個多年以來已經習慣某種政治制度實際實行的政治體制裏，對現有制度進行大刀闊斧的變革，再設立一個與現有思維及原則南轅北轍的制度，此過程必然是困難的。而這些困難障礙背後，反映體制中人以及普遍市民對管治的既有期望。要改變，不是不行，但必須具備公眾說服力。家家有本難念的經，不同的社會情況及歷史，也會培育出不同的政治需求及價值觀。

須知道，體制上的各自發揮，並不代表政治上的切割，更往往是維護整體政治完整的關鍵。這大可被視為一種良性分工，而並非惡性的分庭抗禮。

有學者認為，協商制比代議或直選制更高效率。但綜觀絕大部分有關協商制的學術論文（包括有關中國內地由協商方法選出的政協制度），絕大部分人不會視效率為一個本質上重要（intrinsically important）的衡量標準。高效率的破壞及剝削，遠比低效率的建設來得令人可怕。協商制也許能減少（或篩走）異議，防止反對聲音以正式手法阻止法案通過，並在目的主導的討論過程當中，將雜音快速地排走；但現有問題的根源（包括既得利益集團及以民眾名義行民眾不義）一日不清除，協商制的效率都不會真正地有用武之地。反之，高效率的破壞，只會是對此城管治的蠶食。

一個城市的健康政治發展，固然需要將其與別有用心的勢力干涉絕緣，更需要其管治階層與民眾大眾接軌，讓民心得以融入體制之中。管治階層與民眾必須有着良性的雙向互動。這並不代表體制要全面放權，但需要制度中人願意放「心」——放下對權力的執着、放下對民眾不必要的防範、放下某些政治偏見主宰的作繭自困。

三、　為何要普選？ 論香港的政制改革路

香港現有特首選舉沿用的有限民主制，又能否為香港政治變革帶來新氣象？

現時香港的管治手法，究竟能否達至結果正當、程序正當、觀感正當？

民怨積累並非一日之寒。與其只怪責現任政府，倒不如反思一下，香港回歸多年後，為何權力分配只能在「建制」與「泛民」(前者要求保皇，後者要求即時民主化)這兩者之間做出搖擺？

普選有其必然歷史及政治重要性。對於中央來說，這是落實「港人治港」、展現中央對不同政制放收自如的願景，也是對港人來說的一種信任的表示，在此層面上，象徵意義也許大於實際意義。對於絕大部分理性、愛港、務實的港人來說，普選發揮着一種「把關」功能，希望能確保香港的領袖能夠反映民意，抓緊管治，急市民所需。可是筆者也認為，中央對推動政改其中一個最大的顧慮，乃是國家安全。事實上，過去數年出現的「港獨」思潮、暴力抗爭，這些都是令港人與普選時間表愈行愈遠的原因，也同時令政改自2015年被否決後(筆者由始至終都認為這是一個錯誤而令人遺憾的抉擇)，遲遲未能重新展開。

大亂後必有大治。8．31政改方案反映出當年中央對香港所清楚列明的底線。脫離這些底線、盲目追求虛無縹緲的「真普選」，只會導致原地踏步。筆者對8．31方案也有一些想法，但要推動政改，需要的並不一定是「社會共識」(共識，正如錢一樣，不會從天上掉下來)，而需要一個持平而公開的對話平台與過程。任何尋求普選的路，都必然需要一定時間。我只知道羅馬不是一日建成的。

普選的目的為何？普選除了提高特區政府認受性、改善對特區政府的鞭策，更能有效加深中央對港人民情的掌握，將香港中西夾雜的文化特色發揮得淋漓盡致。功能組別有其存在必要性，但在選拔及界定特定界別的層面，又是否完全「無得傾」？筆者不是神人、不是「國師」、不是KOL，但我覺得這些問題，有很多是可以「傾」的。

2015年的政改方案，本應是一個破局的契機，讓港人與中央能在一個史無前例的政治體制內尋覓一個破格的妥協方案。但結果呢？泛民認為中央不願意讓步，中央也不放心香港可以「一步到位」，最終因雙方膠着及2014年始的政治矛盾白熱化而被否決。

為何當時有能力解說者，沒有嘗試挺身而出？為何沒能力解說者，卻將港人與中央之間愈描愈黑，最終推至一個對立位上？為何願意做實事者，卻被群眾聲音淹沒？

拿這些來說，並非為了翻舊賬，而是來印證，其實中央和港人一直都有得選。只不過可以及應該為我們選、為我們謀福利、為我們說話爭取的人，可以說是不懂爭取，也可說是沒有爭取，又或者（筆者最為傾向相信這）就算嘗試了，但人力總是敵不過時代撕裂的命運。應當負上責任的，不應是普遍港人，而是一小撮能夠影響大局的政客和「政治家」的一念之差，或是民粹主義與反權威主義對香港民主化進程的壟斷，或是用意識形態取代一切理性政治的反噬。錯的也不是大部分香港人，而是誤認為將中港矛盾上綱上線至國際國內鬥爭層面，是會對香港和國家有幫助的人士。

但我們也應當從反思中發現，問題並非出在香港民主制是否間接還是直接、我們可以普選還是不能，而是現有選舉制度的候選人篩選機制及既得利益者，是如何地將普遍市民及中產排斥在外、是如何的不貼地、是如何地令人失望。

四、　重啟政改，仍是解決問題的核心辦法之一

回歸無華的現在。

在香港獨有的政治文化及歷史進程下，以及普遍港人骨子裏溫和務實的思維模式中，理性而循序漸進的普選——正如基本法四十五條中所指——本應有助於提高港府的正當性及管治執政能力。作為中國其中一個特區，香港選舉要有一定的把關，以確保港人不會僭越國家安全的底線，這也是無可厚非的。這是歷史遺留下來的產物，也是理論上香港長遠民主化的必經階段之一。

但筆者相信絕大多數港人多年以來對普選的追求，背後反映的並非要奪權，也決不應是奪權（企圖真正奪權者，當然居心叵測），而是想政府能對其負責。

管好香港，便是對中央負責；管好我們的城市，便是對港人負責。兩者之間，原則上沒有衝突，因為港人也是國家的一部分。

所以民主化的前進道路，還是要走的。但如何去走，如何去尋找一個將中央及港人之間的信任重新建立、將港人與國家利益重新融和、將香港獨有的特色地位在一國之內發揮——這些問題，易問難解。嘗試解答這些問題的人未必會得到很多人認同，但我們仍要去試，因為：we deserve better。

因為，我們值得一個更好的未來。

第5章

共商國是

5.1

國是對談一
芮納・米德意（Rana Mitter）

The thinker who can speak to and hear the anxieties of all sides

Rana Mitter is Professor of the History and Politics of Modern China at the Department of Politics and International Relations at Oxford University, the former Director of the University of Oxford China Centre, and a fellow at St. Cross College. He is a leading academic and expert on Chinese politics, nationalism and contemporary history. Questions and answers edited for clarity.

Brian: B **Rana Mitter: R**

B : You've been tracking the state and manifestations of Chinese nationalism throughout your academic journey and your works. What do you see are the most prominent changes and transformations in it over the past decade or so?

R : I would say that if I had to choose one particular adjective – it's an adjective you hear quite a lot in China as well – it is "confident". I would say that China's nationalism has moved from being one that even 10 years ago, certainly 20 years ago, still felt in some ways it [was] on the backfoot. It felt apologetic about itself, it felt itself in some ways to be victimised, rather than having a very active story to tell.

I would say that that's changed. Now, don't get me wrong. Those other elements I've mentioned have not disappeared by any means. But I would say that these days, China has much more of a sense of

its nationalism being on the front foot, of being confident in its self-presentation in the world.

What I think has not yet emerged is the moment when China feels confident enough to be able actually to engage in a dialogue about its nationalism with the wider world. China's having a sort of nationalistic monologue with the world at the moment. But the tone of that monologue is much more self-assured than it was an earlier phase.

B : Here I want to push back against what you said. The phraseology "confidence" assumes, to some extent, that there's a self-aware assurance concerning oneself, over one's past progress and present abilities and capacities. But from my view, I personally view Chinese nationalism, at least certain more vocal and expressive variants of it, as a defensive knee jerk reaction. It's less of "Look, we're getting better, therefore, you should believe in our model's superiority!", and more of a "We are essentially defending our territory, our land, our country, a national interest from your interference! Leave us alone!" narrative. So how do you see the interplay, if any, between these two defensive, and assertive, if you will, kinds of nationalism?

R : Yes. So, I think both of those elements are there. But what I would still suggest is that I think that the element of self-presentation as opposed to defensiveness is becoming more prominent. I think China today draws certainly on that much more defensive discourse that one's seen over the years. And that hasn't gone away at all, you know, the idea of a Century of Humiliation, the idea that China essentially has been badly treated by the world and should now be treated better.

But I would say that beyond that, there is also a strong sense that China is able to push forward a sense of itself. I mean, you talk about the China model... I don't think that China is putting forward a model in the sense that it wants other countries to become like China – but I think it has certainly huge numbers of intentions about how the rest of the world should treat China.

It has different elements in it [this narrative]. You know, one element, I think is what many Chinese elites are talking about today – Chinese traditional philosophy, Chinese wisdom, as the party-state calls it, which draws in some sense on that Confucian repertoire which emerged over much longer period. There's also, I think, a wider sense, quite a strong view [amongst the party elite] that China need not be embarrassed anymore about being open about the fact that it is run by a Marxist Leninist party and if you look at again, Qiushi, the major theoretical journal of the Chinese Communist Party, they're very keen to stress that China is a Marxist Leninist economy, and endorse the notion of Hegelian dialectics.

Then there is, of course, the economic element of the argument. There's the argument about security. And you know, this term "security" is now being used to cover almost anything in China these days. But COVID is obviously part of that as well – it's positioned as a security issue.

All of this is coming together to define China as being something that in a sense, is quite different from the rest of the global order. The one element that's not there, or very hard to find, is some sense of sort of a liberal pluralist tradition, the idea of different types of view being able to contend with each other. That has been part of the Chinese tradition as well – but not necessarily in this present version of the state.

B: I want to move our conversation onto the Cultural Revolution – I'm thinking of here the surge of reminiscence of the era on websites and fora like Wuyou Z hixiang (烏有之鄉), or the rising numbers of commemorators of Jiang Qing in 2016, for instance, which was the 50th anniversary of the beginning. What do you make of the sort of ongoing dialectics over the truth about the Revolution, between the state and the civil society; the proverbial Left and Right in China?

R: I think it's a sign of where the ambiguities are in our interpretation of recent history, particularly history of the People's Republic of China. I think it's fair to say that the ambiguity about the Cultural Revolution goes right to the top of Chinese politics. If you remember, if you think about it, the current leading generation in China at the very top people, the Politburo Standing Committee, and the people around them – the people who've spent decades getting to the top – they're all children of the Cultural Revolution. Prominent national leaders were sent down to the countryside.

And they had this extraordinary experience that was, in some ways, very traumatic for some of them, I think, out in the countryside back in the 1960s, and 1970s. And they had to work their way back into the China that we know now. You're always formed by things that happen in your teens, and I'm sure that that's the case for them as well. And that makes it really interesting, the way in which aspects of that period are being partially rehabilitated, but, at large, the Cultural Revolution is overall regarded as an error still.

With that said, there is some sense that perhaps there's sort of haziness about the details in terms of how it's presented in textbooks. For instance, for school students, we see the creation of a sort of constructed, and in some ways, very partial version of the Cultural Revolution. So, there's the "Cultural Revolution", when people you know, sing songs like "The East is Red" or "Chairman Mao is the shining sun in our hearts".

Yet a couple of years ago, there was a gradual shift to the view that sending students down to the countryside to make them understand how rural people live, might not be such a bad idea after all. Some of this rhetoric in turn drew upon the self-help elements of the Cultural Revolution, such as the Barefoot Doctors.

There was even a bit of a craze, probably not so much now, maybe 20 years ago, for Cultural Revolution restaurants and incredibly expensive eateries in Beijing, where you'd be served so-called peasant food, in a bizarre nostalgic nod to the era.

But I will say this. The one element which was central to Mao's understanding of what the Cultural Revolution was, and which is not anywhere in the agenda of the present-day party leadership, was the mass mobilisation of politics. In other words, the idea that, essentially, the major purpose of the Cultural Revolution was to break the party structures that were constraining China from above, at least in Mao's view, and instead create these Red Guards or these other sorts of bodies at the grassroots that really sought to overturn society.

I cannot claim any inside knowledge of what goes on inside party leadership thinking and I doubt that I'll ever have that kind of inside knowledge. But one thing I'd be willing to put quite a few RMB on is that they have no interest in recreating a cultural revolution style mass mobilisation. If we're talking about something that's fundamental to the original Cultural Revolution, that element is not part of what is being rethought, commemorated, even celebrated by today's political uses of that collective memory of the Cultural Revolution.

B : I want to shift our conversation onto China's interaction with the world. You mentioned earlier in the conversation that China was shutting off its access to globalisation to a certain extent, with its increasingly acerbic foreign diplomacy. Just to play Devil's Advocate here, I suppose the argument here is that, "Well, maybe we're looking at the wrong kind of people."

It goes as follows – perhaps from China's perspective, it's not looking at, you know, the West, necessarily, per se. Xi is not interested anymore in that, because what he's really interested in is to set up what he, alongside those who adhere strictly to party ideology, deem to be an anti-hegemony, anti-Western-imperialism axis. Belt and Road is a continuation of Mao's Three Worlds theory, so to speak, or, if you will, [Joseph] Nye's two spheres and a thin veil hypothesis.

From the point of view of someone who's moderately nationalistic, not only would they subscribe to the self-identification of the country with the projected strength from China's leaders, it'd also be very natural for them to think, "We don't want anything to do with the West, we don't want to fraternise with the Europeans or the white, ex-slave traders." This is indeed the dominant logic that you see in certain intellectual circles right now in China, not only amongst the most hard-lined New Left intellectuals, but also amongst a lot of the intellectuals who are self-proclaimed moderates. What do you make of that argument? Is there any vestige of truth in this?

R: I think there's something to it, but I would offer two cautions. The first one is about the Global south, which I think is probably the best comprehensive term to talk about the emerging markets, the rising powers - not the traditional long established Western powers. China has, I think, quite a lot of goodwill with many individual members of this grouping. China is providing 5G in Argentina, building buildings in Ethiopia, whatever it might be, and they're doing at subsidised rates.

I'm not one of these people who thinks that everything that comes out of the Belt and Road Initiative is just some sort of debt trap nightmare. An awful lot of infrastructure and vaccines are being provided, and that has to be encouraging. All these points should stand potentially in China's favour. However, I think when pressed in private, most Chinese policymakers would admit that whilst their policies have created goodwill, they haven't really created lasting bonds of friendship, deep relationships with these actors, that would last even if the money ran dry.

I think that relationship does exist with a very small number of places. The China-Pakistan relationship is one of those ones, and is under-examined. People in Pakistan tend to be quite warm towards China because of money. But it's not just the money - because it started long before China was pouring large amounts of cash into Pakistan. Pakistan is a democracy. It's not always a wholly successful democracy, but it's a pretty successful democracy with a certain level of freedom in the political sphere. People can speak out against China, but to the political establishment tends to be, in some ways, quite willing to have them on the block.

But outside that particular set of relationships, I don't think there's been some fundamental realignment that means that Nigerians or Brazilians or Indonesians or Malaysians feel profoundly inclined towards thinking, "China's got our back." To them, it's the kind of place you want to be dealing with when the money is flowing, of course. If they want to push back against Washington or the EU and say, "You know, guys, you're not the only game in town!", then China plays a really, really successful hand in that game. But that's different from this very kind of deep-rooted relationship, which for good or ill, the United States has had quite a lot of across the world.

B : I want to raise a question on the processes of building goodwill. So, we started off with this attempt to build or cultivate soft power. From China's seeking to get into Hollywood and the early 2000s, all the way up to the Olympics [in the 2008], it was all about China as ostensibly this fuzzy, welcoming and warm country to the world; this new economy that's going to provide loads of business opportunities...

Then it became a sort of money/trade-driven rhetoric. You've got Belt and Road; you've got AIIB, you've got more European businesses and investment in capital in China and coming to China to do business.

And then you've then got this era of sharp power, so to speak: the Confucius institutes, the funded United Front programmes and projects, in the first term of Xi's rule.

Now on the ongoing COVID-19 pandemic, many of China's staunchest advocates have argued that it has offered the country this opportunity to project discursive and institutional legitimacy across the world – what Daniel Bell had been touting for a very long time... this China model. Ala democracy, at least in the Western electoral sense, doesn't necessarily always work. Do you think China's attempt at articulating this model offers something beyond the monetary when it comes to molding other states' synergy and relations with China?

R : I mean, you've articulated it extremely well, Brian. I think the problem with that particular message is that in the end, it still falls short, in terms of arguing what it means actually to take a Chinese path – because there's a fundamental contradiction. There's a good Hegelian word, "contradiction", maodun 矛盾 in Chinese, that maps onto what China's putting forward, essentially. And I've read and found very interesting Daniel Bell's works. He is a very, very original thinker on these matters.

But it seems to me that, aside from what Daniel has to say, there's a sort of fundamental contradiction in terms of the position China puts forward, which goes like this. On the one hand, you know, there's the official rhetoric that, "We are a society with Chinese characteristics". In other words, "China's very big", "China is very different,", and "China has to operate according to separate rules, because we're China! We're different from everywhere else, and you can't just tell us what to do because everything needs its own characteristics."

But also, there's the China Model that says, "Ah, the rest of the world should learn from China. If you do we've done, you will prosper and become rich and we will live in a more harmonious world."

Well, which one is it? Is it the idea that we can all become like China, or actually, nobody can become like China? Now, let's be honest, China is not the only country to have these sorts of contradictions. The United States both sees itself as exceptional, but also sees itself as a model. But here's the difference. Americans are able so far to project themselves in such a way that the rest of the world doesn't care about that contradiction, because they like so much of what the United States has to provide at its best – e.g., the open society, the economic opportunities, or the sense of self-fulfilment, and membership of the community. It's a very powerful message. China has not been able to bridge that particular gap in an effective way.

It's because I think there is that fundamental difficulty at the heart of it. If the argument is not that "You can't *be* China, but you need to learn from China.", the answer to the next obvious question, which is, okay, what do we learn from China? That's where the sort of embarrassed silence comes in. Because if it's "You should abolish your democracies and become an authoritarian society" – well, that doesn't work, and not even China ever actually says that.

Ok, then, if it's "Rev up your economy with lots of Research and Development (R&D) and, try and move yourself higher up the value chain", it's a good argument, quite a sensible one. But this does not have quite the sort of flavour of the Statue of Liberty, with people yearning to breathe free. It hasn't got the sort of romantic narrative about it in quite that sort of a way.

This search is behind what I've seen amongst many Chinese intellectuals and policymakers the last 20 years: the search for Chinese soft power... the idea that China needs to be in a place where it can persuade others to do what it wants, rather than force them to do what it wants. And it's always sort of falling on a variety of obstacles when trying to do that. But the major one is that I think that China has not yet found a way to generate an internal narrative that attracts people who are outside China. The kind of consumerist, technologically driven China dream is appealing to lots of middle-class Chinese of today living in in the mainland. But I'm not sure that that particular vision of China has really had much purchase in Jakarta, or in Seoul, or in Buenos Aires. As I say, the investment is very welcome. But the story that comes with the investment still falls on quite thin ice.

B : Now, Rana, you're an incredibly prominent historian and China hand. I suppose one question I wanted to ask always is, could there ever be the danger of too much history? I'm thinking here of attempts to strike or develop extensive analogies between, you know, all sorts of historical episodes in Chinese history, you know, Zheng He Xia Xiyang 鄭和下西洋, and the country's ongoing Belt and Road Initiative, for one.

R : You can ever have too much history in terms of knowing as much as you can about history. One of the reasons that when I write editorials about present-day Asian politics, I usually try and find some kind of historical analogy, is to point out that very few things have ever happened purely for the first time. You know, there's always some sort of echo.

But I think it's important not to become a prisoner of history. The past is the past, we live in different times, and you can't simply extrapolate from one period to the other. I like to think sometimes that the countries of the West, the Americans, the Brits, and others tend to think about history too little. And maybe, China thinks about it a bit too much and can be always trapped by it on occasion. I would say that everyone should learn as much history as they can, but also remember, it's a bit like salt and pepper with eating. With all sorts of seasonings – just a little bit can go really quite a long way, as long as you know what you're doing in the cooking.

一嘟去片 ▶
黃裕舜 Rana Mitter 對談
https://bit.ly/3jEBgMt

5.2
國是對談二
郭怡廣（Kaiser Kuo）

The writer, rock musician, journalist, and man of many cultures who straddles the Pacific

Kaiser Kuo is a Chinese-American freelance writer, journalist, and leading commentator on US-China relations. He is the editor-at-large at the digital media company SupChina, and one of the co-founders of the Sinica podcast. He had previously served as Director for International Communications for Baidu, and was a member of one of the most iconic contemporary rock bands in Chinese history. [Answers edited for clarity and concision. Interview was conducted in May 2021.]

Brian: B **Kaiser Kuo: K**

B: There are plenty of reports of atrocities and abuses committed towards Asian Americans on the ground right now in America, and it's truly heartbreaking to see what's going on. Could you tell me, what's the pulse like on the ground, and how are you coping?

K: Personally, I don't feel an imminent threat. I mean, because I live in an extremely liberal area that is very diverse, where Asians are a very, very large minority. I'm in Chapel Hill, North Carolina, it's a university community. To my knowledge, there have been no incidences of violence, or even bad hate speech in my area. Now, that doesn't prevent me from, of course, seeing what's happening in in New York and in San Francisco and in towns, all cities and towns all across the United States right now, and, of course, what happened in Atlanta.

So, the pulse of the ground is, there are a lot of people who are worried about it; a lot of my interlocutors or friends in China are now talking about the fact that whilst they previously had had plans to send their children to school in the United States, they no longer want to. They had already been worried about the Sinophobia, the dicey US-China relations too... But the violence really sort of pushed it over the top for a lot of them. And I don't blame them for feeling that way. It's like trying to tell them that, "You know, there have been shark attacks in the waters off of New South Wales, but maybe, you know, your odds of actually getting bitten are really low." Still, I understand it. I mean, that's just how humans work. Statistics doesn't work well on our psychology.

B : You mentioned that you're living in a relatively sort of liberal area – campus town and all that. There's a view that I might not personally agree with, but certainly it resonates somewhat, which is that, even liberals and progressives have been swept up in this recent wave of anti-Asian American hate; not in the sense of explicit racism, because obviously they don't see themselves and speak that way, but it's about the subconscious biases and subconscious claims that iterate in their thinking... This sense that all Asian Americans are either vulnerable victims, or they must be extensions of the Chinese state. In particular, there is this narrative that China is ostensibly oppressing its overseas migrants and forcing them into working for its united front. And these narratives have been propagated not just by, you know, the alarmist neoconservatives and right wing (used loosely here), but it's also propagated by liberals and self-anointed progressives. Do you think that's a fair observation?

K: I see it as a very real problem. What we're really talking about here, is precisely the whole discourse of Sinophobia. Look, there is this anxiety that we're experiencing in America simply about China's rise, about some of China's behaviours in the world, some of the very problematic relationships – as you mentioned – that the Chinese state has with the diaspora, especially with students and scholars here in the United States. These things are problematic, but look, I mean, there are people who are refusing to engage with this idea that Sinophobia is indeed a major contributing factor in the rise of anti-Asian hate. They don't want to suggest that there's been sort of a permission that's been given by all the rhetoric that has been so critical of China.

I know it's not realistic [to expect everyone to think this way]. But I want to draw a distinction here. I think that it's really important that we do recognise that Sinophobia is a problem. And you know, if anything, my proof of it is this, that there are people who are who are so unwilling to let the Chinese Communist Party "score a point", that by having this talking point [on racism] aired in American discourse, they would attribute it to the CCP, to the United Front. They say that anyone who repeats that Sinophobia exists as a phenomenon is carrying water for the party. If you're so worked up about letting the Party score one single point, that tells me something. That tells me that you see things as so binary at this point, that you're willing to sacrifice not only honesty in talking about these sorts of things, but also the health and wellbeing of your fellow Americans.

This is to me sufficient proof of the depth of the problem of Sinophobia. Now, I honestly do not believe that there are people who are going out there throwing stones, or firing weapons at Asian Americans, because they subjectively believe the Chinese Communist

Party is committing human rights abuses. They are doing it because Asian Americans, Chinese Americans specifically, have been painted as vectors of disease. They are doing it because of this deliberate conflation of lab leak theories with bio-weapons theories. They are doing it because they believe there are reds under the bed, because they've been whipped into this frenzy by the Department of Justice's China initiative, which I think is just one of the most painful things that's been undertaken. It's genuinely, you know, a new McCarthyism.

B : Now turning to US-China relations, I'm reminded of an analogy from an Oxford friend of mine [Shai Agmon] who's been working on this thesis about competition. He employs a distinction, which he terms frictional competition vs. parallel competition. In the former, it's about competing through confrontation, clash, and the winner takes all through a literal interactive altercation. In the latter, however, you've essentially got folks running on parallel tracks, like in a marathon. My feeling here is that the US and China would both benefit from parallel competition, where they're competing, as opposed to frictional competition. Compete by self-improvement, not confrontation and combat.

Look, China's policy towards America certainly has evolved over the past decade, because not only do both parties somewhat view each other as a competitor, but also because increasingly, the American side has been putting up the rhetoric that it must nip the other in the bud, or, per certain hard-lined hyper-nationalists in China, it's all about China displacing America. But I don't actually think the Chinese outlook – the sort of virulent hyper-nationalism I mention here – is the mainstream thought at the highest levels of Chinese government. I'm thinking here of Ryan Hass' "China Is Not Ten Feet Tall" and Michael Swaine's work at the Quincy Institute. They make the very potent observation that China isn't looking to dominate – and that it lacks the capacity to obtain global military or political hegemony. What do you reckon here?

K : I completely agree. I mean, that's exactly what I was getting at. I think that, you know, at the very heart of this discussion is this question – "What does China want?" And we have to arrive at a reasonable answer for it. Not just the darkest possible interpretations of the most extreme utterances that come out of China. China is just as the United States: it does not speak with one voice. We should be very, very careful before coming to any solid conclusions. But I think that, from all evidence that I've seen, China does not seek to displace the United States as the hegemony. It wants to be a pole in a multipolar world.

And does that involve a change from the United States' current status? Absolutely, it does. Do you want to label that revisionist? Perhaps you could. But I think that is too easily confused with the idea that China wants to supplant the United States. It has no intention of doing so. That's very clear. It has no appetite for and no real ambition to do so. It wants rules of the game rewritten in a way that it believes are fairer for China. And that is not an unreasonable thing. I think that China wants to regain what it recognises as its own. Now, that's not an objective truth. It's very much subjective. What China subjectively believes was its historical position as the leading power in Asia, and it wants to be a leading power globally. It does not seek hegemony. That's pretty clear.

B : Even though I do share your sentiments at large, I have a few quick rejoinders here. First, perhaps Chinese intentions and desires are not static, but dynamic. So they've evolved in a sense – ten to twenty years ago it was very much dedicated to economic progress: making everyone prosperous, xiaokang shehui (小康社會) (middle-income society); it then gradually transitioned in the first five years of Xi's rule into building the China Dream, fostering connections between China and Africa and Latin-America. Then over the past four years [Xi's second term], it's transformed again through schemes like OBOR and AIIB, towards a "community with a shared future for mankind".

K : If I were to describe, you know, prior to second term, and I think that that's about the right chronological demarcation, I would use even gentler language. I would really push back on this idea that China is revisionist. Sure, its ambitions absolutely have changed. But what I was describing are where its present set of ambitions stand.

B : So I suppose the sceptic would then say, maybe five years down the line, China is going to evolve towards a new set of preferences. And they could sort of supplement this argument with a view that, essentially because of exactly what you said – that China is not homogenous bloc, but you've got factions, or disagreements and divergences over the correct luxian (路線) (path) to take, and you might therefore end up with a world where hypothetically, this new nationalism takes over the country's foreign policy.

K : That's just speculation, though, I mean. You know, that's an argument that you could use, at any time, in any place. You can say, things could always change, because things have changed before. But I think we need to grapple with the reality that that is before us, and not some sort of imagined, you know, projection of the future.

B : Turning to the subject of nationalism and China's hardening diplomatic stance – an argument one could make here is that Beijing has been left with little choice, with its hand forced by the Chinese masses when it comes to popular anti-American or anti-West sentiments. The counterfactual, where – had the Chinese government not acted out, lashed out, or toughed up – would have been instability and disintegration within the country. The reason for that is, if you come off as capitulating to the West, showing signs of ostensible weakness, then the first group of folks who're likely to come after you are not the West, but the domestic citizenry who has become substantially more nationalistic over the past decades. One may hence argue that it's really just a matter of responding to public appetite as opposed to a top-down imposition of nationalism.

K : I disagree with this. If you simply look at instances where there've been significant flare-ups of nationalism that are sometimes at odds with actual party policy – in every case, the party has shown that it has the available tools to attend, and the mechanisms available to it, to keep that in control. The party stands over this fire pit of nationalism, with a fan in one hand and a fire hose in the other. That fire hose has only gotten more potent and better over the years.

Beijing likes to sometimes point to, in diplomatic discourse, we're helpless before our foaming-at-the-mouth-nationalist population. That's not that's not how it works. They're perfectly able to do that. Now, the sentiments that you see in ordinary people often are felt, to varying degrees, by elites, that same sense of, you know, feeling wrong, feeling ignored, feeling disrespected, feeling humiliated. And that's what's driving it more than anything else.

You could maybe make the case you had on some of the flashpoint issues... on Taiwan, South China Sea, the East China Sea, and Hong Kong, maybe you could make a case [that the simmering anger... that's what the Chinese population are feeling right now]. I don't think you could make that case for many of the other issues that we see right now.

B : You know, the paradoxical thing about this whole set of responses from not just USA, but also the EU, is, I just think fundamentally there's a misdiagnosis of the psyche and the psychology of the Chinese regime. The assumption here is sanctions, condemnations, threats, lots of resolutions passed... would lead to any sort of welcome and productive change in policies and stance from Beijing. The approach here might work on a vast majority of medium-sized powers and maybe some larger states, but I just don't think it works on China. That fundamentally isn't how China works, for it doesn't take kindly to perceived foreign interference and imposition, given its history. If the West is genuinely keen on resolving problems that it views as endemic and structural in China, then it needs to learn how to deal with China as opposed to transposing its own "democratic norms" of regime interactions onto the largest non-Western democracy in a world.

K : The irony is that that idea is sold by people who purport to understand the Chinese psychology. They say things like, you know, "zhongguo ren chi ying bu chiruan" (中國人吃硬不吃軟)("'Soft' doesn't work on the Chinese"). I mean, which is not true.

To me, it's fairly obvious to me, it's, I mean, if you ever actually dealt with Chinese people, it should be fairly clear that – we don't need to invoke concepts like face or anything like that, which I don't believe are culturally specific – loss of dignity, given China's historical experience, and especially recent history, it stings more. What I want to convey that to people, is that we don't think enough about the rapidity of China's modernisation experience; about how compressed it was – the narrow timeframe. It's almost as though China went to bed an adolescent and woke up in an adult's body, without its mind having changed. So we look at it and we think, "Why aren't you more thick skinned?" And we forget that – we're confused by the hardware that we see as belonging to very mature developed state. But that's not what's happening in terms of software. And we need to understand that. This is not to fault China. It is actually marvellous that that China was able to do that. We forget that somebody who graduated from high school and started their first job at the dawn of reforming opening in, say, 1979, is still working, is still working today – has yet to retire. This is less than a generation that we're talking about.

B : That's right, and actually, I was just going to pick up on a part of the nomenclature you have been using throughout this conversation – the talk of China. And I guess one strain of Sino-scepticism you currently see in the West are basically those who say, we must differentiate the CCP from China and the Chinese people. And I find such rhetoric sort of rhetoric rather demeaning and dehumanising – absurd, even. Yet it's gained interaction amongst a large segment of the population in the West. What do you think underlies this, this attempt to separate the two?

K : I think that there's different motivations for different people who say it. There are, let me be really, really clear about this. There are some people who say it in good faith, and actually, you know, are talking about something that is true: it is true that not all 1.4 billion PRC citizens toe the party line, believe in everything the party says. Of course, that's true.

But it's also true that a lot of people deploy that as a fig leaf, which is easily blown away, which conceals an actual contempt for, not just the Chinese Communist Party, but for the Chinese people; they don't believe what they're saying. These are the same people who will dismiss the Chinese people, often as just being brainwashed or kept in the dark because of censorship and that they're stripped of agency. This narrative infantilises them. So, I think there are people who say it in good faith. But I mean, to me, it's sort of like, "I have lots of black friends." How often does one hear that and find that it's actually deployed in good faith? It's very rare.

B : You're someone who is very well connected and experienced in the media-cultural scenes in the US and China. Amidst a tightening grip on speech across both sides of the Pacific, especially in the United States, where to deviate from the unofficial line of being hawkishly anti-China would cause you to be castigated as a spy, how do you think media personalities, journalists, public figures ought to weather the ongoing storm on both sides of the Pacific?

K : Well, I think they really need to step up. One place where I placed a little bit of hope is that American journalists are often criticised for their ostensible groupthink, you know, and falling behind the dominant narrative. That's true to some extent: they're probably guilty of that, to some extent.

But there's another characteristic of American media types. And that's there are the contrarians. They don't like it, when the narrative is just one thing. They want to find some reason to oppose that dominant narrative. I hate to invoke this parallel, but because it has no other resonance right now... the run up to the Iraq war... I mean, of course, it took the catastrophe of the actual Iraq War, to dissuade people from jumping on the bandwagon.

I really think that people like you and me, all we can do is just continue to work on our friends in media and just continue to have reasonable conversations. It's all about more light and less heat for me. I really feel like that's the important thing to do now... to try to activate that cognitive empathy that I know, they all possess; to get them to deepen their familiarity with the context of China.

And the other way around as well – I do the same thing when I talk to my Chinese friends and people who are in the Chinese media;

Chinese influencers, to try to get them to understand how, you know, the Americans think. Americans, for example, love to root for the underdog, unless the underdog is actually the party that's opposing us. But generally, we don't like to see the big powerful, oppressing the small. That's why there's no joy in rooting for the big powerful actor, right. And Chinese people need to understand that better about the United States, and understand how deeply embedded that is in their psychology.

一嘟去片
黃裕舜郭怡廣對談
https://bit.ly/3yBucGG

5.3

國是對談三 單偉建

從戈壁走到美國的中國金融界名家

單偉建是太盟集團(PAG Group)的首席執行官和董事長，曾擔任摩根大通的中國首席代表。作為文革後，中國首批的海外留學生之一，他的個人經歷記載在他的自傳《走出戈壁：我的中美故事》一書當中。作為一名關注中國經濟崛起及金融穩定的專家，單偉建曾為不少海內外雜誌及報刊撰文。【答案經過簡略及整合。採訪於2021年5月進行。】

黃： 你怎樣評論國家在改革開放的成就與缺失，你印象最深是哪一部分？

單： 中國改革開放，是四十多年前開始的。準確地來說，是1978年開始的。當中最大的進步，便是經濟的增長。在改革開放以前，中國充滿着很多貧窮的人口，有很多人生活在貧窮線下。稍早前，中國宣布「消滅了貧窮」——世上沒有任何其他國家能宣稱同樣的成績。這個標準是按照世界銀行較低的標準，但能做到這一步，也是非常不容易的。

如果一個國家在經濟及社會上，沒有很大進步的話，也沒可能消滅貧窮的存在。中國在過去20年，GDP和美國相比，從美國的九分之一，大幅躍升至今天的四分之三，是非常大的進步。

黃：有些西方國家認為中國經濟開放及改革以後，將會導致政治民主化。現時有不少西方評論認為，當初歐美對這一點的預測，是不準確的。在這層面上，你怎樣看待西方國家這些評論？而我們又是否能夠如此單純地以「有沒有民主化」或「民主倒退」這些口號式言論做衡量標準？

單：如果把任何事情都「不是黑，便是白」，那這個結論，非常難下。我分析問題都是用三種角度。第一，乃是數據與事實。第二，乃是歷史。第三，則是與其他國家比較。

你從歷史來看問題的話，改革開放之前，中國的老百姓沒有什麼自由可言。從農村到城市換工作或遷徙，甚至談戀愛的自由，都是沒有的。我本人便在內蒙下放了很多年，幾乎所有人都想離開，卻沒有辦法。談戀愛也不許。但今天便完全不一樣了，今天大家可以在國企、私人企業工作，也可以在國內、國外工作，談戀愛更沒有人限制你。所以如今中國在個人自由層面上，確實取得了很大進步，法律體制亦完備了很多，幾乎是不可與四十多年前同日而語。現在法律制度，乃是有一定的獨立性，這是非常不容易的。

任何一個社會，都要從歷史角度來看。而中國與西方的體制有很大的不同。有的地方，我認為，是不如西方的。有些地方呢，則優於西方。比方說，中國能夠消滅貧窮，乃是因為她採用了某些手段，而這些政策在其他國家是完全不能實現的，例如中國把一窮一富省份配對起來，讓富省協助窮省改善生活狀況，提供工作，幫助解決道路問題及水務問題等，將整個村莊從一個水陸不通的地方，轉移到一個靠近城市的地方。西方沒有一個國家能以這種模式來解決類似的問題。

再說，中國在基礎設施的投資遠遠大於美國。以GDP百分比來算，中國在基建方面的投資，乃是美國的10倍。若以絕對數字來說呢，則是美國的7倍。所以中國才建設了如此好的高鐵、橋樑、道路。中國今天的高鐵系統，達到將近4萬公里，美國則是一公里都沒有。美國最快的鐵路，也即是AmTrak的Acela，平均速度是每小時65英里。中國高鐵平均速度超過每小時200英里(300公里)。中國為什麼在過去15年，能修建這麼龐大的鐵路系統？乃是因為中國制度上的優勢。各個體制都有他的優勢。美國體制有她的靈活性，中國體制也有其優勢。

黃： 有一些評論認為，現在國家面對着企債，或整體債務高企的問題。你又怎麼看呢？

單： 我認為中國沒有系統性的債務危機風險，中國的整體負債(societal debt)(宏觀槓桿率)比美國稍為高一點，中國大概是

270%，美國大約是250%。而中國的個人負債，則遠低於美國的。因此中國的宏觀槓桿率，並不是那麼高。日本的，我估計是360%，比中國高出100個百分點。所以日本的負債問題，其實更為嚴重的。中國的負債基本都是人民幣的，中央政府的美元負債則是200億左右，比我這所公司管理的資本金，還少了一大截。中國擁有超過3萬億美元外滙存底，這一點債務，根本是微不足道的。

黃：我看到一些評論認為，推動經濟增長時，轉為個人消費主導，需要增加信用或債務供應，以這個過程去推動經濟增長，長遠有可能會令公民的負債率提升。你怎樣看這一點？

單：這不是一個主要因素。中國的家庭、個人負債率，比美國低很多。真正影響個人消費的，並不是個人能不能借錢，而是社會保障制度、醫療保健制度、普及教育制度的日益完善。幾十年前，我們沒有全民保障系統，也沒有社會保障系統，因此儲蓄率高企便是因為需要留一筆錢以備不時之需。我們這一代人，在戈壁灘工作，上山下鄉，在貧窮中生活，有一點錢，必須存起來，讓孩子們能上學。現在，建立了完善的福利及普及教育制度後，人民沒了後顧之憂，自然可以花錢。

中國的個人消費，5年前佔國民生產總值約莫是35%左右，和發達國家相比，實際是低的不得了。美國的，是68%。全球平均，則是63%。到2019年末，中國這數字則增加到39%，這乃是在GDP增加的基礎上。再說，在2009年，中國的零售商品市場只有1.8萬億美元，不足美國一半，美國是4萬億。到了2019年年底，中國的零售市場與美國旗鼓相當，2020年，超過美國，達6萬多億美元。

黃： 最近《哈佛經濟評論》刊登了與你做的一個專訪，題目名為「Americans Don't Know How Capitalist China Is」。現在，很多西方評論都說，中國是一個共產主義的社會，但這個評論，似乎是與事實有點脫軌。你怎看西方社會以意識形態主導的形式及論述評論中國的起因及根源？

單： 我認為原因有二。第一，部分是「無知」，他們既沒有到過中國，也可能僅讀了一些文字報道。第二，西方媒體是較願意做負面報道的。愈負面的報道，愈能挑起民眾的興趣。我們常說嘛，媒體報道的話，若是好消息，則不是消息。反之，壞消息才是消息。哪塊兒出現災難了，哪塊兒便有新聞價值去報道，西方便愈願意報道。

所以，有些人確實對中國不了解，但另一邊廂，有一些人是十分了解的，卻故意不願說出實情。舉個例子說，今早我跟人討論這個例子【採訪進行於2021年5月中】，美國媒體說，中國長征五號火箭殘骸掉下來，可能對人類「造成很大傷害」。但實際上，火箭墮入了印度洋，並沒有對人類造成傷害。而美國的火箭殘骸掉下來，其媒體說，儼如「放煙火一樣」，結果掉到了有人居住的農場上，也不以為意。試想中國的火箭殘骸掉到有人居住的地方，美國的媒體會如何大做文章。

美國有不少民眾為自己的資本主義感到自豪。但他們並不知道，中國也是一個非常開放的經濟體，中國是世界上最大的貿易國，最大的外資直接投資對象，超越了美國。中國每年有一億五千萬人次在海外旅遊，而且都會回國。這些事實，美國及西方的老百姓，很多都不知道。

黃： 現在我想聊一聊中美關係這問題。中國的外交手段，在過去幾年的趨勢，可說是有一定的漸趨強硬。十多年前，我們在談，

「北京歡迎你」。但過去數年，似乎咱們國家外交官的語調及態度，都有一定程度上的硬化。這個趨勢，我想問一下，你覺得是好的，還是壞的呢？

單： 我覺得外交，是一種藝術。當兩國之間分歧很大的時候，外交家往往仍能維持一定的良好形象及關係。每一個人的處理手法皆不盡相同。在新中國時代中，外交做得最為出類拔萃，而讓世界各地各方讚嘆的，乃是周恩來總理。在中國最孤立之時，周恩來讓中國得以拓展外交，至今我從未讀過有任何外國政要對他有負評，就是因為他的外交，達到一定境界。比方說，他的「求同存異」及「國不論大小，皆應當平等」等道理，都是沒有人可以挑剔的。

黃： 這一點我是很同意的。我覺得現在中美兩者之間確實出現了一定程度的劍拔弩張情況。無論是中還是美，雙方之間都呈現了層層的針鋒相對。說實話，如今在全球暖化、公共衛生危機當前，中美應當放下分歧，共同合作。面對現在的爭議議題，中美本應「求同存異」，但你覺得這種方向，還有可能嗎？

單： 我不樂觀，而且我是相對的悲觀。我覺得，改善中美關係的主動權，在美國手裏；中國乃有意願與美國維持較為良好的關係的。中美友好，對美國及中國的經濟、對世界和全球經濟都是好的。中美關係方面，中國是願意改善關係的，但現在美國確實視中國為敵。

美國的立論是以國家安全為考慮，但實際上，我們都知道中國根本不對美國構成國家安全威脅。自美國立國以來，幾乎沒有國家打到美國本土去的。除了1812年，美國入侵加拿大，最終英軍出手，打進了美國本土。此外，美國的軍備、武器先進、優勢明顯，對其本土的安全威脅，根本並不存在。

實際上真正存在的，則是中國取代美國，成為全球第一大經濟體的可能。這種肯定性，使美國非常不爽。美國採取了很多措施，無論是貿易戰、輿論戰，還是科技戰，來制衡中國的崛起。但我認為這沒有用處，中國的崛起，其實並不能透過這些方式堵塞。只要中國的政策維持穩定，其經濟增長是穩定可期的，也就是說，超越美國這問題，其實是指日可待的。

但這也不足為奇，中國有14億人口，美國有約莫3億人口。就算我們整體GDP超越了美國，我們的人均GDP仍是美國的四分之一，沒有什麼值得我們覺得很了不起的事情。我們離成為一個成為真正富庶國家，仍有很大的距離。因此，若美國的目的是要遏止中國發展的話，中美矛盾只會持續下去。

黃：我同意你的說法，但我在看美國的時候呢，其實較為樂觀。我會將美國分為政界、人民及公民社會，以及美國商界和華爾街等。我認為，雖然政界將中國視為假想敵，甚至已成為兩黨共識，但美國人民、商界及華爾街一直都對中國較為友好。但連這些人在過去兩三年對中國的立場也趨向偏激，你又怎麼了解這些態度的演變？

單：其實任何人都會受輿論的影響。過去兩三年間，美國輿論，由上至下，均對中國嚴重妖魔化。現在美國國內對華裔、亞裔的歧視及暴力行為，都值得我們非常擔憂及關注。問題根源依然是對中國的妖魔化。你說的一點是對的，儘管商界及學術界也有受到影響，但我仍認為美國有兩個不同的道路——政治及經濟。在經濟層面上，美國依然有不少企業願意與中國做生意，比方說，波音公司、通用汽車、蘋果等，中國市場對於這些公司，以至一般老百姓來說，都是攸關重要。試問有哪一個美國家庭家中是沒有中國產品，這是沒可能的。我希望美國，作為一個比較務實的國家，能看到自己利益；中國亦然。我希望這種務實態度能驅動兩者走得更近。

我在美國住了多年，我感覺到美國老百姓大多數乃是善良的人、對中國抱有一定善意。老百姓還是希望能老老實實過日子，不要任何戰爭或衝突。

一嘟去片 ▶
黃裕舜單偉建對談
https://bit.ly/3fiZlr8

5.4

國是對談四
劉亞偉（Yawei Liu）

The Academic who witnessed the birth, ebbs, and flows of contemporary US-China relations.

Dr. Yawei Liu is the Senior Advisor to the China Program at the Carter Center. He is an adjunct professor of political science at Emory University and associate director of the China Research Center in Atlanta. He is amongst the foremost experts on China's political reforms and grassroots democracy. [Answers edited for clarity and concision. Interview was conducted in May 2021.]

Brian: B **Yawei Liu: Y**

B : The relations between the US and China have not gone well over the past five years or decade. There's been a steady deterioration, no doubt exacerbated by Donald Trump's tenure, but also other structural factors. What do you think could explain the deterioration of relations, as you see it today, between the two states?

Y : There are multiple reasons for the sharp decline of the relationship. For many Americans, particularly the leaders, think-tanks researchers, it's a rude awakening for them.

I think the first fundamental reason is, there's a deep sense of disillusionment and disappointment. The Americans have been telling themselves – it all started with President Nixon – that "China has to be drawn into the international community, so that China is not going to be alienated, China is not going to be a source of hatred against anything Western."

And then, of course, President Carter came along. The diplomatic relationship was thus established. But Americans, in terms of how to initiate changes in other countries, they always lean more on the idealistic side. They think if they keep treating China well, then the market economy will lead to a market for political ideas.

The fact forty years after normalisation, there's been no political liberalisation [Brian: at least, in the way the West has conventionally understood and imagined democracy]. That thought, I think, has sunk in, particularly in the late years of the Obama administration, and of course, beginning with the Trump administration, and that triggered these drastic measures toward China.

The second reason – related to the first – is that, not only did China not liberalise, but that China's model of governance seems to be working. There are signals indicating that China is promoting this kind of alternative way of governance outside the Chinese borders. I think the Biden administration is approaching this more seriously than the Trump administration. President Biden, Antony Blinken, and Jake Sullivan etc. have all declared that China and the US... this whole competition about what is going to work. The US wants to prove to the whole world that democracy works; that the Chinese way of governance is not only unpopular, not as good as democracy, but that it should be condemned. They hope that all the other countries who see some merit in this system of governance will quickly give up on this idea and get closer again to the USA.

The third reason, perhaps more important, is the economic size of China. There are lots of discussion in terms of whether China is going to be the largest economy in the world. That, to me, is less important than, how China is going to pose a threat to the USA; to edge the US out of the seat it has occupied since the end of WW2. That urgency of being pushed away by China, economically and also technologically, is, is a feeling that runs deep and hurts a lot.

But in a nutshell, I think it's the sense of China is not changing as a result of American engagement with China... The China model vs. US model, the Washington Consensus versus Beijing consensus, China's size of economy, China's technological advance, plus China's domestic policies, they have all contributed to the decline of the relationship.

B : I think there's an interesting duality of interpretations here. Whilst the mainstream discourse increasingly emanating from the US is that they're worried about the governance model of China; that it's not liberalising. Yet on the other hand, I think many in China and even those who are comparatively exposed to Western ideals and have worked there, view the Western angst as having less to do with the ideal mode of governance, as just an existential angst towards being displaced from being in the leading position to steer the helm of the world.

There are many folks in China who use the term "ru guan xue" (入關學) (literally: the study of gate entry) to characterise the declining power of the Ming Dynasty, analogising that to the USA; the Nvchen people, to China. This strikes me as a fundamental discrepancy in perception, because whilst the West sees the resentment that's brewing as the logical corollary and implication of politico-ideological value divergences, many in China seem to think otherwise. They see such talk as merely a ploy that's disguising a more fundamental worry about being displaced. What do you make of this?

Y : I think a lot of the Chinese elite... they like the Thucydides' Trap theory. To them, it's eventually about number one and number two. The fear of number one being pushed away, and then the ambition of number two to occupy the number one position, is what this geopolitical rivalry is all about. To a certain extent, I think that is a valid explanation of the decline [in relations], although the United States doesn't like to recognise this.

But I think my position is, if this is a real fear on the part of the US, then this fear is bordering irrationality. It's a baseless fear. It has been exaggerated too much by a lot of the politicians. I really like President Biden's own perception of China, that China will never be in the position to steal American lunch. That's his initial approach of China.

He, during the campaign, talked about this in Iowa. He was immediately assaulted by his Democratic competitors, who say he's too soft on China, who say "China will steal the American lunch" – because that's what Americans like to say, that "China is good at stealing intellectual property rights", where ethnic Chinese persons are, painted, whether it's at Emory or Houston, NYU or Princeton, as "there to steal the crown jewel of American innovation and technology". I think they have failed to realized how many difficulties China encounters.

On this front, I always like to cite Professor Andrew Nathan of Columbia University, whose book, *The Great Wall and the Empty Fortress: China's Search for Security* he co-authored with Robert Ross many years ago. The whole argument about whether China poses an existential threat to the US is, in the view of Andrew Nathan, is... if the US can take care of its own problems, China will never be in a position to threaten us, either economically, or technologically. Maybe that's an early assessment, but Ryan Hass at Brookings is making the same argument – his book is called *Stronger*.

I think, if more Americans observed China a little bit more detachedly, a little bit more objectively, they will see, I don't think China wants to overthrow the global order; I don't think China wants to substitute [for] the global order, and China is in no position to do that. China is not, you know, as evil as being perceived by many Americans. And if this paranoia doesn't come down, this will contribute to the intensity of this rivalry; it will make people more nervous, more paranoid, and it doesn't bode good for the relationship.

B : You mentioned the Thucydides' Trap. In my opinion, fundamentally, there's this over-hyping and exaggeration of the intentions and ambitions of China that don't necessarily have much substantive empirical backing. Yet at the same time, it does strike me that talk of the Thucydides' Trap was something that arose only in recent years, and was arguably not how the West had traditionally conceived of China, way back in the 1990s, or even when it joined the WTO in the early 2000s. And as someone who's advised and work with President Carter, I was wondering, could you perhaps shed some insight into the historical trajectory and changes in perceptions towards China from the '70s and '80s in America, to the 2020s, that we live in today?

Y : Again, if you look at the whole trajectory of US-China interaction, US is always in a more superior position. Back then, China was seen as weak, and the Chinese people as ungodly. So, the missionaries, they wanted to go to China and to bring the light of God to hundreds of millions of Chinese who live in the, I think, the term was "The Darkness of Niagara", that you know, Chinese people are descending into, that "only God can save these people".

They quickly realised, it's not easy to convert Chinese into Christians; you have to do other things to entice them. So many Chinese early converts got the nickname of rice Christians, because there was something to eat every Sunday at the church, or you could see church doctors so that you got your health taken care of. So, they were in a more condescending position, and the business people, too, because they thought they had the nicer products; China had a market where they could sell products. And the diplomats followed the missionaries and the merchants; they tried to protect the lives, property, and the interests of them. As soon as they realise China was not in a good position to defend its interest, they acted a little more aggressively.

Compared to the other Western countries, the US' Open Door Policy advanced by the US government was really designed to protect China's territorial integrity and administrative sovereignty. It didn't want other powers to partition China or to colonise China – though the US was not totally unselfish: they simply wanted access to China market. If China was colonised by Japan, the US wouldn't have access to that wealth. With that said, the Chinese people should remember that historically, the Americans were treating China much better than other Western powers.

As for Nixon and Carter, when they tried to open the door to China, they had the USSR on their minds; they had the Vietnam War they had to take care of. They thought China could offer support. So, I don't think at that point, they were thinking too much of how the Chinese people, once emancipated by the opening up and reform, could be so innovative, productive, and could transform the country from dire poverty to an economic powerhouse.

It takes some time for them to adjust. I think that adjustment is still in the process. It hasn't been very successful. I work for President Carter – the main thing for him is peace. For China to be locked outside the global community, then, peace would be threatened. One of the things President Carter likes to say since 1979, there's no war in the Asia-Pacific area, and that can be traced to harmony between US and China. If you look at how brutal Chinese and Americans were fighting in Korea directly, and also Vietnam indirectly, then people will really appreciate the benefits harvested by both countries as a result of normalisation.

B : As someone who identifies as an internationalist, and also believes firmly that, you know, the isolationism and closing off China to foreign trade, dialling down engagement with West is not and cannot be the way forward... it does strike me that there's an increasingly difficult task for us, in terms of navigating that very narrow space in which you're concurrently not alienated by the Chinese system, whilst concurrently preserving an internationalist outlook. This tightrope act is rather difficult to tread, especially given recent events. And I suppose there's a mirroring of that as well, in terms of America – whilst it has, after Trump, returned to internationalism after his demise, there's still a lot of virulent push in favour of closing off the country, disengaging and decoupling as well...So it's not easy. Do you think there is any reason for us to be optimistic about the prognosis?

Y : You know, if we can take the rhetoric of the leaders at its face value... Right now, no one is saying, "the United States-led coalition is so evil, so hostile to us, let's prepared: they're going to shut the door on us and we need to shut our door". I don't think China is anywhere near making the decision that it would not be part of this globalised world that has been created, defended, and sustained by the US and its allies.

But on the other hand, in China, you can see this increasing anger by the Chinese leaders at what the United States, the UK, and, perhaps, reluctantly, the EU, and with Japan, now jumping onto the bandwagon, a lot of people in China once again feel that pressure – that this coalition is building up, and President Biden is actually more difficult to interact with than President Trump. What will be the outcomes of that – this remains to be seen.

The recent interview given by Le Yucheng, the Vice Minister of China's Foreign Affairs, I think, all the things he said, there's nothing new there. This is, I think, a more systemic, comprehensive rendition of China's policy. The deliverable from that interview with the Associated Press, not to shy away from talking about any of the issues, is that there are certain issues that China is not going to concede. Taiwan is one; Hong Kong might be another. But these are different issues.

I'd like to believe what Le Yucheng said, that "We benefit from globalisation; we're not going to destroy that; we're not going to wage wars against other countries; we still believe what was authored by President Xi Jinping – a future of shared value for humanity (人類命運共同體)". So I think this year [2021] and next yea [2022]r, domestic and international politics will come to a head, and there will be more debate. We'll have to see what's going to unfold.

Of course, it takes two to tango, and USA needs to be more careful in its policy adjustment, in how to deal with China in more objective ways, not to be taken hostage by paranoia and fear, which certainly will make this game even more dangerous.

B： What goes hand in hand, with this sort of internationalism vs. isolationism, or engagement with vs. decoupling from the West debate is a further discussion concerning the China Model. So, Andrew Nathan, for instance, brought up the idea of authoritarian resilience in his 2003 article. And then there's also, of course, Daniel Bell, who's been a very strong advocate of the China Model in his recent writings on China's model of governance. Do you think the China model exists, and more specifically, exists as a cogent ideal that countries can aspire towards? Or do you see it as merely a faux-interpretive, faux-normative ideal designed to justify existing practices and institutions?

Y: Well, the debate on whether there is a China Model; the debate over the differences between Washington Consensus and Beijing Consensus, that debate happened a decade ago, with the Olympic Games and the pamphlet called the Beijing Consensus. There are people who say, "The China Model is effective, efficient, although individual freedoms are not being taken care of, but the government is taking care of the people, using this most effective way of governing", and I think this debate is being heightened as a result of China's efforts in control COVID-19. The practices of the Chinese government probably cannot be implemented elsewhere, in any of the Western democracies, including the United States.

And many Chinese probably are convinced to believe that the Chinese way of doing things is more superior, this national "zhiguo moshi" (治國模式) (modus operandi of governance). You know, if the Central Government wants to do something, whether it's Olympic Games, or bullet trains, or containing COVID-19, you know, the government can do it, and that's not the case in the US.

But personally, I don't think there is such a thing called a China Model, in the sense that it is an alternative to liberal democracy. This whole China system is still evolving, given the existence of corruption at all levels of the government. So, if your system works, it certainly does not take care of that.

And also because of technological exchange, I think we can make that authoritarian resilience argument more strongly, because of the technological means that are available to the government – e.g. the surveillance technology. But I still think that a country that does not allow [for the enshrinment of] core freedoms.

This doesn't mean the Chinese system of governance is totally bad and must be eradicated. One argument I've been making to US leaders and elite scholars, is that they will have to come around and analyse the Chinese political system in a way that doesn't render one arguing that that system is evil, that it is merely a vehicle for the party to be dominant forever. This system does deliver. It has delivered economically. It has improved the living conditions of 1.4 billion people. It is a system that is – as of now – largely accepted by the Chinese people. You know, it [the system] has knocked out dire poverty from all the provinces.

If you say the system doesn't work, I think that's mistaken. We have to approach a system with fairness, with an open mind, because otherwise, this whole clash of civilisations will become so fierce. That's not good for mankind.

B: Now from your own extensive research into the processes of village-level democratisation and also elections that have taken place, at least between the 1990s and early 2010s... there's clearly been an increasingly heightened level of mass participation on local and municipal levels. So, one could posit that the Chinese system has elements of the electoral democracy envisioned by the West, but I do wonder if that's a sentiment you think still applies to China today? Or do you think the village level democratisation efforts have perhaps been rolled back over recent years?

Y: I think, frankly speaking, that has been rolled back. If you look at the years of Hu Jintao and Wen Jiabao, John Thornton led the Brookings delegation to China in 2008, and came back and wrote this rosy article for Foreign Affairs, about democracy with Chinese characteristics.

This is what Wen Jiabao said - the Chinese political reform means three things. Number one, we will have classrooms, the election from the village level, to the township level, and eventually to the country level, so that there will be a system of choice and accountability. Number two, is the rule of law, that the party is not above the law, that the party will have to operate, you know, under the constraints of the Constitution. Number three, is that a relatively liberalised media that will hold those in power accountable. So, he's talking about "媒體監督" (media monitoring), so that corruption can be curtailed. I mean, that that's a very good way of saying, this is where China wants to be, in 10 years, or in 20 years.

Zhao Ziyang, actually, in 1985, had that political reform timetable at the 13th Party Congress, but you know, it because of what subsequently happened, that whole thing stopped, and then village elections came in. I think the peak was around late 1990s, and the first five years of the 21st century, and then Arab Spring happened. The Colour Revolution narrative, so to speak, made many leaders in China believe that China doesn't want to go down that route. This whole crackdown on Western NGOs, you know, is all because of what happened in Central Asian countries, what happened in Syria, what happened in Egypt, what happened in Tunisia, which gives them nightmares. Initially, their nightmare was the disintegration of the Soviet Union as an empire. And this was the second round of the nightmare for the leaders.

I think COVID-19 convinced many that we don't need to repair or fix the system; that "the system is so good" – [the narrative goes,] "Look at how bad the US has managed the pandemic; look at the racial tensions in the US. We don't need to feel ashamed of our system, as we're in much better shape."

What's happened in most recent years, certainly has an impact on the political reform community in China – how they think about the whole issue. But I think the rhetoric, that "改革必須擴大和深化" ("reform must expand and deepen")... that rhetoric is still there.

So, I'm optimistic about the future long-term, but not very optimistic in the short-term. And we will be able to make at least our early assessment when the 20th Party Congress is held in October 2022 – then, we should be able to make a more informed decision in terms of where China is going to go politically.

一嘟去片
黃裕舜劉亞偉對談
https://bit.ly/3AEqUn1

5.5
國是對談五
蓋迪斯（John Lewis Gaddis）

A pioneer and trailblazer in Cold War History, and more

John Lewis Gaddis is the Robert A. Lovett Professor of Military and Naval History at Yale University. He is a highly renowned expert and leading authority on Cold War history and grand strategy, a biographer of the American statesman George Kennan, and held the George Eastman and Harmsworth Visiting Professorships of American History at University of Oxford. Gaddis' writings have influenced generations of Cold War historians. [Answers edited for clarity and concision. Interview was conducted in June 2021.]

Brian: B **John Lewis Gaddis: J**

B : I want to start off with a question concerning your thoughts on the ongoing state of Sino-American relations. As one of the foremost historians on the Cold War in the Anglosphere, what do you make of the claim that there is a new cold war between the US and China?

J : Well, I think it's both true and overstated. At the same time. There are two kinds of Cold Wars. There are cold wars in small letters, and then there's the Cold War with capital initial letters, which was what happened between 1945 and 1991. That's a distinctive period in history. There are some similarities, which I'll talk about later, to the present situation. But there are also a lot of differences.

The former kind of cold wars are the international rivalries that have always characterized the international system, going back as far as

Athens and Sparta, where you've had no central government of the system; where there's been no Pax Romana, or anything equivalent to that. Rivalry has been endemic in the system, and sometimes rules have been evolved to deal with that rivalry, sometimes it has led to war. The rule-based rivalries are cold wars, and history is full of them. So, it's good to specify if you're capitalising Cold War, or just treating it lowercase.

B : I suppose we start with a hypothesis is a capital. Cold War, and then we proceed on to the lowercase, if it doesn't work out for us.

J : That's fine. One of the things we should look for, then, is comparisons. What is there in the current situation, which is moving toward two superpowers, that is analogous to the Soviet American Cold War? The Cold War was between an actual and a potential superpower, because the Soviet Union never in all respects equalled the United States. China is on the way, but it's not there yet either. In that sense, I think there is a similarity.

B : Would you say then, in terms of China not being quite there yet not quite, that you reckon there might be a hypothetical point in the future where it could get there, or are you less bullish about China, in the sense that you don't necessarily think it would ever arrive at a point where it would pose a fundamental structural threat to American hegemony?

J : That's a good question, I think, but it needs further refinement. What kinds of superpower would these be? America is never going to be primarily a continental power, despite the fact that it dominates the North American continent, because American power, has always been maritime and commercial. China could dominate Eurasia, and I think hopes to do so.

That's partly what the Belt and Road Programme is aimed at doing. They're thinking not just about China, but all the way to the English Channel. In this sense, they're not unlike the Russians, who also thought continentally, and built the Trans-Siberian railroad 120 years ago – thereby sparking similar concerns among other great powers.

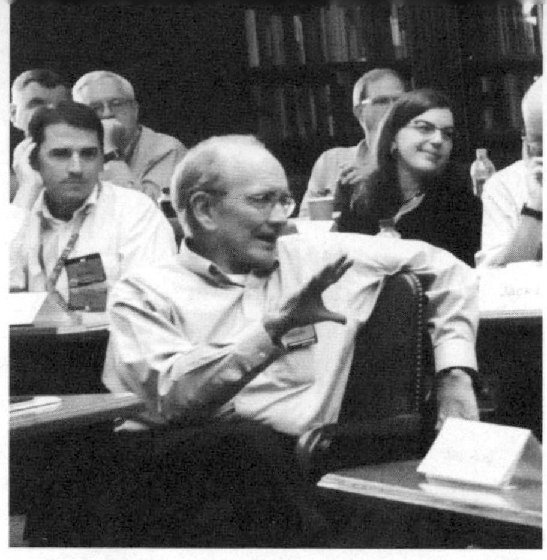

Best reflected in the theories of Sir Halford Mackinder on "heartland" versus "rimland." That's the analogy I see: a rivalry between a great maritime power and a great continental power.

B: I want to probe you further on this maritime vs. continental behavioural/typological cut, because I agree with you that China certainly is less of a maritime power than the US as its primary vehicle of getting through to other continents and spaces, but I might take that one step further and make the case that China is actually a dispositionally, orientationally restricted continental power, in the sense that it wants supremacy in East Asia and what it perceives to be rightfully its own territory; then in Asia, it probably wants some degree of economic leadership status and hegemony. Yet when it comes to territorial military projection, it's unclear throughout the past – not just the past 100 years or CCP rule – but indeed throughout ancient Chinese history through to now, I don't think China's ever sought to actively militarise or colonise anything to the west of the Himalayan. Might China not be a different kind of power altogether?

J: As the Chinese might say, for the moment. Yes, for the last 5,000 years, but of course they think in very long-term terms. No, if you ask what the distinction really is between offense and defense in international relations in the first place? It's not like football. Actions that can be considered by one power to be defensive can appear offensive to other powers, and vice versa. This offensive-defensive dichotomy we love, as sports spectators and political scientists, doesn't make much sense historically.

B: To clarify my thesis, by that I am focusing solely on clarifying the substance of the intentions of Chinese political leaders. Even though their objectives and goals could indeed be perceived as offensive or hyper-offensive indeed, their actual motivations are, at their core, defensive. I agree that there's discrepancy between the actual and the perceptual, but I suggest that there exist sufficient indicators to suggest that the Chinese' ambitions are fundamentally more curtailed and restrained than they currently appear to be on the surface.

J: We may be moving in that direction. Xi Jinping's recent warning to the party cadres not to carry Wolf Warrior-ism too far, that perhaps China has alienated some potential allies by being too aggressive, is a rare admission of error, acknowledging what's happened over the past few years.

There's an interesting Cold War precedent for Wolf-Warrior diplomacy. Stalin, when meeting with foreign dignitaries in his office in the Kremlin, kept a little pad in front of him, he would doodle very visible wolves in red ink. It was an effort to try to frighten his guests, but in one instance it spectacularly backfired. That was when the new American Secretary of State George Marshall visited Moscow in the spring of 1947. Stalin sat there doodling wolves in front of Marshall, but he, unintimidated, went back to Washington and devised the Marshall Plan.

You can say the Marshall Plan was offensive. You can also say it was defensive. I think everybody now says it was brilliant: a very effective counter to the efforts of Stalin to spook the West. That precedent may not be known to the Chinese leadership at the top, but I think instinctively they've come to sense that some of their own tactics have been counterproductive.

B: I just want us to tie in here an observation that you've often been quoted as saying, that the tail ends up wagging the dog, or that great powers are often inadvertently dragged into complex local or regional conflicts that they could otherwise have avoided. Indeed, the analogy or precedent for that is the Athens, Sparta conflict in the second Peloponnesian War that you brought up in On Grand Strategy. I was just wondering, where do you think about the most likely flashpoints for US-China relations – the Megara, so to speak, for the dyad?

J: Well, obviously the question that's on everybody's mind is Taiwan. It's not Megara; it's more important than Megara ever was to Athens. But can the West defend Taiwan, while continuing to acknowledge, as it has for the past half century, that Taiwan is part of China?

If there's any single spark that's likely to ignite a Sino-American conflict, that's probably it. It won't be over Xinjiang or Hong Kong, neither of which the West would be in a position to rescue. It could happen over Taiwan, though, as the retired admiral James Stavridis shows in his new novel, 2034, which envisages a Sino-American war that over Taiwan and the islands in the South China Sea.

So say, hypothetically, that the PRC decides to take Taiwan by force. I don't doubt they can do it, and I doubt that the American military doubts that either.

But what would they then do with it once they had it? Given the likelihood of resistance? And of Taiwan's prominence in the global economy? And of the fear that would be struck into the hearts of other people who are currently well-disposed to China – especially those expected to welcome the "benefits" of the Belt and Road? Might this wolfish action not alarm them, even alienate them, placing China in the position of the Soviet Union in its last days, with no friends, no allies, and not much of a future?

So, these questions, I think, are important to ask. And to keep in mind in thinking about what American policy should be with regard to the Taiwan situation. There's a good argument for trying to keep things as they are, even though nobody ever designed this status quo from the start. But it's also good policy to think about what you would do if the status quo comes apart.

B: What would you say perhaps, John, are the most fundamental distinctions between China and the USSR, that are worth noting by policymakers on both sides of the Pacific?

J: Well, the biggest distinction is that China is the most successful capitalist country in the world at the moment. President Xi has found Marx to be very relevant, if you treat him flexibly. The Soviets never really did this. One of the things that surprised historians as the Soviet documents on the Cold War opened some 25 years ago, was the extent to which ideology constrained decision-making. So, the old Marxist precepts of owning the productive facilities, collectivised agriculture and command economics that persisted, right down to the end of the Soviet Union, despite their demonstrated inefficiency.

The Russians never a way to adjust Marxism to take into account modern economic conditions, but the Chinese have mastered this extraordinarily well. As a consequence, they have far more influence over the global economy than the Soviet Union ever did. Now you can get into an argument as to whether that makes war more or less likely and you can play it both ways. Sir Norman Angell claimed, after all, just before one broke out, that no European nation could afford to get into a great war. It's important to think through these things, but it's also important not to turn them into dogmas, because each situation is different. Time does move on. History does evolve. And whilst it may resemble what happened in the past, you know, it's never quite the same.

B: I'm glad you brought up the hypotheses concerning economic entanglement, because some folks would hold the view that, given how economically deeply intertwined and interconnected China and the US are, decoupling would not only be undesirable, but also untenable, so war is therefore – as they put it – extremely unlikely. But my worry about this view, is that it ignores the increasing shifts in zeitgeist politically and culturally in both countries. You've got the rise of Trumpism, which towards the end of his tenure, evolved into this mixture of bizarre isolationism, American first-ism, and also, you know, a thinly veiled version of paranoia and dog-whistling concerning the rise of China. Likewise in China, you've seen not just more bellicose diplomacy, but also hyper-nationalism. So, in theory, the economic argument works, but in practice, on top of what you've said, this just might not play out in practice.

J : I have another theory, Brian, which is theory itself never works quite as the theorists have predicted. Reality is always more complex than theory. Theory can mislead you into great oversimplifications, so we need to be skeptical. Theory may help us to ask the right questions. But it should not provide the answers in the absence of research, or sensitivity to the past, or situational awareness about what is going on right now. People do have to look around and not just focus on the theories themselves. So I'd be very cautious about the theory that economic integration will ensure peace. There are too many examples in the past where that has not happened, not least, Japanese-American relations in the late 1930s and early 1940s, when two economically intertwined countries got into one of the most brutal wars ever fought. I think what's required on both sides, is a clear perception of what vital interests really are. And that's what I hope can take place now in the context, as you say, of a less bizarre American form of leadership.

B : Fundamentally, I think what's often needed as a clarification of what the genuine vital interests are, what the superficial interests are, and what the transitory interests are, because when you expand the spheres of uncompromisable and inalienable interests too far, you're bound to run into cases where you have more divergence than convergence. The difficulty, of course, is the public sentiment and you can't just say, "Well, let's ignore what people are saying on the ground." I guess that's the reason why there is a lot of stickiness and issues with the prospective re-pivoting Biden has yet to undertake, and why Biden isn't moving away just yet. My hope is that they will indeed move eventually in a more positive direction.

J : It certainly is interesting to think about the difference between an authoritarian society and a democratic society where the role of public opinion comes in. Do both kinds of government have equal control over public opinion, or are they prisoners of public opinion? Can public opinion be better managed – or controlled – in an authoritarian state than in a democratic state? I don't know what the answer is to that question, and I'm not sure that anybody does either. And this is one area where I would like to see, if not theoretical assessments, then at least statistical measurements of how one might compare nationalism, for example, in two great countries like China and America where we've seen it, resurface in various waysIs it instigated? Is it spontaneous? Is it a mixture of both? Probably the latter.

B : John, to what extent do you think individuals can and do play a decisive role in causally contributing a unique difference to history, or are they merely products of intangible structural forces and undercurrents that overdetermine their decisions and operational matrices?

J : Most of the time, leaders or would-be leaders are products of their time, and we cannot expect them to have a great deal of influence on great events. However, there are such things as windows of opportunity in history. Like sensitivity to initial conditions in complexity theory, when just the addition of one more grain of sand to a sand pile will cause the whole thing to slide. It's incumbent on historians to try to figure out when these moments of sensitivity to tiny things actually develop.

They certainly often do result from wars, or from catastrophes. They can develop as a result of incompetent leadership overthrown by a coup -- Lenin arriving at the Finland station is a good example. What if his train had been diverted? The whole history of the world could have been different. So, there are these moments, and we can only identify them by looking back. The theorists of sand piles would say the same thing. There's no way you can predict which grain of sand will cause the pile to slide, but you can certainly point to the very moment it slid and photograph it, and trace its history.

B : How would you advise, if you could, Biden and Xi, on how we could dial down the tensions and escalation, as we see currently?

J: Keep the lines of discussion open, for sure. One thing that I would advise Joe Biden about is the tendency of Americans to stress the role of "morality" in foreign policy. There's quite a debate about this, as you know. The realist tradition has always taken the position that balances of power are more important than morality; that the uncritical pursuit of morality can absolutely upset the balance of power. I tilt in that direction. I'm very sympathetic, for example, to Alexei Navalny. But I think he might be the first to say that it serves no one's interest to have Russian-American relations break down completely over the treatment of the dissidents. For if we, as the Americans, focus on the rise of China as the central geopolitical problem confronting us for the next quarter century or so, and if we think about who our potential allies might be in maintaining, or regaining the balance of power, well, what about Russia?

Why should Russia not execute the same kind of reversal that China did under Mao half a century ago? Russia shares a 4000-mile border with China, but its Far Eastern territories are empty while China's just across the Amur, are extremely crowded. Might the Russians not, in the long run, be alarmed? Why wouldn't wolf-warrior diplomacy spook the Russians, and then encourage their alignment with the Americans, with the Europeans, with the Japanese, with the Indians, and with even the Filipinos, who have all expressed some reservations, about Chinese diplomacy? There may be a new grand alliance coming. But if so, we'll have to thank the Chinese for having produced it through their own self-centered behaviour.

B: This is all fair – though one may wonder as to why the "Morals second, interests first" adage shouldn't also apply to the US-China relationship. There are core and fundamental values that must be upheld irrespective of culture and community, and then there are culturally sensitive and grounded judgments, imbued with politicised weaponisation, that end up serving unrealistic political agendas of particular politicians. If interest truly is to trump morality, per realism, then perhaps this principle ought to bind the Sino-American dialectic, too.

J: Of course. But remember this: nobody likes to be told by somebody else how they should handle their own affairs. "Become like us and you'll be fine!" isn't very persuasive. The better course will be to get the Chinese to see for themselves how humane behavior can advance their interests – in ways that doodling wolves won't.

一嘟去片
黃裕舜蓋迪斯對談
https://bit.ly/3yAXbdJ

5.6
國是對談六
奈爾（Joseph Nye）

One of the foremost titans in the field of international relations

Joseph Nye is one of the most established international relations scholars in the world, as a key pioneer of the International Relations school of neoliberalism. Nye served as Assistant Secretary of Defense for International Security Affairs and Chair of the National Intelligence Council under President Bill Clinton, having also served subsequently as the Dean of the John F. Kennedy School of Government at Harvard University. [Questions and answers edited for clarity and concision. Interview was conducted in June 2021.]

Brian: B　　**Joseph Nye: J**

B： A few months back, you wrote about the dangers of the US-China relationship potentially sleepwalking into catastrophe. One of potential reasons for that, you identified, would be a scenario where both countries misread and misdiagnosed each other's intentions to the point where they head past a point of no return. We've just heard back from G7, and Biden seems to be keen on framing the US-China rivalry as one centered around values – e.g., democracy vs. autocracy, freedom vs. authoritarianism. Do you think this sort of ideological conflict would propel us to, indeed, sleepwalk into disaster?

J： Well, there is a certain set of people who're talking about a new cold war between the US and China. I personally think that's a mistaken analogy. During the real Cold War, there was virtually no economic

interdependence between the US and the USSR... very little social contact. With China, what we now have between the US and China is enormous economic interdependence, with 300,000+ Chinese students in the US and several million tourists. The situations are totally different. In that sense, I think the analogy to an ideological competition, as we saw during the Cold War, is mistaken.

Will there be ideological differences between an authoritarian system and a democratic system? Yes. Will they be expressed through human rights concerns, clearly yes. But I don't think though it has to lead to the kind of polarisation that we saw during the Cold War, because the two countries are much more closely intertwined than the US and the Soviets were then. In addition to those economic and social interdependencies, there's a new set of interdependencies, which I call ecological interdependence – climate change, pandemics, so on and so forth, which certainly prevent the two countries from diverging.

I've called this a cooperative rivalry, in which you have to focus on both the cooperation and the rivalry. But the danger is that as people think so much about the rivalry, they wind up getting into a situation where they forget the cooperation part, and then miscalculate in issues like the South China Sea or Taiwan, and then you may see an incident which would tip things over into a Cold War type of rivalry. So those strike me as the dangers – but overall, I don't see a new Cold War of extreme ideological hostility.

B : I agree with you; I'm with you on the need for genuine engagement alongside competition, and that it would not be in the interest of either party for conflict and tensions to fill each and every sphere or policy agenda. Yet there does seem to be a growing crew of individuals in the West that view China as a structurally and ostensibly inherently illegitimate regime. Likewise in China, there's now talk of the China model supplanting the Western model and that it is ostensibly the ideologically right path to go in governance. It would make perfect sense, and indeed only makes sense if we can set aside these differences and say, "Let's work together.", but in practice, these differences that we're seeing here are running contrary to what's really in the interest of both parties in this instrumental relationship. What do you think?

J : Well, I think it is a mistake to see this as an export competition among ideologies. During the Cold War, the real Cold War, the Soviet Union was trying to export communism, and to subvert governments and other countries. I don't see China really being in the business of exporting ideology. Now that could change; it's happened in the past. During the period of Mao Zedong, China certainly was in the business of exporting ideology and subverting others' governance. But I don't see the modern Chinese state, or the party under Xi Jinping, really being in the business of trying to export any Xi Jinping thought. I don't see China therefore as the kind of a threat that the Soviet Union was, but there are some in the US and the West who present China in those terms. China has to be very careful in its own behaviours, not to fall into that caricature.

B : Some voices on the American side have called upon China to collaborate on environment and public health issues, only for the two countries to then compete economically and politically; to them, this kind of compartmentalisation makes sense. Yet, looking at a lot of the recent notices, announcements, and public-facing commentaries from the Chinese side of things, it strikes me that China views a diplomatic relationship as one where compartmentalisation is not necessarily particularly feasible. The view seems to be that the West is trying to have their cake and eat it. I am rather worried about a perceptual misalignment – where the Chinese view the West as acting in an unfair and over-demanding manner, and anti-China hawks in the West framing this as signs of China's innate unwillingness to cooperate. What do you make of the extent to which the West understands the Chinese psyche?

J: Well, I think it's a mistake for some in China to hold the idea that cooperation in areas, whether it be ecological or economic, would be a favour for the West. It's in China's interest. If China says, "We won't cooperate on climate, as long as you criticize our record on human rights.", who gets hurt by that? The Chinese.

When Himalayan glaciers melt, and the river system in western and southern China is affected by the melting, or when agriculture in North China is drying up because of climate change, who is hurt by that? Not the US – well actually, it is the US, but it's also China!

It's not a favour that China is doing to cooperate with the West on climate change – it's something essential. It's in this book that I've written – *Do Morals Matter*? I argue that you have to distinguish between power over others, which is the traditional way of seeing power in international relations, and power with others: there are some new, transnational issues where no country can solve, acting alone. And if the US berates China and China does poorly in climate, that hurts the US, as well as China. Similarly, if China says, "We won't cooperate with the US on climate.", that hurts us, but it hurts China as well. We'll have to learn to understand the role of these new transnational issues of power with others, and realize that in international politics, it will continue to exist at the same time that we're engaged in other issues, like the South China Sea, which involve power over others.

B: To clarify the thesis here, I don't think the view's not necessarily that China is doing the West a favour, insofar as this more deeply rooted sense that China is being unjustly taken advantage of by asymmetrical exclusion or institutions that have rules rigged against their favour – e.g., WTO rules or rules governing the South China Seas. I'm not making a normative judgment here, but I'm noting that the Chinese would often rejoinder against the claim that they are violating international institutions and rules, with the retort that these very rules themselves are faulty. So, we're caught in a double bind here – greater Chinese presence may facilitate better multilateral collaboration, but it would also spell changes to the way institutions work, and the world must reckon with that, concordantly or otherwise.

J : There are some people in the US and elsewhere in the West, who see China as a revisionist power that's trying to overthrow the existing international order, because it didn't create it. On the other hand, I've been struck, talking with Chinese leaders over the years, that most of them understand that China has benefited enormously from the so-called liberal international order, and that China could never have had the success that it's had in for example international trade without the World Trade Organization.

And so in that sense, I think the, the view of the China's revisionist power designing the overthrow of the international system again is a mistake. If you go back to the 1930s, you could argue that Hitler and Germany were revisionist actors who were designing policies to kick over the table on which international politics was being played. China doesn't want to kick over the table. It's gained too much from the table, but it has practised tilting the table in a way that's not completely fair.

Now China will say, "Yes but we never invented the table". On the other hand, the table has been very helpful to China. I think there's a danger again with misperceptions in China. I understand that, given the history of imperialism; the view of the 100 years of victimhood, that there is a strong feeling in China that resents Western efforts to criticize China. On the other hand, you know the danger is if this nationalism gets out of hand, it's going to hurt China. Take the South China Sea, over the years I've talked to a number of retired PLA generals, admirals etc. about the Nine-Dash line, and I said, "Are you really claiming the whole South China Sea?"

And they say, "No, not really, that's a misinterpretation." And I said, "Well then, why don't you make that clear, and there would be no real dispute?". And the answer was, "We can't make that clear, because it's would run into internal nationalism at home, and we'd be highly criticized if we said that." So, who's hurt by that? China!

And, you know, essentially, Americans have no claim on any territorial claims in the South China Sea. If the Chinese would make clearer that they don't have claims to the area within the Nine-Dash Line, you could resolve some of the dispute with the United States, then you'd have merely the dispute with the local neighbours. So, I think the, this, the sense of nationalism and victimhood is understandable psychologically, but from a *realpolitik* point-of-view, it's self-defeating for China.

B : Now, Joseph, coming onto the million-dollar question on China, what do you make of China's future economic and political trajectory?

J : I tend to be mildly optimistic in the sense that I think China has had an extraordinary accomplishment in the past in terms of raising hundreds of millions of people out of poverty, also of producing a very impressive economic record. On the other hand, it's also true that a double-digit growth can't go on forever. At the early stages of rapid economic growth, a country would be picking the low hanging fruit. And that's why people talk about a middle-income trap, of the difficulties of getting to a very high per capita income, which requires overcoming that [bottleneck/problem]. And so, what we've seen in the reduction of the double-digit growth of the early years of Chinese economic performance to the low single digits is natural, and to be expected.

Remember, Japan had double-digit growth for a while, and then of course, went back down toward low single digits. So, in that sense, I expect China will not return to the type of high growth that you saw in the past. In addition, it faces a number of problems the demographic problem. The Chinese labor force peaked in 2015, whereas the US labour force, for example, is continuing to grow. China has a problem with immigration to terms of enhancing the labor force. These are all things which are going to be problems with Chinese economic growth overall. On the other hand, if I look at the success that China has had in developing a class of entrepreneurs, of developing good, strong infrastructure... I just don't see a Chinese collapse. I see a Chinese slowdown, but I suspect China will continue to prosper. But the people who say, "Woah, China's going to take over the world!", I don't think so.

B : Do you think there's something distinctive about America that's essentially enabled it to, via projection of both soft and hard powers, been essentially the dominant power in the world for the better half of the 20th century; that China – till this day – might not have? Or do you think it's just a matter of time, and the circumstances in which the American century came about, that explains the difference?

J : Well, it's hard to know. I wrote a book called Is the American Century Over?, and pointed out that there was a unique period after World War Two, in which other countries had been devastated by World War Two, whereas the United States had been strengthened by World War Two. And this gave rise to an American preeminence. So you have a situation where America contributed towards about half of world product at the end of World War Two. And today it's about a quarter of world product.

But what's interesting is the Americans went back to about 25% of world product by 1970, and they haven't really lost that much since China's share of world product is going up quite dramatically, but it's been more at the expense of the Europeans and the Japanese and the Americans. In that sense, the Americans have had a capacity to keep regenerating - which, despite the fact that they're not where they were in 1945, they can reinvent themselves. So for a country that has all kinds of problems, it still has this capacity for regeneration.

And I think in that sense, I think the Americans will remain not dominant the way they were in the past, but in very significant power – probably the largest power. Will the American Century continue? I argue that, not in the sense that it was in 1945, but if you say, "Will the Americans still be the largest power and therefore, will it be essential that the Americans helped to provide global public goods?"

The answer to that I think is yes, but I think what the Americans have to learn, is how to cooperate with China, as well as others, in providing these global public goods. As China grows, the question is, will it grow in cooperation with others in providing global public goods? And will the Americans learn to cooperate with others? I mean, people say China will be larger than the US in total GDP by the mid 2030s. That may be, but in terms of per capita income, with the

Americans are about four times richer than the Chinese, I don't see the Chinese catching up with the Americans by 2050.

B : I've been thinking about the two frameworks that you've been working on over the years. One of them is the theory of complex interdependence, which, as you and Robert [Keohane] argue, apply perhaps more to states that are not circumstantially or intrinsically compelled to vie for brute dominance and power against one another; where they do not see each other through realist lenses. And then there's also the more recently developed framework of yours, where you argue that we may be moving towards a world with two spheres, separated by a thin veil in between. So, I guess, Joseph, do you think the rules of complex interdependence apply solely to one of these two spheres, or are there merely different kinds of interdependence at work here? Take, for instance, the AIIB vs. the World Bank, and the Belt and Road vs. the IMF – they strike me as being undergirded by broadly similar principles of liberal interdependence.

J : Well, when it comes to AIIB or Belt and Road, or World Bank or the Asian Development Bank... these really are complimentary. From the point of view of third countries, it's beneficial. That the Chinese and Americans compete in providing infrastructure or finance for poor countries – that's a good thing. Similarly on the question of vaccines and vaccine nationalism, you know, the more vaccines we get to the poorer parts of the world, the better and for all of us. You cannot imagine a world in which you can have large pools of unvaccinated people, where the virus can essentially keep mutating without realising they will spill over into China, into US, into Europe, and therefore we all have an interest for getting as much vaccination, as possible. After all, a virus doesn't care about the nationality of the human.

I think the idea that China and the US and Europe and others should be cooperating on these areas – what I call global public goods – is going to be actually crucial to the way the world looks in the future. At the same time, you're going to have continuation of competition in other areas. The South China Sea is a good example of this, but it's a competition that can be managed, it's not a competition that gets out of hand. When [Robert] Keohane and I wrote about power and interdependence in the 1970s, we said:

Look, there are parts of the world, which can be best explained by a realist model in which power is based heavily on force. And security is the prime goal, and the military is the key actor. But there are some aspects of world politics, in which the military is not the primary actor, and military force is not the crucial goal, and that area we call complex interdependence. You can have military interdependence, which is conflictual, but there may be others where we have complex interdependence. On some issues, you'll have a traditional realist interdependence, if you want; at the same time, on other issues simultaneously, you can have complex interdependence; understanding that type of a world in which these two aspects coexist. I think is essential. The simplistic models which say "It's all pure realism", or "It's all pure liberal interdependence", both of these are silly.

B : A question to follow up on that is, do you think it's possible for two or more internally liberal, liberally interdependent complex, super-state structures to then be, between these larger structures, militaristically interdependent or in tension with one another? What I'm envisioning here is essentially two or three Alliance Systems in which, like the EU and ASEAN, where they are internally complex-dependent, but then are locked up in external, militaristically antagonistic relationships?

J : Well, when you have complex interdependence, which you have, let's say in Europe today or between the US and Canada, you have a really different type of politics. Remember the US and Canada have fought each other in the past. The US crossed the border and burn Toronto back in the War of 1812, and of course, in Europe you had, Germany and France going to war with each other over three major wars, which tore Europe apart. It's impossible to imagine, given the complex interdependence in Europe today, Germany and France going war together. Is there rivalry between Germany, France? Yes! That there's a complex interdependence doesn't prevent rivalry, but it means that the prospects of the rivalry breaking out into war are vanishingly tiny.

B : I'm a massive fan of your work, Do Morals Matter? Now, Joseph, as you know, a lot of the theoretical argumentation in favor of international actors adhering to moral considerations IR often comes in the form of game-theoretical arguments, cf. David Gauthier, which essentially posits that, "You scratch my back, I'll scratch yours." in the simplest of terms. So it's ultimately self-interest-centered, so to speak. As a political theorist, I'm interested in questions beyond the self-interest. Consider a hypothetical principle P, with which compliance does not yield, considering both proximate and remote effects, more benefits than harms – it's necessarily a net-negative for your state's own self-interest. Would there still be a case, from an IR scholarship perspective, of advocating that P be adopted – not because it is good for the country, but because it is just the right, moral thing to do? Is there place for that sort of theorisation in IR analysis?

J : I very often find that the really interesting moral questions come up in the area of how you define the national interest. It's not about whether you pursue the national interest – I mean, literally sacrificing the national interest is very rare. Instead, leaders are our leaders because they represent the national interest. On the other hand, if I show that in the short run, I may lose something, but in the long run, I'll and my people will, as a whole, gain from it, then that broad definition of the national interest is a more moral definition. The classic example of this is the Marshall Plan after World War Two, where Truman could have insisted on the Europeans paying their debts, as the Americans did after World War One, but instead gave away 2% of American GDP to help Europe recover. He did that because it was in the American long-term interest, but it was also in the Europeans' interest. So that broad definition of the national interest, I think is where morality really plays the most important role.

一嘟去片
黃裕舜奈爾對談
https://bit.ly/3fNGgNP

第6章

謀劃未來

6.1

對談未來——曾鈺成

「主席八年」、叱咤風雲的建制元老

曾鈺成曾經擔任香港立法會主席，也是民主建港聯盟的創黨主席，此前曾為培僑中學校長。「主席」是香港最為著名的政治家之一，曾在回歸前擔任特區籌備委員會成員，也以民建聯主席身份擔任行政會議成員。主席圓滑的從政手段、對政治的深刻認知、對國家發展歷史及軌跡的掌握，皆讓其在不同陣營之中獲得一定支持及尊重。【答案經過簡略及整合。採訪於2021年4月進行。】

黃： 2021年的香港，在經歷了過去兩年來的政治風波發展後，有人說，這是香港民主政治的終結，也有人說，這是大破之後的大立之時，在國家安全底線站穩以後，香港才能再度出發。我想看看你是怎麼看香港現況？

曾： 這是一條很大的問題。老實說，我首次踏足香港政界之時，正值回歸前夕。回歸之後的十幾年，我都在立法會裏。我們一直以來都是在探討着，如何能夠透過循序漸進的形式達至基本法規定，最終實現普選這個目標。你也知道，回歸以來，特區政府確實嘗試過就着政改進行三次修訂：即是，就着選舉行政長官及立法會選舉方法的修訂。當中有兩次失敗了，一次成功

了。我們觀念上，似乎覺得香港存有一道很清晰的民主進程軌跡，問題只不過是快與慢而已。

那你現在問我的看法如何。最簡單的說法，我認為我們現在忽然間移到了另一軌道上。我們現在並非循着97回歸後到數年前，所一直沿用的軌跡來發展。有人說，這是民主倒退或終結，我當然理解他們的看法，因為我們一直都以為可以沿着原本那條軌跡，達至最終民主的目標。我們確實是忽然地換了一道軌道。但現實點來說，我們還未換軌之前，還有沒有前進的空間？當我們2015年否決了政改方案，我們還有沒有空間在原本的軌道上前進呢？當時的特首梁振英，及後來上任的特首林鄭月娥，都沒有再就着此議題做出積極表示。

中央認為接受8.31方案乃是政改的必要基礎，但泛民陣營卻表示，「若是8.31，我們一定否決！」再加上2010年那次政改成功以後（增加了行政長官選委會的人數及直選和「超級區議會」議席），你問我，民主的成分確實在2012年增加了，但議會中的議會質素又是否增加呢？對政府施政的監督，甚至對香港整個政局的影響，是否正面增加呢？似乎並不是。所以如今有了《國安法》，有了人大對香港選舉制度所做出的改革，我們會否可能可以在這新一條軌道上，重新出發呢？以一個最樂觀的態度，我當然希望如此。

黃： 泛民將現時香港的管治問題歸咎於缺乏問責，沒有民主選舉制度。可是也有不少聲音指出，其實管治素質與選舉民主存在與否，並沒有直接關係，因為理論上，我們可以有一班很成功的賢能，透過精英管治，去推動有質素的管治。所以在這個深層次問題上，市民有很明顯的分歧。你覺得管治問題癥結在哪裏？

曾： 這樣說吧，從中央角度來說，他們覺得自己是給予了香港二十多年的時間來透過民主實踐，來改善管治，但管治改善似乎一直都沒有太多進展。所以今日如果要談到改善管治，其實很難說服中央，去透過推動民主落實更佳的管治。這種說法很難有說服力，特別從中央政府角度來說。回歸初期，無論是在香港又好，北京又好，皆有很多人認為香港的管治模式很成功。我們八十年代，九十年代，確實是做得不錯。

反之，中國當時正在改革開放，正在嘗試趕上國際水準。中國很明顯並非落實西方國家所說的所謂「民主制度」。那當時，大家皆認為，香港可以作為一個試驗場：若民主在港能夠妥善落實善治，這也許可以供國內其他地方借鑑。港人對自己那一套制度很有信心，至少當時是這樣的。但回顧過去20年，我們這個不中不西的系統，似乎不太「work」。環顧世界不少沿用「民主制度」的國家，似乎也有自身的問題。

本來民主乃是要促進社會公平，但踏入二十一世紀，我們會發現，有不少西方民主國家，貧富懸殊現象並沒有因民主制度而得以化解，而是正在加劇。同時，中國也在崛起。當然，中國官方不會去推崇「中國模式」，但國內，甚至本港，也有不少知識分子，對這套卻有所推崇。如今國家主席習近平也提到，「制度自信」、「理論自信」等要素。內地愈來愈自信，反而，香港卻對自身的模式抱有愈來愈大的疑問。若香港仍要堅持作為所謂的「試驗場」，恐怕只會招來內地不少市民的質疑。若我們如今要真正改善管治，我們必須從根源找出方法。《基本法》最初設立之時，我們設計的整套體制，到底時至今日，是否真正落實良治的最佳方案呢？我們得要反思。

黃： 我一定程度認同你剛才所說——即所謂的民主選舉程序公義，未必能夠落實到真正的善治。那我們倒可以試一試由從政人才的質素着手：過去多屆政府，在政治敏感度及觸覺方面，似乎都有其缺失與不足。無論是與反對聲音的周旋，還是制定遠瞻性的政策，似乎都有很大的改善空間，你又怎麼看？

曾： 其實過往不少行政長官，都有提出過較為長期性的倡議，只不過到他們退下來之時，便沒了。比方說，當年曾蔭權提出的六項優勢產業，他退下來之後，似乎便沒有人再提了。

作為一個很長時間都在建制陣營中的從政者，我覺得我必須就着一些對我們的批評——包括說香港「沒政治人才」、說建制派「是廢物」、說我們沒有「出色政治人才」——提出一些辯護。老實說，不只是建制或政府，泛民也是，他們又出產了多少真正的政治人才呢？

我最近跟一位內地學者探討過此問題，他認為，「種瓜得瓜、種豆得豆」。究竟在實行問責制度之後，有多少人，希望香港出到真正的政治人才呢？回歸前，大家的印象——包括中央政府當時看法——均認為，香港無需政治人才；再者，97年前的政府便是由公務員執政的，而香港發展都似乎頗為順暢，故毋須更改。當時董建華便是這樣想的。

殖民政府最後一任港督彭定康任期期間，香港出現大大小小各種政治爭擾。所以回歸之後，董生便表示，「我們不要再講政治，倒不如捋高衫袖，做實事吧！」結果，便是這樣了⋯⋯與其單純埋怨沒有人才，我們是不是應該思考一下，到底整個制度、香港與中央，有沒有提供誘因，讓有潛質及優秀年輕人可以下定決心從政？

黃： 內地官場重視從政的使命感；英國等選舉民主制度則強調從政的滿足感。可是香港從政者，似乎並未能從政治遊戲中得到「獲得感」。泛民及民主派議員一方面要兼顧選民的訴求，另一方面要遵守遊戲規則，說比做更容易。同時，建制派也有其困難。他們必須支持政府施政，卻因為永不能擔任香港的執政黨，所以在誘因層面上，似乎也難怪優秀人才對從政卻步。

曾： 這樣說吧，當有些年輕人跟我說這個道理時，我就會跟他們說，「歷史上，古今中外，出色的政治領袖，是否真的需要制度給予他們滿足感，才可從政呢？」往往最為出色的政治人物，乃是在非常惡劣環境中，在逆境中突圍而出。若你是有志氣的年輕人，你當然要為自己創造有利條件！現實就是這樣。我常常會引述柏拉圖的說話：「若你拒絕從政，你便要接受，比你差的人就會管治你。」

黃：你覺得香港最大的三至四個結構性問題癥結在哪裏？

曾：剛回歸的時候，董先生曾經做過不少的民意調查，問各方意見。他得出的結論便是，香港最大的問題，乃是房屋、教育、安老。時至今日，我相信這些問題，仍然是相當重要的。這些問題在不同層面上，皆反映出我們社會不公。社會上層人士住的住宅，乃是皇宮式的，奢華程度你難以想像；但說到基層方面，那些劏房的惡劣程度也同樣令你無法想像。

說到教育，本來其本質，作為"The Great Equaliser"，乃是促進社會往上流。我們那個年代，是有這樣的向上流動的。我入大學時，那時在大學的同學，有不少都是住在徙置區，父母都是小販、手工藝工人等……可現在，基層家庭通過教育往上流動的機會，確實少了很多。

再講到安老。有數以千計人在輪候政府資助安老院位置的過程當中身故。有一些私營安老院將院友的安老金按年收取，這些安老院的情況，真的是慘不忍睹……這三大議題，確實是香港必須正視的議題。

黃：話鋒一轉，我想探討一下從政官場旋轉門的問題。其實在香港和國家融合的過程當中，有沒有可能有一種官場「融合」，能讓香港的問責官員，進入國內幹部體制內實習，然後再回到香港，將國內工作的見聞及認知，帶回香港？

曾：最近我也在想，公務員團隊，究竟能否與內地公務員團隊，有類似的交流？在香港較為高級的公務員，可否回到內地，實習一定時間；同時，內地政府是否也可以委派同級的官員，到港工作？這是一道很有趣的問題。

2019年反逃犯修例前，當年有不少內地中級及基層公務員，到港參加培訓課程。我覺得很有趣，一提到管治制度問題，便能看見我們之間的差異。有不少內地官員表示不太欣賞我們那一套，而我則認為內地一些表現手法，和我們格格不入。

但客觀點來說，我們這兩套，都有其各自的優勢，沒有誰比誰優越。從一個政制管治文化出發點來說，內地和香港明顯是有分別的。我倒認為，將有一定差異的管治文化拼在一起，效果應當是正面的。但說到政治任命官員這層面，我倒沒有想過。

黃：反修例事件期間，你帶着一群有心人進入理大。你當時所呈現出從政者應有的原則及勇氣，我覺得這是很關鍵的……

曾：其實與其說是勇氣，倒不如說是愚蠢，當時真的是沒想得那麼多。當時我們整群人見到理工大學的局面，其實都十分緊張。警方當時都擔心，會出大事。理大現場有不少汽油彈、弓箭等武器。當時我們進去調停，其實警隊是支持的。我們的講法便是，「帶得幾多得幾多」，而且也有不少校長、老師參與。

當時，很坦白說，我進去理大的時候，其實並不感到對我個人來說那麼危險。最初跟我一起進去的人，所有人都叫我不要進去，他們認為我有可能被挾持，性命難以擔保，未必逃得出來。跟幾位好友商量後，我以為自己在門口揮一揮手，便能帶人出來。但及後在街上，不少朝我方向走來的年輕人的反應，倒令我們覺得我可能會沒事。而後來警方也同意讓我進去校園。進去以後，我被很多傳媒圍着，基本上看不見周圍環境。

直至離開現場後，身邊才有人跟我說，有人當時向我拉着弓箭、拿着汽油彈，但我完全看不到。無論如何，我也慶幸當時我們一眾人，能疏導到一些年輕人，讓他們離開當地。

黃： 你從政生涯最大的成功及遺憾，是什麼？

曾： 先說遺憾吧。我剛做立法會主席時，我曾公開說過，我相信「一國兩制」若要成功的話，乃是需要容納到不同政見的人；當然，大家都要支持「一國兩制」，認同國家對香港的主權。但在這些關鍵議題之上，我倒認為政壇中，有關本港民主化的進程，應當容納不同聲音及想法，這樣才「有偈傾」。我當時希望能促進到不同黨派之間的對話，包括泛民主派與中央政府之間的關係。

有一段時間，似乎有一定進展。但最終……其實是失敗的。我做完八年後，可以說，中央與泛民之間的關係，非但沒有改進，更似乎陷入歷史低點。我是做不了的。

成功呢，我倒是說不到什麼。我倒想說，我很尊重立法會秘書處，我當時多少都建立到議事規則，並能應用在議會上。當然，有些人認為，就是我敗壞了立法會規矩，但面對批評，我是不那麼服氣的。我覺得，議事規則雖然是當年訂下來的，但我們也必須確保規則能夠與時並進，以應對時代的改變。

一嘟去片
黃裕舜曾鈺成對談
https://bit.ly/3lknb9G

6.2
對談未來二
劉慧卿（Emily Lau）

Hong Kong's Iron Lady, and lifelong democratic activist

Emily Lau is an internationally recognised, leading democrat and political figure in Hong Kong. A former journalist, she contested and won seven elections, and led the Democratic Party from 2012 to 2016. She is known for her outspoken, candid, and ardently impassioned advocacy in favour of democracy, human rights, and civil liberties. [Answers edited for clarity and concision. Interview was conducted in June 2021.]

Brian: B **Emily Lau: E**

B : I'd like to start with a question about your career and also the beginnings of your career. You were a very distinguished journalist and activist prior to embarking upon your political career as a legislator. What got you interested in politics?

E : Well, I think I got interested in politics when I was at university in America, during the era of Watergate, when, like many university students, whether they be Americans or foreign students, we were riveted by the hearings on Watergate, especially with Senator Sam Ervin. I remember, every night, I would be sitting next to the TV set – watching. And then of course, in the end, Woodward and Bernstein of Washington Post, managed to topple the president. So that got me interested in journalism and in politics, which, as always, I think are deeply intertwined.

B: We had a very interesting discussion on the sluggish pace of democratisation during the colonial era. Now, the appetite for democracy has been steadily growing since the 1990s. One hypothesis that I've been hearing quite frequently, is that the appetite for direct democracy is proportionate to the extent to which people are dissatisfied with the quality of governance of their particular polity, or any particular region in general; that is, the more satisfied the people are with the outcomes and quality of policies enacted by their government, the relatively less likely it is for them to contest and push for direct democracy. Emily, what do you make of this argument?

E: In a place like Hong Kong, we've never had democracy – we've never had democracy under British colonial rule, or under Chinese rule. And so we Hong Kong people never knew what democratically elected governments are like, because we've never seen them before. But we have enjoyed much freedom and vibrancy and all that.

But the irony is the level of freedoms of personal safety and the rule of law that the people have enjoyed over the decades – that are all now dwindling, vanishing – is much higher than in some countries, or places, which have periodic elections to choose their government.

I think that if people are very dissatisfied with the policies of an administration, particularly if those policies impacted very adversely their lives, of course, they'd want to change. And they would say that,

"Hey! If we get representatives who are elected by us through one person, one vote, it'd be much better than someone appointed by London or by Beijing, or by the tycoons!"

B : Now that we look back at the era of the 1990s and the 2000s, really – many have touted those years to be when Hong Kong, pre- and post-handover, has enjoyed the highest levels of freedoms, despite the relative lack of democratization. What strikes me here is that maybe it is possible to pry apart, as you said, the level of freedoms, the quality of life and the level of democracy in a city. And if that were the case, would you say that the advocacy adopted by the Pan-Democrats over the past two decades – largely in favour of more democracy ad simpliciter – is, retrospectively, perhaps misdirected, given that we should have been focusing instead on pushing for better governance and more civil freedoms, in light of the political constraints confronting us?

E : No, I think they're all interrelated. I think the people, the representatives who are elected by us through One Person, One Vote, should be more attuned to the wishes and aspirations of the voters. Now, some people would say, "Oh, if you have a benevolent dictator, maybe they can perform well and are loved by their people too." But unfortunately, we haven't seen that in Hong Kong – ever.

Now I do want to stress one point. China, to many people's surprise, agreed to sign an agreement with a foreign power in 1984, concerning how it would run a part of its own country after 1997. And then came 1997, the handover. In the initial years, Beijing kept the promises to a large extent, which left some people surprised, because some people would say, "Oh, don't trust them, you know, they can never be trusted for anything!" But even after the handover in 1997, for a number of years, the people continued to be free and safe, and the rule of law, the independence of the judiciary was intact.

I remember a few years ago, someone came and asked me, "Emily, what do you think you're fighting for when it comes to democracy? What is democracy for?" I said, "What is it for? Democracy is there to protect our freedoms!" They said, "I'm so free! So why do I need it?"

So, you see, we mustn't forget all that. Whilst it was under Chinese communist rule for so many years, the people in Hong Kong managed to breathe freely, to operate freely, and they did not have knocks on their doors at 5 or 6 am. It's really up to Beijing, whether they want to really tighten their rule over Hong Kong, or to you know, have a lighter touch. We are not yet halfway through the 50 years [unchanged] under the promise of the Joint Declaration – but it seems to me the agreement is unravelling before our very eyes, and many people are leaving the city.

B : On the subject of engaging and liaising with Beijing, a very illustrious group of Pan-Democratic legislators, academics, and also public figures, including your good self, back in 2010, participated in a closed-room dialogue with the leadership of the Central Liaison Office here in the city.

I truly want to just express my admiration for that, because that strikes me as something that only democrats with real political acumen would do. Hong Kong is a part of China, and we remain under Chinese jurisdiction politically. It's imperative that we, as politicians – democrats or Establishment – talk to Beijing, negotiate and speak with Beijing, and listen to what they say. So you did the right thing, in my view.

But in the aftermath of 2010, you, alongside the party at large, were subsequently panned very heavily by vitriolic netizens and radicals – especially those who accused you of allegedly selling out. What do you precipitated these criticisms and the onslaught that came after you guys? And would you have done anything differently?

E : Yes, of course. Now, I think that if you look back at the developments – when it was revealed that we had negotiated with the Chinese government, and, as you rightly pointed out, it was not just my party, because other political parties were involved alongside other academics and so on... there was a series of meetings in the Central Government Liaison Office, but it seems that subsequently, the highlight was just focused on my party, whereas many other people – even Ronny Tong – was there, and Professor Chan Kin-man, Frederick Fung... all those people were there... Anyway, when the news came out that we had been talking to them, and then especially that my party had proposed this amendment to Beijing's initial proposal on expanding the elections... [there was backlash.]

My member, Wu Chi-wai, also a former Chair of the party, had suggested that we should not accept Beijing's proposal for 10 extra seats. Now, those five extra directly elected seats were fine, no problem at all. But the other five are functional constituencies – and they were chosen by the District Councils. And at that time, there were about 300 or District Councillors coming from 18 councils. They had already elected one member Ip Kwok-Him, and they proposed for them to elect five more; so we'd get six 'Ip Kwok-Him's. And I said no way – how can we have that? That's crazy!

Chi-wai said, "No, if you have that, we will vote against it." And then I said, "Well, let us compromise, because it's not Universal Suffrage we're talking about anyway. So, if they want the five seats there to be functional [constituencies]; if they wanted them to be from the District Council... okay. Let the district council members stand! Let them nominate candidates, but the whole of Hong Kong, all those people who do not have a vote in the traditional functional constituencies, where, of course, there are many – they will have a vote! So, it's one person two votes.

And initially, Beijing did not accept it. And we said, okay, "If you don't accept, all bets are off – finished!" And then one day later, Elsie Leung Oi-sze, who helped to arrange our meeting with the Liaison Office... she came out and said, "Oh, there's nothing wrong with the Democratic Party's proposal – it is not against the Basic Law! Everybody had to follow what Elsie said; it was so embarrassing. Maria Tam was supposed to go to Victoria Park to attend the City Forum, and she did not turn up. I don't think she wanted to answer questions about why she's turning, because Elsie had switched. So you see, at that time, it worked – they had negotiations with us.

And when the news came out, you look at the surveys – they were very positive. Many people thought it was a good step forward. But then people started attacking us. And then my party said, "Never mind, because our critics are, you know, Democrats – our people from the same camp. So don't argue with them! Don't let people saying that we are fighting amongst ourselves!". This [response] was, of course, a very, very big mistake.

Amongst the many who viciously attacked us, they were quite stunned, because we just we were just silent. We did not fight back at all. Because of that, they attacked us even more. And even amongst some of the people who had supported us, they were also shocked. "How come you don't say anything? There must be something wrong with you!"

I think that was a big mistake. The mistake was not in talking to Beijing, or reaching a compromise. The mistake was that we didn't fight back and attack the people who so viciously attacked us. Now, I did not say they were not Democrats, because who am I to say? But I said they were not people from our camp – that, I could say. And I say we must learn the lesson. If people attack us so viciously in future, the party must fight back!

B： But in terms of convincing those skeptical voters, especially those wavering between the radical and the moderate paths undergirding the split in the Democratic camp, what I felt was lacking back then was a convincing narrative as to why the pragmatic approach you adopted would yield sustainable and continued results. And then that was what a lot of the localist zealots were harping on about. They said, "You were cheated. You were deceived!"

E： Now, first of all, what was the promise? The promise was 10 extra seats. But apart from that, Beijing also came up to say, "Okay, now you have satisfied the requirement in the Basic Law about gradual and orderly progress; so, next time, there will be direct elections and universal suffrage." They said that, of course, then they came up with the fake 2014 proposal, which people could not accept, because Beijing called it universal suffrage, but the proposal had very high thresholds, and only a small number of people can stand. But that's what Beijing did later down the road – not in 2010.

B： I want to now turn our attention to the advocacy methodology adopted by the Pro-Democratic movement over the past decades.

Much of the advocacy seems to have largely focused on the Basic Law, on Beijing's ostensible and past promises, or Beijing's previous guarantees offered to citizens in Hong Kong. It also strikes me that what's missing here perhaps in this overarching picture, is the very straightforward, *realpolitik*-rooted question of, "What's in it for Beijing from its self-interest point-of-view?"

I personally think that whenever we wanted to pitch democratisation, political reforms, or indeed, anything that Beijing was to do with Hong Kong, we must always explain why this is in the interest of Beijing; why Beijing would benefit from this. And I just feel that this sort of overarching pitch has not come through over the past ten to twenty years of democratic activism. Why have the Pan-Dems eschewed this sort of self-interest-driven advocacy, and opted instead for a fundamentally moralistic pitch – which may work in rallying their own supporters, but just doesn't work for a self-interest-driven administration?

E : Well, I don't think is necessary to explain to Beijing why they should keep the promises they made. I think it's so obvious! Look at this the other way around. If they make all these promises, and they renege on them, well, they will look very bad! And that's why some countries are saying, "Oh, wow, gee, why have you signed a treaty when you don't keep the promise. What is the worth of other treaties that you sign? I would have thought that it's obvious to Beijing that they should keep the promises.

Now, of course, many people even now still say, Hong Kong is useful to Beijing, as it is a financial centre. Elsewise, perhaps Beijing would have come down on us like a ton of bricks, long time ago. We would then be worse than Shenzhen. We are useful to Beijing. And maybe you think it's useful to itemise all the benefits the Beijing, pointing out the obvious... maybe you're right, that we should highlight all these benefits not just to the leadership in Beijing, but to all the other people in China, that a thriving, free, and safe Hong Kong can bring real advantages to China. Maybe we should. I have nothing against that. But I would have thought that those things are quite obvious to Beijing in any case.

B: I think it is obvious, in principle! From Beijing's point of view, they'd say, "Well, we are keeping to the promises. We promised universal suffrage – we didn't promise you unfettered, unrestricted universal suffrage. We promised you democratization – we never said you could democratise at the hasty pace you wanted! It's only from the Hong Kong democrats and activist' point of view, that they'd see things very differently and say, "No! No! You promised us this; you promised us that!"

This communicative mismatch – this gap; this disparity, so to speak – is what strikes me as the hamartia undergirding a Greek tragedy. You could call it a series of unfortunate events. But I think the root cause of the malaise we're in today lies in the fact that politicians and statesmen in Beijing and the Hong Kong public see certain key issues rather differently. Such differences in interpretations also extend to how Beijing and Hong Kong democrats understand the Basic Law.

E: Well, I guess that some people would say that for Beijing, no matter what they do, they would still call it Marxism, or Leninism, or Mao thought. That's the way they behave. Of course, they'd say they are abiding by all the promises of the Joint Declaration and the Basic Law. But the people here and people in the international community think otherwise.

B: I want to turn our attention to the question of elections. What advice would you give to this city's Pan-Democratic District Councillors and politicians – those who are staying behind and not emigrating abroad? What advice would you give to them, assuming they'd like to stay and build, as opposed to leave?

E: Well, actually, as we speak, I think many of them are very worried that they would be thrown out of office in maybe a few days or a few weeks' time. So, these are the things that are dominating their concern. And these District Councillors are Hong Kong people.

My attitude is very simple. I hope they will always have a choice. And if they and their families want to leave, I hope they can leave. But for those who don't want to leave, and who can't leave, I hope they will stay and fight, fight so that we can continue to be safe and to be free. I hope that people can find the courage to speak out, to act with dignity and principle for what you believe in. But I think we need to be bold, we need to be wise, and we need to be careful.

Now, they' say, these are contradictory! But life is full of contradictions. We need to sort it all out and decide. But what I don't want to see is a completely silenced city. That would be very sad.

B : Let's talk about the LegCo elections, then, because you've repeatedly noted that it would be a humiliation and embarrassment for Pan-democratic legislators to contest the elections this year, in 2021. Yet you've also noted that democratic legislation should nevertheless seek to run, should electoral rules change in the future, you know. You thus rule out these legislators' running for now.

My first question here is based on the criteria you gave me just there. Surely, it is bold to run in the LegCo elections this year, because of all the impediments and challenges that might confront you, or the rise of new members and forces within the opposition. It certainly requires wisdom because you've got to navigate the complex quagmire of prerequisites and legal-practical constraints for political contestation. And you've got to be careful. Indeed, only if one is careful, can one engage with the preservation of one's dissenting voice within an institutionally recognised set of parameters. Might there not hence be value on the basis of the trifecta you raised, for Pan-Democratic legislators to run in the elections this year?

E : Well, I have stood in seven elections. I have never lost an election. I think I know a bit about what the Hong Kong people think. And in those elections that I took part in – they were not universal suffrage, there were only directly elected seats... a very limited number of directly elected seats in the council. But I still took part because that process for me, was free, and was fair. I just went out to collect 100 signatures from my voters. And not just me! Anyone could go and collect the nominations, and they could stand. And that's why sometimes we had over 20 candidates standing, and the voters, when they go to vote, they can vote for whoever they like. So that's an election that, even even within the confines, is something that I can accept.

I have even supported people who stood in a functional constituency. Dr. Fernando Cheung stood in the Social Welfare constituency. Why did I support Fernando? Because of his platform – he was fighting for universal suffrage. And Fernando was also fighting an election that's winnable, although it's by limited franchise, but it's winnable and he won! So these were my considerations. But in the current case, you have to go to the Election Committee – the five sectors, which would be selected in September, and to ask them for two or four nominations from each sector. And one sector is the MPC delegates and the CPPCC. Members, to say, "Hey, you guys, please, can you give me the nomination?"

That's why I say it's a bit humiliating! And then the other sectors, most of them are also pro-Beijing. So it's not like going to my constituency to get 100 nominations. And even if you do succeed in collecting the required nominations from the five sectors, that's not the end of the story! Because then there is a vetting committee that will vet you, to see if you are patriots. And if you're not a patriot, you still cannot run! So given all that, so many people I've spoken to just think it's quite a demeaning process.

And actually, when this whole idea was floated; some people said, "Geez, I've never heard of such an electoral system anywhere in the world!" And someone said, "No, no, no, there is such a system in Iran. And recently you've seen the Presidential Elections in Iran. And of course, many of the candidates were disqualified. They have a committee of the mullahs who disqualified most of the liberal candidates, and only one or two or three were allowed.

Brian, I think it's very difficult for me to stomach that. But my party did say, "No, it's not for one or two individuals to decide. The party will hold an AGM in September, and let the members have a vote. And if the majority say we should go ahead, then we will see who wants to stand. But even if we don't stand in the December election, we're not saying we will never stand ever again." No, we will work outside and see what we can do to agitate for improvements, and see what happens next time. And if people say, "Well, tough luck, you do not stand, we will abandon you forever... Well, we'll have to accept that, if that's the people's choice!"

B: To close off our conversation – Emily, are you optimistic about Hong Kong's future?

E: Well, if I tell you, I'm optimistic, you will say my head needs examination. I'm not going to say that. But I will always say this. I am very positive. And that's the case, under the current difficult circumstances. I refuse to be intimidated into silence. But of course, I would not go out and deliberately break the law. Even if I didn't, somebody could say I have and still, I could be arrested. I know that it's possible. But I think as a member of the Hong Kong society, who loves Hong Kong, I will do my best. I will **never fight for independence or revolution - absolutely not!** But I want to keep Hong Kong vibrant, safe, and free.

一嘟去片
黃裕舜劉慧卿對談
https://bit.ly/3fjJJU0

6.3

對談未來三
張炳良

穿梭在體制內外的資深學者及政治家

張炳良乃是香港運輸及房屋局前局長、香港教育學院（今教育大學）前任校長、也是民主黨首任副主席及匯點第三任主席。曾經擔任行政會議及立法局（回歸前）議員的他，政治生涯跨越學術、議政、參政、執政、評論等範疇，乃是香港政壇中為數不多縱橫體制內外的學者。【答案經過簡略及整合。採訪於21年5月進行。】

黃： 有人說2021年的香港，是「大亂之後必有大治」、「先破而後立」的管治，也有人說這是香港「民主之路」的盡頭。你又怎樣看？

張： 亂是發生了，但亂之後是否有「大治」、穩定下來呢？牽涉很多因素，例如社會對「治」與「穩定」的因素是否存在與生效。第二是導致「大亂」的因素是如何被理解，即我們常說的「深層次矛盾」是否消失或被好好處理？「大亂之後必有大治」，是一般性的講法，但具體而言，如果我們不好好理解香港過去這兩年的特殊時空發生的事，便很難達致「治」。

至於是否「民主的盡頭」呢？這視乎我們的民主路是什麼，由1980年代，香港走向民主受到很多歷史、香港地位等因素所約束。第一，香港不是獨立的個體；第二，香港過去的歷史、基因；第三，香港內部的利益怎樣劃分；第四，香港回歸前有一定的保守性，很多人都希望「不變」。在這些環境之中，我們想像的民主路都會有些不一樣。

有些人將香港比作一些由殖民地走向獨立的主權國家，但這是錯誤的。香港不是一個國家，並非也不能走這條路。不少泛民主派人士將北京通過的新選舉制度視為「民主倒退」，也認為民主已經走到末路。我認為這是情緒性、草率的結論。我也因此撰文評論為政制「易軌」。1990年代《基本法》訂下的軌道已有變化，不同世代，包括內地與香港，有了新認知和新要求，政治發展從來都是互動的，我們須要了解當中的過程。

黃： 你提到現在民主道路已「易軌」，我也有看你的文章，也很贊同。但現在絕大多數港人煩惱的事並非關於民主，而是對北京有所恐懼，可能因為媒體渲染或港人多年的「恐共情意結」。其實這個深層次思緒很難因為是次政制改革可以化解，中央也深知有很多港人人心未回歸，你怎樣看呢？

張： 我認為香港政治光譜不同的人都認為1997年只是領土回歸，但人心並未回歸，這事有不同的解讀。但我認為回看1980年代香港問題提上議程，整個歷程並不簡單。我記得，1989年民運與六四事件，香港數以百萬計市民上街表態，他們一般不隨便作政治表態的。所以當時有一種說法：「我們不須要等到97，香港已經回歸了」，乃指對內地發生的事情有這麼大的關注和投入，已把香港與國家命題扣連一起，而當時也擔心97之後的情況。

回歸前後內地發生的事，例如1991年華東水災、2008年四川地震，香港人的反應很自然，就是認為這是國家發生的事，就算我們是特區，也需要關心。所以不能簡單地解讀，任何陣營都是。我是怎樣理解，中央對香港最新近的反應呢？我是做政

治學研究，也重視歷史背景。若北京對香港的回歸與承諾當初是假情假意的話，我便認為中央花這麼多時間與香港人談來談去又是為了什麼呢？2007年為何要提出雙普選的路線圖和時間表呢？

說到中國模式這一點，北京由1980年代鄧小平主政年代起，便一直懷疑英美式的民主。但因為當時內地也有「三信危機」，所以在《基本法》制訂中，也有一些彈性。現時北京對香港沒有信心，便立下《港區國安法》及完善選舉制度，確保「愛國者治港」，我們需要理解為何發生過去兩年的事及對北京的影響。

在香港參與反修例運動中的年輕人，當時他們有一定的情緒與其他理解。從中央政府的理解，卻是近乎叛亂，我們不能低估中央政府平亂的決心。我們看到2017年加泰羅尼亞地方政府發動獨立，西班牙中央政府馬上接管，並拘捕了一些安排公投的人，歐盟沒有特別表態。而美國國會山被特朗普狂熱支持者強行進入，沒有開槍，但人們認為這個衝擊的象徵意義，等同叛國，這件事必須由獨立調查委員會處理。我們看到，西方國家也不會輕率處理上述的挑戰。對於香港在過去兩年發生的事，我們仍有不少不清晰的地方，但當時應該極力避免事情惡化。我們今天必須好好總結、汲取教訓。

黃： 政治學常言「Action begets reaction」的因果關係，當我們預見到一些風險及「黑天鵝」時，便應設法避免。有人說反修例風波中，港人誤判了北京的心理，但我認為港府在當中也誤判了群眾的心理，無論是當初「拒絕撤回」，或是後來有段時間不同持份者想促成「和解」，但政府方面的回應較少，警民衝突更不斷加劇。除了群眾需要負上一些責任外，你認為在管治層面上，當時政府有什麼漏洞或有什麼問題？

張： 我認為在這種大型的運動、浪潮之中，民眾的責任不及於相對足以左右大局的力量這般大。我們回看歷史，一般民眾都是跟從一般浪潮，受環境的影響。出「大亂子」便是主要持份者、社會領袖、政治領袖等的研判、做了或不做一些決定，導致局面惡化。

我曾經在公開文章寫過，問題主要不在修例。當時，政府或許出於良好意願，希望解決一些問題，但所謂「諮詢不足」的問題，世上其他政府也可能發生，例如英國的脫歐決定，當時說會對英國經濟有利，但實質不然。至於在反修例事件，由港府宣布暫緩，以我在政府工作的經驗基本上等於不會再做，但為何仍持續有這麼大的社會反應，且火愈燒愈烈呢？

如果反修例事件我們要汲取教訓的話，便了解從2019年6月中政府已宣布不修例後，為何事情愈演愈烈。我們可以1970年代美國的「水門事件」打一個比喻（雖然性質不同），其一開始時並未波及尼克遜總統，如果實事求是追究的話，有些共和黨人及主要的人物會承擔刑事及政治責任，但最後為何導致總統被迫辭職？用英文說是因為「Cover-up」，即是不斷隱瞞，大話接大話，總統被認為是最終導致事情擴大的主要原因。所以問題在於，發生的事雖會造成傷害，但如果危機處理的機制失效的話，問題反而更複雜與嚴重，釀成政治災難。

政府除了沒有及早反應，當時推動反修例運動的領袖，不論是泛民還是自決派也好，我認為他們確實誤判形勢。若用他們自己的邏輯，既然他們面對「龐大與專制的政權」，為何會低估這個政權的反應呢？他們是不是已經飄飄然，被自己的宣傳洗了腦？同時，我認為西方國家也有責任，我們暫時不談他們是否如北京所言在背後推動顏色革命，但西方國家對香港的取態是有問題的，當時本應為香港形勢降溫，而不是升溫，這樣便會加重了北京研判問題的嚴重性。但是，當時香港很不幸陷入地緣政治的角力之中。

此外，還有幾件事決定了北京對香港問題的取態，首先是2019年7月1日自決派衝進立法會，破壞區徽、塗污中華人民共和國的字樣，並揮舞港英旗。地方的立法機關，被視為主權象徵，北京自然會問為何發生這些事，我也會問為何當時警察沒有設法保護立法會。還有2019年10月1日，即中華人民共和國成立70周年，香港當日的暴力事件十分嚴重。歷史便是由遠因與近因組成，並影響到具體時空中決策者的心態。

黃： 咱們話題一轉。「港人治港」最關鍵的是由港人服務港人。我亦希望了解香港房屋與土地明顯有問題，中央更不斷強調香港的房屋與土地極待解決，可見中央也認為港人治港難以化解深層次矛盾。現在有人說房屋問題根源是樓價問題，也有人說是土地供應問題，你怎樣看？

張：我認為土地供應是主要的樽頸。建造公共房屋需要財政支持、土地及市場需求，在我做運輸及房屋局局長時，政府的財政十分理想，不缺錢建屋，社會上也有需求，但問題是沒有地——這些「地」是指在規劃上可供開發的（Developable）土地，因為有些地是不能發展住宅的。而建造住宅區亦需要周圍的基建配套，例如交通、排污等。很多人不知道，排污是有極限的，當該區排污達到上限後便不能再起樓。所以不是你看到有一幅地，便問為何不用來起樓。這裏談一談一些常見有關土地問題的誤解。很多人說把丁屋的地收回便可大量建屋。其實可用作丁屋的地很少，這些地均受地政署規範，長期以來平均每年只建約一千個單位。又有人說棕地也有很多，但大部分棕地也不是官地，而且這些地上有不少作業，收地後這些活動也須要轉移他方。把土地問題簡單化，無助解決房屋問題。

我知道北京很關心、擔心香港的房地產問題，但不應該把這個問題視為香港所有問題的根源，只不過是這個問題乃社會重中之重，必須及早解決。我任內充分體會了房屋問題的複雜性，我們需要去除幾個迷思：房屋問題既是土地供應問題，也是需求問題。沒有需求便沒有房屋問題，我們回看1998年亞洲金融風暴後，當時公屋與私樓也沒有人要，致當時董建華政府定下輪候公屋首次配房「上樓」排期三年，根本不需要三年，更提早幾年達標。

說到「需求問題」，有人認為是外人來香港炒高樓價，但主要需求仍是本地人，包括投資需求、父母為子女買樓。為何投資需求重要呢？因為世界進入了量化寬鬆，錢太多缺乏出路，直至現在。所以需求影響市場，而當供應少遇到剛需，便很大問題。上屆政府推出不少需求管理「辣招」，並不像坊間所說要壓下樓價，因為當樓價因市場供需因素强勁上升時，沒有任何政府可以壓低樓價的，不是政府說「樓是用來住」便可遏抑。

我們的「辣招」是希望樓價不要暴升，因為市場總有一天會調節，問題是「硬着陸」還是「軟着陸」。香港有過很深刻的教訓，曾有很多人負資產。任何一個負責任的政府，都不能坐視樓價暴升暴跌，更不會像一些經濟學家所言，就讓自由市場操控一切——市場可以隨意升跌，但受傷的卻是一般民眾。

最後，談到「地產霸權」，其實不只是地產商，任何買了樓的人也是霸權的一部分。買樓前就希望樓價跌，買樓後就希望樓價不要跌，這是人的心理。我們需要管理需求，使不要升得太快；其次是有序地增加房屋供應，不能單靠填海這樣的遠水，也靠短期的增地方法，包括改劃用途和調高地積比等。此外，現在社會已到了任何可以考慮的方案，都必然有部分人反對，所以不能假設沒有人反對，只能各個方案都做一點。而以我的經驗，現在的社會政治生態是很多持份者都會拖着你，例如（過往）議會拉布。政府必須讓公眾看到意志，盡快處理自己可以做到的部分，要預了別人會拖你。

黃： 你曾經是匯點，也是泛民一員，後來也成為行政會議成員及政治委任局長。你的經歷十分傳奇，也反映了不少泛民人士的想法，到底加不加入體制工作，還是在體制外當反對派？在2019年後的泛民出路，是不是像你一樣嘗試進入體制？

張： 我本人加入行政會議成員及成為政治委任局長，也是很偶然的，不是我當時的個人規劃一部分。我大學時期是學運分子，到1980年代香港回歸問題出現，我們這些搞學運的人，都有一種胸懷祖國的追求，便「歸隊」組成「匯點」——即是滙成一點的意思。「匯點」亦是首個提出民主回歸的組織，希望香港憑着回歸的歷史契機，由過去因為殖民統治無法推進民主而有新的進展。

到1994年10月2日（國慶翌日），「匯點」正式與「港同盟」合併創立「民主黨」，有象徵意義，這是今天的年輕人不知道的。後來我在2004年10月2日離開民主黨，有很多個人原因，不是為了加入政府。我在當時與民主黨某些成員有意見及路線上分歧，所以最終選擇在建黨10年後退出。我在民主黨做副主席，只做了幾年，後來因為路線之爭而只做一個普通黨員。後來我又在2002年時搞智庫「新力量網絡」。至於我做行會成員，是曾蔭權2005年接替董建華後。當時他來找我，我坦言：「Donald，你都知我個底嘅啦。」我思考良久後答應了他，我說：「今天你邀請我做行會成員的決定，我今天接受你邀請的決定，不知是對還是錯，就留待歷史評說。」並不是如一些人所渲染我是為了入行會而退黨。

後來「教院事件」，當時教育學院在2007年底找我當校長，我答應了，故我一直在走我的學術路。直到梁振英當選特首，他找我。我提出，教育我是有興趣的，但他找我當運房局長，我覺也沒有問題，因為我從1980年代起便開始關注房屋政策，1990年代加入房屋委員會，我願意為香港的房屋問題貢獻己力。因此，當時我離開教院校長一職是很大的取捨，因為我正在推動教院「正名」為大學，十分不捨得同事及學生。我衡量了當時香港的社會形勢和需要，當時我的選擇是清楚的。

原初以為政府會改組成功，我會出任梁振英構思中的「房屋及土地規劃局」局長，我還記得當時請教院學生會的幹事食飯告別，他們說希望我為解決香港青年住屋問題出一分力。我那5年的任期，由我原初有很大的熱情，至後來發現現實有很多難以解決的問題，我也感到有不少挫敗。落任後我於2018年撰書回顧任內工作，我的書名是《不可迴避的現實》。

對民主派的未來，我們要明白民主派產生的基礎。當社會有矛盾，不論是政治的或是民生經濟的、貧富懸殊問題、民情能否上達、政府是否民眾引以為榮的政府等，就必然會有不同訴求，化為爭取的力量。民主派既有意識形態上的代表性，也有民生上的基礎。1980年代民主派的前身都是以民生訴求起家，都是搞壓力團體和社運而來；直到香港回歸問題開始討論，這些搞運動的人走在一起。要讓政治及民生問題在政府內得以解決，達致政通人和，則體制內外的合作應該愈來愈多，造就良性循環。

一嘟去片 ▶
黃裕舜張炳良對談
https://bit.ly/3rOrP0Y

6.4
對談未來四
陸恭蕙

在本土及國際層面推廣香港環保政策的先鋒

陸恭蕙是香港環境局前副局長、前立法會議員、思匯政策研究所創辦人，以及現任香港科技大學環境研究所環境及可持續發展學部首席發展顧問。作為在港英時代及回歸後香港皆有建樹的環保及人權先鋒，陸恭蕙於2012年毅然走入政府，參與制定特區政府的環境保育、生態發展等政策。【答案經過簡略及整合。採訪於2021年5月進行。】

黃： 過去20年有不少評論認為香港有不少管治問題，你在政府、立法會、民間團體都有豐富的經驗。你認為現在香港政府的管治問題癥結為何？

陸： 如果用最闊的角度來看，我會以「解決問題」、「理解問題」這方向進行思考。「管治」這兩字本身涵蓋範圍甚多。不過先簡短回應一下：如今政府很多問題需要透過集體統一手法的角度去解決，例如環保。也有些問題則需經過行政、立法、修例的步驟去處理。現時大眾市民感覺到，管治乃是有欠效率。社會上有不少新問題，在處理一些不太政治化的問題也很慢。我認為香港欠缺從有策略性的角度解決問題的決心及能力。港府一直以來的處理手法皆不太順暢，包括處理與內地的關係，例如回歸

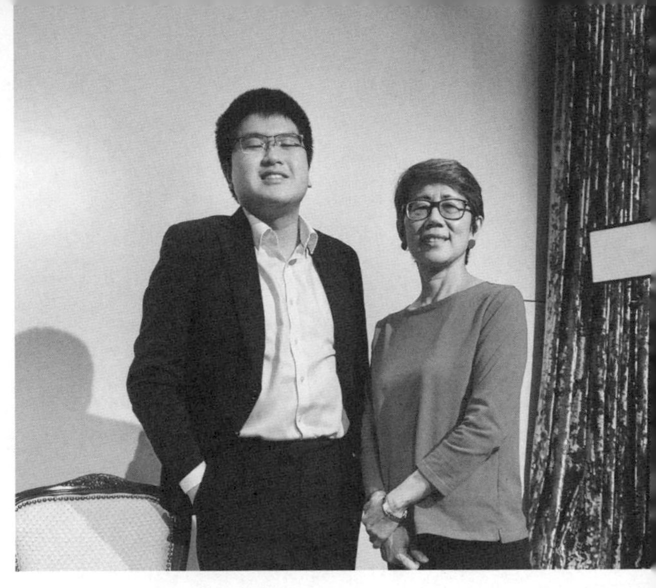

後香港在國內、國際的策略與地位，都沒有好好思考。我認為政府的高層應在這方面進行反思。

黃： 政府架構最高層欠缺策略性思考，但不少人又認為「高官問責制」的本質便是要引入這些政治人才、引入策略性思考等。你認為從你的經驗中，問責制實踐過程能否應對你以上所提到的問題嗎？

陸： 我們不應針對個別的人來看，我們應從架構來看。我認為政府有很多諮詢架構、開很多會，但到最高層卻沒有針對香港在全中國、全世界的定位，我們沒有恒常的思考。我們也要比較其他司法轄區，了解大家的異同。有很多人將香港與主權國家新加坡比較，但新加坡是一個國家，我們是一個高度自治的特區，之間乃是有分別的。這並不排除兩者之間有一定程度的共同點，縱使政府換屆，這些共同架構亦應該保留下來，香港乃是忽略了這些問題。比方說，政府很懂得如何在國內開設經貿辦，但卻並沒有在策略層面做出相應的思考，拓展策略性藍圖。

黃：你對「愛國者治港」是一個怎樣的概念？現在有很多人表示，香港應當由「愛國者」治港。有一些人認為「愛國者治港」這一套從來不成立。有些人則說回歸前也有「愛國者治港」，只是愛的國家乃是當時的殖民宗主國（英國）。你作為橫跨兩個時期的政治人物，怎樣看這個問題？

陸：這個問題很有意思。我想從個人經驗分享，我小時候在香港讀書，我沒印象曾唱過《英國國歌》，直到我負笈英國後，早上會唱一些英國的宗教式歌謠（psalm），但也沒有唱過《英國國歌》（老實說，我不記得）。這一點，英國與美國乃有分別。相反，我聽說在美國，小孩自小便會唱《美國國歌》與參與升旗儀式。

我認為在殖民地統治之下，若政府推動「愛國教育」，則只會令港人反感。我判斷則是，當年港英政府認為，自己需要獲得人民尊重，因此需要從管治上爭取市民支持。香港一直是中英角力的地方，因此造就了特殊地位，例如以廣東話為通用語言。我成長之時，政府在香港也較少談「愛國」——到底當時我們應當愛哪個國家？雖然該時也有一些中文運動，但當中牽涉了很複雜的政治問題，包括對抗殖民地政府。到今天，談論愛國有很多面向，牽涉到中國的執政黨、執政者的主義與理論、中國人身份認同等。而我認為，愛國者治港之下，中國可接受批評，但人民不能「拆國」或「拆黨」等——現在我們剛踏入探討「愛國」的階段，應當持續積極討論下去。

黃：我認為我們可以批評國家、政府，但不應從事結構性顛覆及反對性的活動。然而，現在似乎有不少港人對「紅線」不清晰，而這非常主觀的感覺，也造就不少管治層面上的溝通、觀感的問題。你認為現時不同的持份者——尤其是中央和香港——應以何種方法，讓香港人了解「愛國者治港」的真諦，並安撫部分港人的疑問及不安？

陸： 我認為這一點暫時是不容易的。解決這道難題，是需要時間的。我自己在八十年代之時，也對「回歸」有很多疑問，也經歷過移民潮。而我認為香港有很特殊的文化，我們香港人好像也有一些「DNA」，我們都喜歡「逃走」的，因為香港就是英國統治的地方，很多人來來去去，有些人到別處工作，有些人經香港逃離中國。因此「移民」的觀念好像也比其他地方的人強烈。

黃： 你在回歸前，是女性運動、環保運動等公民社會力量的先鋒。在回歸後則遊走在泛民、建制之間，到梁振英政府則出任副局長。現在則從事政策研究。在你的公民社會、政治經驗之中，你怎樣看自己的政治定位與轉變？

陸： 我認為我初期在立法機關的時候，大家一班年輕的朋友都追求香港的民主。我們認為香港若有民主，可保護高度自治並可以與北京交流，民意支持亦較強。當時在立法機關的工作、倡議、演說模式與最近幾年（泛民主派）的情況相差很大；我們當時是十分 soft 的，我自己也是十分溫和。

當然，社會也在變。當年梁振英（CY）特首請我入局，我跟CY和那時代出身的一班朋友也認識了很久。當時大家都知道政見不太一樣，我只問了他一句「你是否真的想搞環保？」因為我知道大家若理念很不同的話，我個人的執着可能會造成大家的困擾。大家是有這個共識的。而我進了政府之後，CY也履行承諾，放手讓我搞環保。當時有一件環保界非常關注的事，便是禁止象牙貿易。當時，公務員團隊也是看頂頭的決定辦事，有不少聲音則說這件事有很多困難，斷定特首不會放手讓我做。但當時CY卻點頭支持我辦事，我於是便與不同持份者協調，最終促成此事。雖然有不少工作我未能貢獻己力，但至少也為社會做過一點事。

黃：我想在此來個「駁論」（Devil's Advocate）。你曾提過中間派應該站出來對放火、堵路等激進手法「Say No」。2019年後，泛民反對派陣營似乎認為溫和的手法已行不通，而建制派亦認為政府不應與「放火暴徒」溝通、談判。似乎泛民建制兩邊均不看好中間派，而2016年後中間派也似乎很難達至實際效果。你認為「中間派」仍有什麼出路？

陸：這個問題我也未必懂得回答。政治之中，我們對於自己的角色與定位也不太容易想到。我認為對事太憤怒，不一定能達到目的。再說，什麼叫「現實主義」？「接受現實」是不是便一定很差，不行？無可否認的是，中國大陸是我們的主權國，我們是中國內的一座城市。我們到底應怎樣看香港與內地的關係？我常認為，香港有其一定的特色，並不是一座普通的國內城市。現時我們給別人的印象，便是「只會反抗」，被人定位為「民主戰士」——這一點，是不是我們希望看見的呢？香港還有很多特別價值——無論是短線，中線，還是長線都好。我們難以看到將來。

這些說話聽起來未必很「勇敢」，恐怕不會贏得很多支持。作為已經淡出政壇的我，今天思考的時候會想怎樣貢獻自己的力量。無論如何，香港都會有數百萬人居住在此，我們因此亦應該審視自己的優點。現在很多人都說香港沒有優點，但這點看法是錯的。我們應該客觀審視及發掘自己的優點，然後再宣傳自己。我最怕的是，現在大國之間角力，我們似乎身陷其中，為了說一些「好聽的說話」，任人擺布。此時此刻，我們必須要冷靜，未看清現況之前，毋須也不應急於做決定。

黃：你認為你在環境局副局長任內所面對的最大挑戰是什麼？

陸： 我想談一談「垃圾徵費」這過程。其實這個政策討論了很多年。董特首年代當年已經開始探討、然後在梁特首年代開始籌備——上屆政府原說了會在下屆政府立法。但到了現屆政府，建制派現在則對此措施表示反對，因為這項政策十分「擾民」，不利其選情，當時反而是泛民支持這個政策。但現在也不用選舉、泛民也不在了，反正少了很多阻礙，現在還更大機會能通過。這也許便是你剛才提到的障礙、挑戰。

建制和泛民政黨之間的角力，我是明白的。但他們當年之間似乎對任何退讓皆是寸步不移。有不少人說，民主必然是導致民粹及撕裂的崛起。但作為一名仍然堅信一人一票這一套價值觀的人，我也要在此為民主選舉說聲公道說話。姑勿論我們如何看民主的具體落實及本身利弊，我認為我們起碼要針對不同議題，進行公開而公平的討論及辯論，才能對得起民眾。搞政治必須有理想的。

黃： 香港如今有明顯的房屋問題，有些人認為問題在於我們拒絕填海、不發展郊野公園邊陲地帶，才會令香港出現土地問題。也有些人則認為保育環境與發展房屋供應之間，其實並沒有衝突的。你認為香港在化解房屋問題時，需不需要在環保保育等議題上做出妥協？

陸： 其實說到房屋問題，我們實際談的乃是土地規劃。我比較欣賞新加坡的土地規劃。在他們建國的時候，土地規劃者做了一個很廣泛的規劃，現在一直是沿着當時的計劃。香港是否也可以今日的情況，預測未來的發展，並制訂前瞻性的規劃？過去我們也積極「搵地」，但都是一幅幅去看，而不是全局去看——因為一幅幅去看，每一處地方的持份者都會說，「不要影響我的土地」！如果做一個長遠規劃，我們便可全面審視是哪一些問題，例如是法例問題？還是因為會碰動了一些人的利益——是誰人的利益？

黃：你在推動《保護海港條例》時，有否看到今日的土地短缺問題？

陸：我們不認為香港有土地短缺問題。從前有人說香港「人多地少，所以我們要填海！」。但香港的土地是不是不足夠呢？這其實不是的。我們看到新界有很多土地，問題其實是怎樣發展？再說，當時的郊野公園的規劃是以什麼原則規劃劃分？是基於保育考慮，還是其他因素？其實「保育」可以保育比現在更多的地方，也可以審視現在「保育」不夠好的地方。

但與此同時，郊野公園邊陲地帶是否真的不可以動嗎？有些在郊野公園邊緣的地方，其實是可以再做規劃，以作房屋供應。

黃：你在最近一個專訪曾經提到，從前，香港可以充當世界、中美之間的中轉港。但翻看，現在我們好像只能靠一邊站，必須「選擇」我們站在哪裏。香港的尷尬似乎便是，雖然我們乃是中國的一部分，但中央則認為我們缺乏忠誠及愛國心，而國際社會也認為我們與中國內地無異。那你認為香港在中美角力之中，應當怎樣自處？

陸：我們可以從兩個角度去看這一問題，分別是「我們香港人可怎樣幫香港？」與「國際社會怎樣看香港？」。香港是一個很小的地方。從前（港英之時）我們的優勢是成為西方陣營在亞洲的立足點，有很多所謂的「英國之朋友」，在香港落地生根，利益盤根錯節。然而，現在，香港明顯乃是中國的一部分——人家怎麼看香港，與人家怎樣看中國，乃是息息相關的。

香港需要策略性的反省。我們不能否認「香港是中國的一部分」這基本原則。我絕對擁護《基本法》。在這些前提之下，我們必須思考，應當如何向中央如何展示我們有足夠的能耐，證明自己值得擁有現在我們所有（相對於國內其他一線城市）優勢。政府的角色十分重要，必須用盡自己對外宣傳的角色，在與國際社會、國內打交道時妥善發揮——我認為現在政府在這方面的工作並不足夠。

外國與中國角力時，對香港也會施壓，甚至會掩蓋我們自身的優勢，令我們難堪。國與國之間的角力都是朝令夕改，因此我們應該對外國壓力有一定的敏感度。我們在國內與國際的主流媒體，「show "quali"」的力度及程度並不足夠。我認為在年輕一代推動良性雙邊關係者當中，Brian，你乃是香港最活躍的年輕作家，筆耕不輟，但在國際、國內上整體而言，如你這種級數的為港交流是不多的。香港現在不是沒有相關的人才，但卻缺乏有關系統的培養。我希望我們能改變這個情況。

一嘟去片 ▶
黃裕舜陸恭蕙對談
https://bit.ly/2TPwZ00

6.5

對談未來五 鄧希煒

國際知名經濟學家，香港再工業化的主要旗手

鄧希煒教授是香港大學經管學院經濟學教授，也是亞洲全球研究所及香港經濟及商業策略研究所的副總監。在任職香港大學前，他是約翰霍普金斯大學（Johns Hopkins University）國際經濟學終身副教授，並曾擔任包括世界銀行（World Bank）及國際金融公司（International Finance Corporation）在內的國際性機構顧問。鄧教授也是倡議本港再工業化的主要學術聲音，對香港眾多社經問題有其獨特見解。【答案經過簡略及整合。採訪於2021年7月進行。】

黃： 為何香港需要再工業化？

鄧： 香港如今最大的問題，乃是貧富懸殊，即勞動階層缺乏向上流的可能性。同時，我們的經濟過度單一化，只看重所謂的傳統四大支柱行業，而忽略了，不能進入這些行業的低下階層之就業和流動空間。西方有不少學術研究皆指出，高科技工業及高端產業，透過科研和電子勞工職位，能為普羅大眾帶來就業機會。

同時，雖然香港現時有很多科研人才，但他們皆未能惠及於市場，原因乃是我們欠缺了生產鏈的成份。在港推動新工業，包括高端工業、以技術和科技為主的工業，乃可以推動向上流，

同時完善我們的生物鏈，也能帶動其他行業發展，包括金融、大數據為主導的行業。

黃： 有批評聲音指出，高端產業往往對人口技能需求甚高，那又如何能確保教育程度不高的貧苦大眾，能得以參與再工業化，從中獲利？

鄧： 高端工業其實可以創造大量不同種類的工作，包括為教育程度較低人士所設的工種。須知道，高科技工業除了需要背後的研究和科技人才，也需要教育程度可能只達至中高水平的非技術人士，包括基層操作員，去確保工廠能順利營運。每一個新崛起的高端行業，都可以創造一定程度的額外福利（positive spillovers），在生產下游中浮現。有一位美國加州大學洛杉磯分校（UCLA）教授Enrico Moretti的著作《勞工市場的新地理學》（*New Geography of Jobs*）便指出，每一份高端科技工作，都可以創造五份非高端科技的服務行業職位。

黃： 創造就業，毋須一定要透過再工業化。究竟這個做法，有何獨特之處，非做不可？

鄧： 有很多人會批評香港現時產業過度單一化，但這一批評其實較為膚淺。有兩大趨勢，一定要關注：

第一，九十年代及千禧年代，我們看見一種「超全球化」趨勢，一直維繫到2008年金融危機左右。過去這10年，世界各地則出現了一股去全球化的潮流。香港作為一個小型開放經濟體制及國家對外的窗口，一直受惠於超級全球化的紅利。但在這個去全球化及去中介化的新世代中，若香港只依靠物流及金融產業，恐怕不能維持自身優勢及地位。我們不能繼續食老本，好像一隻犀牛開口，等魚墮入口中。

第二，國家也有提出了「內外循環」一說。內循環需要「產—學—研」的完整生產鏈，而香港向來在高端行業所投放的資源，皆有其不足。我們需要減少依賴外國人才，雖然我們一直都具備優秀的大學科研人才及培訓，但我們似乎從來都沒有考慮，如何能夠推動市場化，惠及大灣區整體發展，以增加我們與灣區的互動協調。再工業化，顯然刻不容緩。

黃： 你覺得要落實推動再工業化，最大的障礙或阻力在哪裏？

鄧： 我認為最大的阻力，其實是人的心態（mindset）。政府決策者及香港市民，仍然似乎停留在1997年回歸之時，仍然相信小政府的「無為而治」，以為自由經濟便可以解決香港所面臨的種種深層次問題。他們以為不搞經濟，經濟便會自然調整，這種心態下，自然很難接受真正經濟變革。過去24年以來，政治方面，香港經歷了這麼多的改變，為何經濟上沒有相當調整？

還有便是，香港需要能夠挽留學研人才的配套及設施。說公道話，香港的大學在吸引人才方面確實做得不錯，例如我們會重金禮聘海內外頂尖學者。須知道，人才追求的，未必單純是薪酬，還有家庭、住屋等考慮。香港很多大學有優秀的教授宿舍，從而解決學者的房屋問題。科大商科院最初成立之時，也是借了不少UCLA的人才，以及招攬了世界各地頂尖經濟學者，包括林毅夫、李稻葵及來自香港的雷鼎鳴、陳家強。最近科學園附近建設了一個“Inno Cell”，讓一些up-and-coming人才，到港發展。

可是在港畢業後的科研人才，往往沒有用武之地，缺乏拓展事業的機會，也因此有不少人北上發展。我們政府需要具備進行大規模改革的決心，成立更多的國家化研究中心、刺激本地科研生態圈發展，才是正道。

黃： 你覺得政府在這方面的問題是，官僚系統的僵化、缺乏業界人士在體制內執政，還是因為宏觀性短視？

鄧： 這道問題的答案，可能超越了我個人就着宏觀經濟學的研究和認知。作為一個客觀的觀察者來說，我覺得相當大的問題就是關於官員往往欠缺同時在業界中任職的經驗。為何這樣說？須知道我們不是沒有試過將業界翹楚邀請入政府，如梁錦松、唐英年、馬時亨等進入政府之前，都是商界精英。但問責班子過去20年來的整體發展，似乎皆是朝着行政（AO）出身的人士所靠攏。

有一個具體倡議，曾經在1997年的一本書《香港出產》（*Made by Hong Kong*）中出現，令我印象頗為深刻。這本書由多位著名全球經濟學家，為香港經濟把脈，提出政策方向指引。這8位教授就着不同類型的經濟轉型及模式在香港的套用，作出深入的討論研究。而這倡議主張的，乃是在香港設立一個全職但暫時性的（full-time but temporary）經濟小組，讓坊間專業人士在他們各自的單位停薪留職、放一個兩到三年的「工作假」，調職到在這小組中工作。他們毋須放棄自身的事業，並能在任期屆滿後復職，回到本身所屬的崗位。美國政府也有一個經濟顧問委員會（Council of Economic Advisers），由一群經濟學家所組成，可直接影響政府政策的釐定及討論。

其實你問很多財金界人士，他們都對加入政府抱有興趣，只不過他們既想對施政有直接影響，也不想長遠地放棄自身事業。抓緊這一點，政府自能投其所好，招攬人才為香港出謀獻策。

黃： 倒想問一下，經濟學中常有人說，一個經濟現代化的進程，乃是其由以一級（primary）及二級（secondary）產業為主，轉型至以三級（tertiary）產業為主的體制。你又怎看再工業化與這現代化理論框架之間的磨合及關係？

鄧： 我覺得這種現代化理論，反映的是一個意識形態主導的執着。對服務性行業的迷思，並沒有太多的理論支持。現代的工業，須知道，乃是非常地去中央化（decentralised）。機械人、大數據、科技發展，這些各式各樣的行業本身都不需要很強的中心核心統籌設置，只需要蓬勃的工業發展空間。

有人問我，香港地那麼貴、人工又貴，為何我仍覺得香港有空間再工業化？這是因為新科技對地及資源的需求其實並不是很大，彈性卻很高。我們應當好好利用香港在服務性行業的傳統優勢，透過我們在市場策劃（marketing）及銷售方面的天然強項，為這些新科技提供配套及支援。

黃： 綜觀全球，以香港為例，機械化之下，怕不怕對勞工市場的衝擊？

鄧： 這一點擔憂，我是理解的，限制也是有的。但須知道，正如Yuval Harari（以色列歷史學家）所說，機械化為我們帶來的衝擊，乃是一個全球化的現象。但我們不能因為科技衝擊

(disruptive technologies)的出現，而不考慮高端行業的發展。須知道，高技能和高端的服務業，例如律師、醫生也有可能被機械人所取代。因此，機械化這問題，與再工業化與否，乃是沒太多關係(orthogonal)的。

再說，過去人類歷史上出現這麼多次的工業改進，每一次出現新科技，大家都會有一定的恐懼，怕會取代我們的行業。但我們能顯然看見，對人類文明來說，整體效果一直都是大致正面的。當然，也有兩點擔心必須正視——第一，科技急速發展所導致的貧富懸殊；第二，科技日新月異，可能會淘汰或影響到一些還未準備好的人。正因如此，我們更需要在教育層面上，做得更好，培育我們所需的人力資本。

黃： 在再工業化以外，你認為香港如今最為燃眉之急、必須解決的經濟問題，乃是什麼？你又有何具體倡議？

鄧： 香港最大的經濟問題，乃是房屋問題。我認為再工業化所面對的樽頸之一，乃是人才不願到香港工作。問題根源，則是與房屋問題有關。同時，為何青少年對香港前途沒有信心？都是因為房屋問題！

全世界很多個大城市的房屋市場，都有一定程度的扭曲(distortion)。公私營分配失衡，導致很多低收入人士皆上不了樓，這肯定是一個問題。公屋輪候時間很長，也是問題。我認為港府應當將更多的公屋透過售賣方式釋放出來，以及容許公屋業主將公屋租出，以提取合理收入。長遠來說，要解決房屋問題，需要決心。面對坊間各種各樣的阻力，若我們有一個更有系統及決心的政府，相信自能解決問題。

有很多前輩及學者在這方面都已落墨甚多，正因如此，作為一個信奉比較性優勢原則的經濟學家，我選擇專注研究其他領域，比如再工業化。況且，在中央政府支持下，港府應該可以解決房屋問題。但就算香港解決了房屋問題，其他的經濟問題仍然存在，仍須拆解。

黃： 你曾經提倡過，認為政府應當提高港人對這片土地的歸屬感。我們應當如何進行這一項關鍵工程？

鄧： 我是一名經濟學家，不是社會學家。但我覺得對城市的感情，乃是都市發展重中之重的命題。若我們培養出來的人，對香港沒有感情，那我們則有可能成為如Cayman Islands 或Cancun一般的地區，淪為空殼。

有一位已過身的教授朋友陳明銶，在當年香港政府推出通識教育時，曾對課程進行猛烈批評。他質疑，「為何中國歷史不是必修科？我在港英年代的香港長大，我們學校也有教中國歷史。怎的97年之後，中國歷史反而卻是選修課？」我們的下一代一定要——姑勿論立場及想法——對國家有一定認知。先有認知，才有感情可言。

我是一名在港英時代讀書長大的港人，直至18歲去了美國。我受的教育，既受西方熏陶及影響（愛爾蘭的神父），也受不少五十、六十年代，從國內來港教中國歷史和語文的老師所影響。當時，我們確實受着中西雙方熏陶。反觀現在，有很多讀國際學校的，未必具備中國視野；有很多讀本地學校的，卻因此可能欠缺國際視野。

還有一點，香港是全球唯一一個城市，有超過3間大學，在QS前50名之內（中大、港大、科大、城大）。我們的大學有十分的說服力（credibility），但為何我們政府沒有好好宣傳或利用我們的優勢？我們絕對有潛質成為一座大學城，與商業及科技行業產生互動。但為何我們沒有好好利用我們的人才優勢，協同大灣區內其他城市的比較性優勢（如深圳的人工智能產業、佛山的醫療科技、東莞的製造業），共覓一條既能惠及國家，又能讓香港得到真正得益的出路？

黃： 你對香港前程樂觀嗎？

鄧： 我是樂觀的。

港大教授Michael Enright於九十年代出版了一份研究報告，他說，香港真正的問題是，「*You guys don't know how good you are.*」（你們不知道你們多優秀！）我們有很多的優勢，包括金融、法律、教育，甚至工業。後者並不能因為其所佔的GDP看似輕微而被忽略。須知道，有很多上一代的在港工業家都是以創新科技及手法興家，只不過因過去30年來勞工價格過高，才令他們從香港移去東南亞及大灣區。

九十年代，香港有一所晶片公司，乃是Motorola的主要零件供應商之一，曾經每年出產超過500萬塊晶片。當時他們想在大埔買一塊地，將香港變成一個「晶片中心」。可最終因為政府對此冷待，而選擇到了亞洲區其他地方（台灣及新加坡）扎根。我們有人才，有空間，為何卻沒有相應的政策？

很多人都會說他們對香港感到悲觀，我倒不是這樣看。原因有二：第一，美國或外國的問題，不會比香港問題少，但外國人整體比港人更樂觀。很多港人，都沒有經歷過很大的波動。如今面對國際形勢所營造的風浪，可能會沒有心理準備。但香港經歷了這麼多波動苦難，都仍能從谷底反彈，恢復正常。當然，我們也同時必須解決貧富懸殊及社會分化；有些問題，不能再拖下去，必須要快速解決。

第二，姑勿論我們怎看條文本身，在一個後《國安法》的香港，有很多政策，理論上確實可以更有效率地通過。在經濟環節上，過往特區政府曾面對不少阻力。如今制度已改，是否應當有空間讓政府更有效地解決經濟問題呢？香港都有其結構性優勢。我們應當用一個較為積極正面的態度去看這些優勢，讓香港能在國家、大灣區、全球各地之間，繼續演變、繼續擔任互動及協同的角色。

6.6
對談未來六
葉梓傑

服務民眾的地區實幹民主派

葉梓傑「傑仔」在19年當選成為觀塘區議會興田選區的區議員，也是民主青年前主席。傑仔在不少人心目中都是「溫和民主派」的年輕代表，但他自身卻很抗拒這類意識形態主導的標籤。在他眼中，能幹實事，服務當區居民，帶來良好管治成績，便是負責任的政客應有之義。在傑仔眼中，愛國與民主，並非對立關係。支持民主，也並不代表失去對務實理性論政的堅持。【答案經過簡略及整合。採訪於2021年5月進行。傑仔於21年7月辭去區議員職位】

黃：你是一名民主黨和民主派成員。你覺得今時今日民主派，應該以什麼樣的態度處理自身定位及立場？

葉：首先，我必須強調我在此僅代表我個人意見，未必是民主黨整體的想法。在這個後《國安法》時代中，很多民主派政黨政客，都是處於一個適應期當中。言論及行動空間無疑確實受過去兩年發生的種種影響，是有收窄的趨勢。但我相信民主派，是有責任及必要去慢慢適應，憑着服務社會的心，繼續拓展地區及民生工作。適應不到現況的人，自然會退出。

黃：民主派應否參選？

葉：社會對民主派是否應該參選，存有很多疑問。如今社會氛圍下，連民主黨本身，也對此問題沒有很確實的方向。任何政黨在新制度下參選，皆要面對及接受民意批評的海嘯。有不少聲音表示，現在參選都無意思，也未必願意再投參選的泛民政客。

但此時，我反而要問從政者，透過參選及爭取議席服務社會的心，是否單純為了拿到議席及所謂的好處？民意是會慢慢改變，而泛民政客應該做的事，便是透過倡議社會變革及改善，來贏回也許對他們參選而感失望的人之心意。從政者，不是單純為了說漂亮或「真」說話，而是要在現有框架內找出服務所有，而不只是大多數人的方法。

同時，若當權者真的想民主派出來參選的話，應該與社會大眾推動更多的善意措施，對泛民支持者許下可以實踐的承諾，印證到在制度內工作，其實是有空間及必要的。

黃：你怕不怕被人標籤為「投誠」或「投共」？

葉：我覺得從政者是應該有義務去說服他人。我從政的初心是要改變社會，讓所有人，包括貧苦大眾及中產上流階層，皆可以生活得更加美好。選舉制度如今改變了，會否令市民生活變差？無疑，政治遊走及言論空間收窄了，但是否代表我們便沒有從事民生政策的空間呢？我又不是這樣看。

現有的體制確實忽略了草根市民的聲音。這些市民其實未必本質上很支持民主，但只不過是希望他們的聲音得到代表及重視。市民很務實，若我們的體制可以順利吸納及反映市民的聲音，相信市民對民主的渴求，不會那麼強烈。再說，市民對政府的不信任，也不局限於普選與否的層面。對普選的執着是一

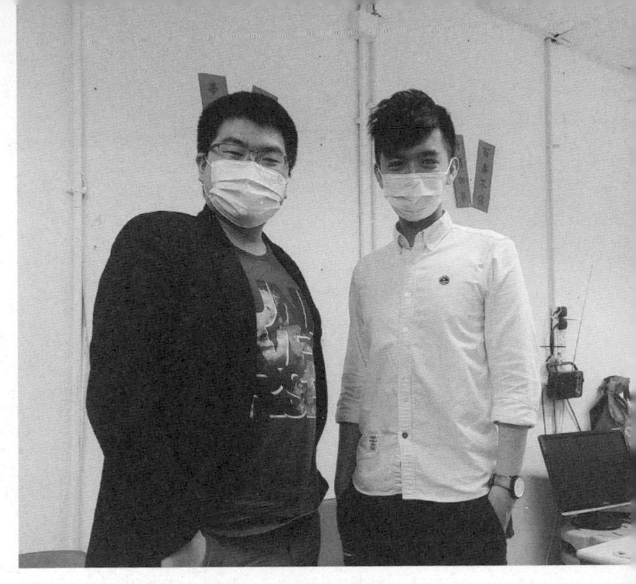

種表徵，就拿23條和45條來說，其實這兩者之間的互動，很看政府與市民之間的相處方式。若政府在工作效率及表述上，能反映到民意，相信市民對23條的恐懼及反噬並不會這麼大的。反之，正因為過去二十多年以來，雙方都不相信對方：民主派想要推動45條，確保能有真普選；政府及北京則想要23條，防止反對派奪權。這兩極思維下，很難取得平衡及取捨。

有不少坊間聲音常說民主派不能再「跪」。很老實說，我個人並不喜歡用「跪」來形容政治決定。每個人都有自己對事情的判斷及見解，這是很正常的事。滿足他人或自己，以體現自己從政的決心及態度，並不應以「跪」來形容，而是需要各方的調整及尊重。民意可能在這一刻想民主黨派不參選，要大家「不要跪」。但一個政治人物是應該帶領市民前往一個生活更好的應許之地，而不是為了意識形態的執着及一己形象，而拒絕任何與政府的溝通及合作。現時雙方溝通嚴重不足，我很希望政府能帶頭建立可供溝通的空間，讓社會怨氣得以慢慢化解。

黃：有不少建制派人士，經常將泛民的年輕聲音描繪成所謂的反中亂港、反對香港特區政府施政的「破壞分子」。在你眼中，你會如何看待這些人的言論？政府又應當如何處理這種極端「反泛民」思維？

葉：現在香港似乎出現了兩大陣營，為了拓展及鞏固自身政治利益及陣營的內在團結，兩邊較激進的人士都採用了頗為民粹式的謾罵手法。「深黃」（註：激進民主派）未必會認同在現存制度下的任何制度內改革，但「深藍」的手法（註：激進建制派）對整體大局，也不會有幫助。

政府需要做的，就是要確保社會可以和諧一點，跨越撕裂，落實實際的疏理工作，推動真正復和。如今市民對政府的信任度及滿意度很低，從不同的民意調查結果就可以印證這一點。具體點說，在防疫政策方面，有很多店舖要突然停業，但似乎沒有人想過，有沒有方法可以防止這些商家倒閉及結業？在體制內的人應當勇於廣納不同意見，與行業代表及基層做溝通，而不是單純地找熟悉的對口人士，忽略了大多數人的意見。

政府有必要反思如今地區諮詢的作法。如今政府往往只「豉一塊牌喺路邊」，就當了是做諮詢，根本沒有好好落區去感受民情，更不要說科技媒體的運用。「大嘥鬼」固然不錯，但只是一個個別例子。反之，其他發達國家及地區的官員，往往都能善用社交媒體，與年輕人接軌及聆聽民意。議員不能將所有民意轉達給政府聽，從政者必須讓廣泛市民感受到公共政策，其實並不是事不關己，而是非常關鍵的議題。

黃：你較為溫和的政見及立場，在如今泛民中真的是頗為罕見。你為何有這樣的立場？

葉： 我小時候很喜歡看歷史，而歷史教曉我們必須要務實為社會服務。有人問我，我是否體制中人，因為在區議會裏擔任區議員，就代表你已變成體制內的一部分。我想我自己可擔任一個橋樑的角色，以良性溫和的手段，爭取將市民的反對或不滿政府的聲音，完整地呈現在政治架構中。（黃：何謂負面的溫和？）你問我有什麼溫和是負面？我不知道。我只知道若「溫和的手段」變成是一種純粹吸納別人注意的伎倆，而不是做實事的手法，那這大概便是負面溫和吧。

黃： 說到地區工作，其實現屆或歷屆政府給予區議會的支援及資源，你會如何評價？要推動區議會改革的話，又應當如何去做？

葉： 我只能評論這一屆區議會，因為我是一名新晉區議員。讓我覺得很可惜的是，有些政府官員現在似乎不是那麼願意出席區議會會議。舉個例子說，在藍田德田街附近，政府打算興建公屋，但這個位置現在有長者休憩設施和巴士站，有很多現有居民在用。我們藍田區有約13萬人口，其實算是較為稠密的地方。本區居民自然感到擔憂：人口多了，配套卻似乎不夠，怎麼辦呢？我曾經去信房屋署，邀請負責工程的官員進行面對面的交流，但他們似乎不太願意，大部分時間只停留於官方的書信來往，這令我很無奈。

同時，我必須要為區議員平反——有不少區議會，就算是泛民控制的，都依然有做實事！我們觀塘區議會也有撥款跟進改善觀塘交通擠塞問題，並提出實際倡議，但這些成果，似乎被建制派無視了。觀塘區議會，其實並不是一個異類，但我們大家都了解到，任何政治周旋，都是不同持份者之間的互動。舉個例子說，有一次我們開會，當時康文署職員想在藍田游泳池內的訓練池增設一個授泳區。不同黨派的區議員都不贊成，表示空間少了。我們要求部門進行問卷調查，問問當區居民的意見，超過數百名都表示，不反對增設授泳區，卻要求應設置在習泳池內，而非訓練池。最終政府也欣然同意以問卷結果方式試行方案，我們達到了一個大團圓結局。這也許是一件很小的事，但正是這種態度，才能讓香港人放下政治包袱立場，重新出發。

黃： 如果你可以跟制度中人交談的話，你最想他們收到的訊息，是什麼？

葉： 溝通其實真的很重要。若官員願意回應市民擔憂，在回應中反映出對市民質詢的聆聽及思考，相信觀感必然會好好多。我同意社會要和平發展、時代要進步、香港要找到國家中的定位，但問題是，我們應該如何理順社會持份者的聲音，確保他們能夠接受政府決策？如果你們有空的話，我希望你們可以「出嚟飲杯茶，跟大家傾偈」！

黃： 你曾經因為一篇有關支持香港年輕人北上到其他大灣區城市及地區發展的文章，而被激進網民插得遍體鱗傷。你現在又怎麼看待大灣區這概念？

葉： 我認為大灣區是一個很關鍵的經濟發展項目，因香港也是灣區的一部分。若香港自身經營得好，其實對全國其他地方，也不是一件壞事。但政府如今關於大灣區的政策，正給予市民一種觀感，認為政府乃是在主動鼓吹本地人才流失，離開香港。港府可否不要不斷叫人上去，而同時反思一下，如何才能夠在香港推動內地二三線城市都有做的創意產業及創新推廣，讓港人能夠在香港，也能參與在大灣區的經濟發展和規劃當中？政府也應該做多點事，在大灣區的框架內推銷及支持香港這個品牌。自我矮化，不是出路；自我封閉，也不是出路。

黃： 你去，還是留？

葉： 有不少街坊居民跟我說，他們很想移民，因為他們覺得小朋友如今在香港的生活，與往日的生活很不同。反而我身邊不少朋輩，剛出來社會工作，並沒有經濟能力移民，所以只能懷着大致悲觀的心態，在香港繼續生活。不可否認的是，如今香港確實充滿着一股愁雲慘霧的思緒，難以平復。我是一名小小的區議員，希望能給予我這一區市民的希望。我也寄望站在更高位的從政者，可讓市民看到香港未來出路，重拾信心，讓我城再創輝煌。我個人會選擇留在香港發展。

6.7

對談未來七 李煒林

英國學成回歸的實幹地區實政者

李煒林(William)2019年當選成為觀塘區議會麗港城區區議員，也是一名實幹民主派。他中五畢業後到英國修讀法律，然後回港工作，參與政治及地區管治。李煒林在2021年初毅然退黨，希望專注經濟民生地區議題，卻同時反思香港可以如何尋覓到一條新的出路。如筆者一樣，煒林認為就着體制進行改革，而不是極端地鬥爭，才能為香港帶來出路。【答案經過簡略及整合。採訪於2021年6月進行。煒林於21年7月辭去區議員職位。】

黃： 你怎麼看自己與國家的關係？你認同自己是中國人嗎？

李： 我當然是中國人。無論是地緣關係(我出生的地方)，還是我自己(身份政治)的主觀認同，以及我在外國的經歷，都令我認同自己是中國人。地緣關係，就毋須多說了，香港乃是中國的一部分，你想不承認也不行。身份層面來說，無論你覺得你自己是香港人，還是中國人，你都一定要具有一個身份。而在我們社會秩序裏，出生地賦予我們的意義，便正是身份的根源。

我們是中國香港人，說的都是中國的語言。廣東話是芸芸中國人所操的其中一種語言，必須保留下來，而我們也應當繼續傳

承，因為這是我們文化特色的一部分，也是我們社會構成的關鍵部分。Brian，你作為和我一樣都曾經在外讀書的人，你應該也感受及認同，無論你在外國說自己是香港人，還是中國人，別人都會對你一視同仁，不會因為你自以為香港很特殊，便會對你刮目相看。你想香港好，你會想國家都好。

黃： 說到這一層面，我必須提出一個政壇老化石論述，那便是所謂的「民主回歸論」。三十多年前，當時香港的主流民主派認為，香港既要接受及認同回歸，也要在一國之下爭取民主。事到如今，相信有不少讀者或市民都會主觀地認為，這種論述，如老海鮮（old seafood）一樣，已經過時。作為一名年輕的泛民政客，你認為這套理論還有生存空間嗎？

李： 我覺得，這套理論絕對有生存的空間。我們也需要這樣的生存空間，我相信中央裏頭是有不少人也看到這一點的。而社會中，我們看到，無論市民本身對中央取態如何，是怕還是崇拜中國現有的管治體制，其實絕大多數港人始終覺得民主及選舉權，才是為港人所接受的一套管治模式。你看過往立法會直選選舉，泛民主派及建制派一直都是6:4比得票。這豈不是說明泛民主派的一些倡議有一定可取之處，值得借鏡參考嗎？追求民主的，在「一國兩制」底下卻也大抵不希望香港與中央的管治權有何牴觸之處。我亦相信中央能了解港人的情緒，看到這一點。

黃： William，你覺不覺得隨着過去這5年到10年來的政制演變及內地發展，香港愈來愈多人對民主制度產生了一種根本的唾棄，認為民主並不能解決社會問題，只能為原本穩定的社會添煩添亂。具體點來說，所謂的「深藍」人士，往往表示「西方那一套」只會導致民粹當道。你對這些言論，這些民主批評者，又怎麼看？

李： 這樣說吧。我認為民主的盛行，離不開資本主義在歷史上的勝利。香港說的，就是說我們乃是行政主導。但實際上，我們確實是沿用資本主義的特有民主制度，由資本主義所主導。香港能否走社會主義？其實不能！

問題是，在資本主義社會下，我們如何求得真正的安穩？我相信很多英殖時期長大的父母輩並沒有意圖嘗試對制度或政府作出改變，以造就着自身權益的保障方法，也因此沒有對民主制度太大的追求。這不是說他們錯，而是他們價值觀與我們這一代不同。但這一代的觀感，與以往明顯有所不同。現在有不少年輕人認為，起碼香港現在那一套，仍讓香港管治得以有制衡。如今經改革以後的選舉制度，仍然有一定選擇，始終比沒有選擇來得為好。

黃： 那你覺得內地由政府主導的市場經濟——中國特色的社會主義——又怎麼看？大陸那一套，似乎正正是將選舉民主制與資本主義分隔開來，卻仍能行之有效。

李：政權的認受性，是一個頗由文化及境況所定的概念及觀念。我們常言，「一國兩制」。內地絕大多數民眾認為中央集權政府行之有效，乃是進行着良好管治，我覺得這一點我們不應也不能否定。

但同時，在香港層面來說，不少人仍然期盼普選，推崇選舉。相對於內地的社會主義，其實香港這一套，更能吻合香港民情。我們需要考慮的是，什麼制度更符合香港的民情，讓香港繁榮穩定，同時對中國有益。

我必須強調，我們行之有效的制度，並不代表我們可以一成不變，也不代表我們應該無條件地抗拒內地政治，忽視內地體制的優勝處。一國之下，不同地區有不同的政治文化，這也是為何香港有所不同。就如同新加坡一樣，任何體制也應該與時並進。

黃：我倒想問你，你覺得民主派在此一刻，應當如何轉型？是否變成「民生派」，便能走出困境？還是不能？

李：首先，我覺得我們要認清楚。過去民主派確實就着意識形態的進行的討論及論述較多，但我始終覺得，民主派這板塊，是必須做多一些民生議題的。民主派的角色便是要將民生議題帶入體制裏，讓政府能看到及留意到問題根源。有不少民主派前輩曾提出過不少頗為宏觀的概念及倡議，但始終，我覺得，還是難以撇除意識形態的爭論糾紛。

其實建制派又好，泛民又好，這兩個不同的板塊，其實要相輔相成，證明給予人看，選舉民主的運作，除了需要制度性的空間，也需要代議士做多一步。比方說，在城市規劃、動物權益，或垃圾徵費等議題上，其實不應該存有那麼多的拖拖拉拉，而應該是更快做完及落實。民生與民主理念同樣重要。

黃：說到這一點，我倒想問一下。就着將會舉行的立法會選舉，面對帶有民主理念的選民，包括認為是次選舉毫無公正性可言的人士來說，你會怎麼跟他們疏理參選的理由。我不是假設你會參選，只是純粹推問。

李：政府立的法、做的事，肯定會影響到市民的日常生活。堅持理念與為市民追求更好的生活，並沒有衝突。你與我在爭取更加好，更加公正的體制之時，並不代表我們不能同時爭取更好的民生成果。有擔當的議員，應當雙管齊下，爭取施政成果。行政主導這事實，我們無法改變。我們可以改變的，是行政班子與民眾之間的關係，以及在制度內爭取更大的空間，讓我們推動我們的信念，爭取最終的民主體制。

黃：如果你有能力跟制度中人交談的話，你最想他們聽到或收到的訊息，是什麼？

李：現在讓很多泛民同事不喜歡、反感，甚至恐懼的，乃是因為政府似乎正在一竹篙打一船人。其實有很多議員，無論是新晉還是前輩，都是頗為有心而具建設性，當中不乏建制及泛民人士。很感激不少負責任的地區官員，我一直和他們保持良好的關係，而這些官員也很願意幫忙。同時，我也能與觀塘區內的建制派同僚有傷傾，保持資料互通。這或多或少是因為我參選前，有着數年的地區經驗，我也因此懂得制度的運作及溝通的應要之義。

但有不少素人朋友，未必有這般的經歷。這並不代表他們必然激進，其實他們有很多人都是很有心，很有理念的，也正在學習如何與政府共存。我希望政府及體制能給予他們一個機會，了解及意識到，過火行為、讓理念凌駕實際或結果的行為，是無效的，也不應該發生的。

黃：像你這個背景的區議員，確實不多。你為何不走法律路，卻踏上了從政之路？

李：這是一道好問題。我當年從英國回港，覺得，有很多東西，都需要我們趁後生、趁還有精神及魄力，便應當去嘗試。回港後，我時刻在想，我可否為這片地方、這片土地，作出改變。若在法律界中待得久了，我可能不懂放下身段。只有從政，在地傾偈、了解民情、貼地工作，才能夠帶來出路。

香港太過專業掛帥。法律界也是。*Instead of advocating for my client [in law], I want to advocate for my people, for my community, for Hong Kong.* 法律不會給予我服務社會大多數人的機會，但政治可以，所以我便懷着那團火，去了從政。

黃：以下這條問題，相信你已經被不少朋友及傳媒問過。你今年初為何選擇離開公民黨？

李：我覺得整個泛民板塊，現在是需要轉型的。當時我還在黨內，我自然有提出相應的提議。可是短時間內，泛民和建制，似乎都並未能夠走出意識形態主導的討論，放下自己的包袱。我覺得走出來的自由度，更大；所接觸的面，也能夠更廣。

黃：那你還是泛民嗎？

李：說句老實話，我覺得我認同你說法，我也是一名改革派。我並不認同香港舊有的意識形態，我們需要聚焦的，其實更多的是如AO（公務員）、房屋及土地供應這一類能讓年輕人見到前途發展的在地議題，而不是單純在意識形態層面上糾纏。若建制及泛民繼續劍拔弩張，所謂的關鍵意見領袖（KOL）繼續對任何提出改革的倡議者窮追猛打，這對香港毫不健康。我們需要化解心結。

黃： 問多一句，你接觸的街坊及同輩，對香港前程態度為何？

李： 這是一個tough question。這樣說吧，我這區有為數不少街坊離開了香港，當中包括一些我很熟悉的。身邊也有一些好朋友，離開了香港 ，他們都是專業人士。有一些，乃是為了下一代。有一些，去了英美國家，不愁沒工作。他們都對香港如今所經歷的改變，感到悲觀及不滿。

每次香港經歷大變，都會有人因為不舒服、不開心、憎恨，而決定要遠走他方。我未必同意他們，但我會理解及尊重他們的想法。這些人愛不愛香港？愛。但他們決定離開以後，香港仍然有不少人留在這裏，開心又有，不開心的都有。若想持續從政的，有份做決策的，或是想繼續維持影響力的，我覺得我們有義務和責任，去令大家覺得香港仍是有前途，有出路的。但我不希望這是以一個一言堂，一錘定音的形式出現。

後記
我會留

「你走不走？」

身邊有不少朋友，過去幾個月來，皆在探討去留問題。換一個角度來說，便是，你離不離家出走？

去的，是為了一口氣，還是為了恐懼，還是為了執念，還是為了希望？

留的，乃是為了現實，還是對香港未來前景感到憧憬，為了一己私利，還是為了香港社會的持續發展及守護香港核心價值？

去留原因，因人而異，無人得知。知的，只有當事人。

這座城市，很值得愛。繁花似錦，充斥着國際華洋頂尖人才的中環街頭、人來人往的深水埗鴨寮街上擺賣電子商品及衣服的小販、灣仔大排長龍的辣蟹店、在旺角及尖沙咀街頭上賣唱的說唱人及年輕藝人、在西九文化區周末喝喜茶的文青、喜歡在觀塘海濱走廊看黃昏、看MIRROR及ERROR的少年人、大嶼山的天壇大佛、山頂美絕全球的景色、充斥着本土色彩及情懷的元朗北區（雖然在新冠疫情前，正被水貨客及部分旅客所蠶食）……這些都是令港人拍案叫絕的「香江特色」，也是令身在外國的我們思鄉想家的一幕幕。

這座城市，很值得保留。其對自由思維思潮的追求、其對緬懷及勿忘歷史的執着、其在中西之間的交織及如魚得水；中華傳統遺留下來的宗教及文化價值觀、殖民時期為香港所做出的司法改革及奠基、中國崛起下，香港所獲得的經濟及基本資源。五十年代時期，從北方逃難南下的移民；九十年代，從西方諸國回流的九七移民潮後民；千禧年代始，北方來港的港漂及精英；還有，土生土長的港人，熱愛着公仔麵加鴛鴦，喜歡交談之間中英夾雜，讓人感覺「中不中、西不西」。

這座城市，很值得研究。這曾是蘇聯和美國冷戰交手的中立地，也曾是中國經濟發展的窗戶之一。這曾是千禧年之後三場大型社會運動(或一兩場暴力騷亂事件)的發生地，也仍是史無前例的「一國兩制」試驗場。這座城市的公務員，具備不少發展國家夢寐以求的專業及嚴謹。這座城市的資本市場，實力強勢而雄厚。這座資本主義走到極致的社會，卻是在一個自定義為中國特色社會主義(實際上乃是政府掌控的資本主義)的國家內存在。作為國家經濟體制及運作模式的關鍵一環，香港向來以其特有的法律制度、居住環境、低稅制、對外來人才的吸引力，作為輔助國家發展，以及鞏固自身優勢的先決條件。實事求是，務實至上，此乃是港人骨子裏的DNA。

當然，這座城市，並不是一片單純的福地。近年以來，香港更是經歷了多災多難的幾年，反映着盤踞此城多年的根本問題。

這座城市，並不完美。政府管治愈來愈與民脫節，既不能回應芸芸港人對管治者的期望，也不能反映出橫跨建制和泛民，普遍年輕和年長的普羅市民期盼(可從抗議方針上可見一斑)。絕大多數香港市民，骨子裏並不是喜好政治掛帥和意識形態行先，更不是凡事皆是要與政府或體制作對的人。但同時，作為管治者的輔助人員及執行人員，建制和政府卻一直沒有向反對聲音及對香港現況不滿的港人釋出善意，展示出能說服大眾的管治能力，令置身此城的港人，要不是自我審查地乖乖賺錢，便是對反對政府的意識形態及論述套路產生濃烈興趣，直至其身份及行為皆是反映出一種危險的反體制趨性。同時，作為應當妥善及理性制衡管治者的「反對陣營」當中，部分激進人士多次在民粹現實及情感政治主導下，讓「說大膽說話」的政治目標凌駕「做利民實事」，也讓一直致力改善民生的芸芸同僚，被捲入悲劇性的權力漩渦中。在兩大國家之間的博弈下，香港舊有的政治文化——可以是禍，也可以是福——自然迎來了翻天覆地的變化及改變。

這座城市，並不公平。年輕人畢業之後，需要等候多年，才能上樓。土地使用權，掌握在一小撮人的手中。 說的，正正是一種殖民地時期遺留下來的制度，讓原居民可以肆意申請興建丁屋，讓新界無數農地及土地被預留為香港廣泛市民不能動的土地。上班的港人，夜以繼日地工作，賺回來的工資卻遠遠不足以補貼通貨膨脹下的騰貴物價，更遑論為自己兒女做將來打算。醫療、保險、養老、教育、交通，還有房間中的大象——住屋。百物騰貴加上經濟蕭條，試問普通港人又怎能對此城未來抱有希望？再問深一層，若人無法安居樂業，又怎能對建制或體制抱有信心(須知道，解決民生問題，並不足以化解港人的政治訴求，而是一個「必然」但不「足夠」的條件)。這是否公平？地區層面來說，為草根居民爭取權益及落實貼地政策者，往往因為自身政黨或立場遭受標籤、歧視、排斥，這又是否公平？

香港不需要無緣無故的極端資本主義，也不需要墨守成規的教條主義。現實是，我們過去三四十年，經濟固然起飛了，富者及上一輩人迎來「收成期」。但年輕一代的港人呢？剛剛成家立室的九十後呢？他們既得不到經濟增長的益處，也看不到現有制度內的公平性。我城離公平及正義，愈走愈遠。

2021年，今時今日這座城市，並不是所有人的茶，這也是我們必須要了解及尊重的。憧憬及嚮往西方那套自由民主制度的，可能會對香港如今的政治修正感到絕望，甚至憤怒。視言論自由或行為自由為至高無上的，尤其是反叛及反體制的年輕人，可能對此城未來軌跡感到悲觀。當然，也有不少眼看中國發展，認同中國所呈現的管治價值觀的，可能更為傾向於相信香港未來並不會因體制改動而淪落，而是會在國內經濟循環中，得益於國家的國際強勢。同時，在不少對中國抱有積極期待的旁觀者眼中，香港也不會是一個怎麼的好地方，因為相比於大灣區，或者深圳、上海、北京等國內一線城市，香港既缺乏比較性優勢，更缺乏國內術語中的「勢」。與其繼續在這個與國內通關也通不了的城市苟且偷生，倒不如痛痛快快地北上，回灣區內工作？

我明白為何我朋友想走，我更明白為何有不少人對叫人不要走的人(包括一些自願遠走他鄉，然後叫所有人留下，為他奮鬥的人)痛恨非常。離開香港，然後「唱壞」香港的人，與那些(如黃子華所說)食不了魚蛋，走去食碗仔翅，然後順手將污水倒入他人魚蛋碗中那些人，其實無異。去還是不去，留還是不留，這些問題，這一次，與當年的泛民總辭有着根本性不同。泛民當時的決定反映着他們對從政者應有的態度及行為的一種判斷，以及取捨。今時今日港人的決定，正如我一位朋友曾說，「我們沒權去決定，或評論，或批評他人的個人決定。我們可以做的，唯有靜心聆聽，然後各走各路。」

走，可以是一種解脫，也是一種對於不滿現況的控訴。

但千萬不要將外國的種種浪漫化。這個時代出去闖的華人，面臨的不只是全球經濟倒退的殘酷現實，或是寄人籬下的尊嚴問題。過得到自己那一關，你也不一定過到制度那一關。在如今新冷戰論述充斥着世界各處的氛圍下，我們華人，無論是在政治還是社會議題層面上，皆嚴重欠缺話語權。要不是因為自己的膚色及出生地被人描繪抹黑為共產黨的間諜，便是被人定性為「有能力，但不能領導別人」的所謂「高端移民」，或是「能夠經營中餐館，但不能經營大企業」的「低端移民」。

同時，移民也要面臨與家人身處異地的無奈現實。上有高堂，下有兒女者，難以一家大小移民，除非做出極大的金錢投資及犧牲，去賭一鋪，去博一把。所以，往往移民的，要不是將子女安放在香港，然後努力在當地拚命往上流的「太空人」，便是舉家搬遷到外國，然後隻身回港工作養家的另類「太空人」。這種生活的顛沛流離，不值得任何人羨慕，更不應被任何人當作上綱上線的嘲諷對象。這個年頭，有不少人喜歡落井下石，將任何遠走他鄉，生活潦倒的人，皆描述為「自作自受」。但他朝君體也相同 ，若有一天，你定要遠走他鄉，遠離自己的家園國土，另覓一種新生活，你又會有何感想？筆者這裏不是要求大家同情必須為自己行為負上責任者，而是希望我們能在政治謾罵及反諷放大個人悲劇的引誘下，不要忘記自己的人性本性。

留，也可以是一種懦弱，一種對於未知之數的懦弱，對於現狀安於接受，拒絕建設性地改善現狀的麻醉。有酒今朝醉，以夜夜笙歌來麻醉自身的無力感，這也是一種與現實膠着的妥協。

我明白這些人的想法。我明白在撕裂的政治氣候及吹奏着「末日感」及「欣欣向榮感」的兩邊媒體氛圍下，絕大多數港人心中所感到的無奈、的不忿。我更明白那些本質上覺得現況不行、不濟，卻並不相信自身能夠改變大局，參與在改革進程的朋友之內心膠着。這些年頭，人人皆可成為判官，人人皆可被他人裁判（這是一個很傅柯（Michel Foucault）或巴特勒（Judith Butler）的說法）。除了自己以外，面書判官、網上的吃瓜觀眾，這些都對選擇留下來的人構成極大心理壓力的障礙，也正是二十一世紀科技發達的無奈效應之一。

但千萬不要讓這種無力感，成為壟斷你人生、主宰你思維、破壞你鬥志、動搖你決心的負面能量。願意留的人，有能力留的人，有決心留在這裏的人，我們有責任，讓香港在一國之下，持續蓬勃，走下去；我們有義務，建立一座能夠讓香港在國家急速崛起下，能持續地自給自足的城市，同時能夠有效地透過自身長處，貢獻於走在改革及開放路上的國家。歷史以來，香港的運作模式從來都不是將內地那一套，照辦全抄，然後透過抄襲那一套，為港人謀福祉。香港從來都是要在也許惡劣、也許顛沛不穩、也許四面受敵的國際形勢下，為國家找出一個能達至雙贏的辦法。這是我們的使命，也是我們的價值。

說實話，我認識不少從政的朋友，若真的可以單純從一己私利的角度出發，大可以進入高薪厚職的國際機構，大幹數年之後輕鬆地移民外地，永遠不回香港；又或是能以持續進修為名，讀完一個學位，再讀多一個學位，直至讀到自己結婚生仔為止；又或是埋頭苦幹，默默耕耘，在體制中順流逆流，直至攀升到高位，然後享受良好福利，提早退休。

但這些朋友沒有。他們沒有放棄，而是投身公職及混沌的政壇中，踏上難以餬口維生的地區或全港政治路。他們這些人當中，有藍有黃，有紅有綠，沒有政治顏色的，有政治色彩濃厚的。他們難道沒有私心？當然不！人怎會沒有私心？但他們相信除了自己的私心以外，私心以上，還有更高的道德任務必須傳承及達至。他們相信我們這座城市，並非一座單純的賺錢基地或庸俗的名利場。

所以他們選擇留下來，在制度內，為市民發聲，為港人爭取，為政府服務，為收窄中央與香港之間的距離等理念目標，窮盡自己的「洪荒之力」。須知道，選擇留下的人，他們的力氣及貢獻，可能往往徒然。

我是一名香港人。我在香港住了17年，才第一次走到英國牛津面試讀書，踏上了為期六年多的留（牛津）英生涯。每逢在外國，他人問我是何方人，我會很驕傲地回答，「香港！我是香港人！」

香港是我的家，中國是我的國。香港也是我的根，更是我的中心。

所以，若你問我，要離開此城，要遠離國家，要離開香港，獨在異鄉為異客，走不走？

我捨不得走。我不走。

我會留。

致謝

「自反而縮，雖千萬人吾往矣。」——《孟子。公孫丑上》

23歲人，這是我第一本書。若有不足，請多多指教。

在此，必須感謝一系列的前輩、老師、朋友。

首先要感謝爸爸媽媽、姑姐、(外)祖父母，給予我無條件的支持。我知道我有時候講嘢好悶、好怪、懶係高深，多謝你們容忍我的魯莽、我的頂撞，也感謝你們的養育之恩。嫲嫲，謝謝你的教誨，你是一個很堅強的女人。

Alice、海哥、世昌、Janet，謝謝你們對我出書的支持。沒有《信報》，就沒有黃裕舜，你們對我的恩惠，盡在不言中。

PS、YW、FL，你們對我的提攜及教導，沒齒難忘。謝謝你們多年以來對我的教誨，若有不足，純屬我之錯，並非你們之過。你們是我的老師，更是我的忘年好友。

Dr. K、WW，沒有你對我的資助及支持，我沒可能去到牛津讀學士及博士。謝謝你們的慷慨及大方，感謝你們的寬容和支持，更感謝你們對我的信任及提攜。

PL、CL、AC、AS、FL，你們都是我尊敬的前輩、為香港貢獻良多，謝謝你們曾為香港走過的路，也謝謝你對我的指點指撥。

YPH、EL、JCCW、BT、PS、JB、VD，謝謝你們對我的啟發及啟蒙，讓我在大風大雨之時能勿忘初心、存好心、說好話、堅持己見。

MYL，還記得你的中文班，沒有你為我上的課，相信我的中文只會更為不堪，更為尷尬，謝謝你！

YL, RC, JY, GW, RM, DLC, TCC, thank you for being mentors, friends, advisors, and wise folks who have taught me much with your lives, stories, and passions.

JM, AC, JL, CW, NC, JL, EC, SC, SCC, WW, GZ, HN, LWF, Progress, thank you for keeping me grounded, and for being better friends than I could ever have asked for.

And a massive thank you to my guests, who agreed to being interviewed by me. Thank you for putting up with my questions, bearing with my curiosity, and sharing our common appetite for open, unfettered debate – AC, JLG, NI, KK, CL, EL, WL, YL, RM, JN, HT, JT, WJS. And a huge thank you to VW and LKY for creative and editorial input.

由衷感激，

Truly indebted,

黃裕舜 Brian

破　繭　論

作者	黃裕舜
編輯	劉在名
文字協力	黃栢堅
錄像／剪接	賀佩華、盧詠賢
設計	Pollux Kwok
出版經理	李海潮
圖片	作者提供、黃勁璋（作者簡介）攝影
出版	信報出版社有限公司 HKEJ Publishing Limited 香港九龍觀塘勵業街11號聯僑廣場地下 電話（852）2856 7567　傳真（852）2579 1912 電郵 books@hkej.com
發行	春華發行代理有限公司 Spring Sino Limited 香港九龍觀塘海濱道171號申新証券大廈8樓 電話（852）2775 0388　傳真（852）2690 3898 電郵 admin@springsino.com.hk
	台灣地區總經銷商 永盈出版行銷有限公司 台灣新北市新店區中正路499號4樓 電話（886）2 2218 0701　傳真（886）2 2218 0704
承印	美雅印刷製本有限公司 九龍觀塘榮業街6號海濱工業大廈4字樓A室
出版日期	2021年9月初版
國際書號	978-988-75278-0-0
定價	港幣138元　新台幣690元
圖書分類	國際政治、社會科學